KB249389

노인일자리사업의 이해

노인일자리사업의 이해

원 영 희 · 김 욱 지음

서 문

오늘날 우리 사회 노인인구의 증가는 매우 이례적이다. 이는 저출산 및 평균수명 연장으로 인한 급속한 인구고령화 현상에 기인하는 것으로 향후 노인인구의 증가는 더욱 빨리 진전될 것으로 예측된다. 우리 사회는 2000년에 노인인구가 전체인구의 7.2%로 '고령화사회(aging society)'로 진입하였고 2005년 현재 총인구 중 노인인구가 차지하는 비율은 9.1%에 해당된다. 2018년에는 65세 이상 인구가 14.4%로서 '고령사회(aged society)', 2026년에는 20.0%의 '초고령사회(super aged society)'에 도달하게 될 것으로 예견된다.

비록 우리사회에서 고령화는 아직까지 서구사회처럼 심각한 수준은 아니지만 그 속도가 세계에서 유례를 찾아 볼 수 없을 정도로 노인부양에 대한 사회적 부담이 점차 가중되고 있다. 우리 사회에서 생산연령층의 인구 한 사람이 부양해야 하는 노인인구, 즉 노인부양비(65세 이상 인구/15~64세 인구)는 꾸준히 증가하고 있는데, 1970년 5.7%, 2005년 12.6%이며, 2020년 21.3%, 2030년 35.7%로 높아질 전망이다. 즉, 노인 1명당 생산 가능 인구는 1970년 17.5명이었으나 2005년에는 7.9명이고 2020년에는 4.7명, 2030년에는 2.8명당 노인 1명을 부양하게 된다는 예측을 가능케 한다. 이와 같은 노인부양비 증가의 예측은 인구고령화에 대한 사회적 비용 증가와 함께 사회경제적 파급효과에 대한 큰 우려를 낳고 있다.

이러한 불안한 미래에 대한 사회적 우려에도 불구하고 현재 우리나라의 사회안정망은 미비한 편이다. 즉, 국민연금제도의 미성숙으로 공적연금의 사각지대를 갖고 있으며 2004년 공적 연금제도인 1차 안정망의 혜택을 받고 있는 노인비율은 22.8%에 불과하고, 차상위계층, 공공부조 대상인 1, 2차 사회안정망 내에 있는 노인비율은 매우 제한적이다. 한편, 전통적 가족규범이나 노인부양 의식은 희박해지고 있어 노년기의 부족한 경제적 소득보충을 위해 일하고자 하는 노인층이 많아지고 있는 실정이다.

오늘날 노인층의 경제활동 참여비율이 점차 증가하고 있지만 일하려는 욕구를 가진 잠재적 근로노인층을 모두 포괄하기에는 미흡한 점이 많으며, 이들이 일할 장소가 매우 부족한 것이 현실이다. 따라서 일할 의사를 지닌 노인에게 우리 사회에서 알맞은 일자리를 창출하여 제공하는 일은 개인적 차원이나 사회적 차원에서 매우 중요한 과제라고 할 수 있다.

노인일자리사업은 노인에게 노후의 보충적 소득보장을 통해 경제적 도움을 제공할 뿐만 아니라 활동적 노화 및 생산적 노후생활을 영위케 함으로써 노인의 삶의 질 향상에 기여할 수 있다. 또한 비생산인구층으로 인식되어온 노인층을 사회적 생산층으로 전환시킴으로써 사회적 부양비 절감 및 국가의 재정지출 감소에 기여할 수 있다는 점에서 그 의의가 크다.

이 책은 요즈음 한참 사회적 관심이 부각되고 있는 노인일자리사업의 전반적 이해를 돕기 위함을 목적으로 다음과 같이 구성하였다. 제1장에서는 노인일자리사업의 개념 및 목적에 대해 살펴보았고, 제2장에서는 노인일자리사업의 배경 및 의의에 대해 기술하였다. 제3장에서는 노인일자리사업의 개요로서 노인일자리사업의 법적 근거, 보건복지부의 노인일자리사업, 노인일자리 관련 유사사업에 대해 살펴보았다. 제4장에서는 노인일자리사업의 현황을 노인일자리사업에 종사하는 실무자를 대상으로 한 설문조사 결과를 중심으로 구체적으로 살펴보았으며, 제5장에서는 결론 부분으로 우리나라 노인일자리사업의 정책과제에 대해 논의하였다.

이러한 일련의 작업은 노인일자리사업을 위한 효율적이고 체계적인 정책을 추진하는데 귀중한 자료가 될 것이며, 궁극적으로 노인의 사회적 적응력이 제고됨으로서 노인의 건강한 삶을 유지할 수 있고 삶의 질을 향상시키는데 기여할 수 있을 것이다. 또한 사회의 노인부양 부담을 감소시키고 노인의 생산력을 보전함으로써 사회통합에도 중요한 계기를 마련할 수 있을 것으로 기대한다.

본 연구가 진행되고 책으로 출판되는 과정에는 많은 분들의 노력이 있었다. 본 연구의 실태조사에 참여해 주신 노인일자리사업 실무자님들, 관련 자료에 협조해 주신 한국노인인력개발원 김창준 선생님, 연구에 대한 유익한 의견을 제시해 주신 용산노인종합복지관 박준기 부장님께 감사한 마음을 전한다. 아울러 본 연구에 교정을 비롯하여 여러 도움을 준 이지연, 홍금주, 송미영 학생에게도 감사의 마음을 전하고 싶다.

이 책이 노인일자리사업의 전반적 이해 및 우리 사회 노인일자리사업의 확산에 조금이나마 기여할 수 있기를 바라는 마음이다. 본 저서를 출판하여 주신 한국학술정보주식회사의 사장님, 박주선 선생님, 그리고 여러 직원 분들께 감사드린다.

2006년 1월

원영희 · 김욱

목 차

표 목차

그림 목차

Ⅰ. 노인일자리사업의 개념 및 목적

일반적으로 일자리의 사전적 의미는 '직업으로 삼아 일하는 곳, 일터, 직장'으로, 일터, 직장은 '생계를 위하여 일상적으로 하는 일을 하는 곳'을 의미한다. 따라서 엄밀히 말하자면 '노인일자리'란 노인이 생계를 위해 일상적으로 일하는 곳이며 '노인일자리사업'이란 노인이 일상적으로 일하는 곳을 마련해 주는 사업이라 할 수 있다.

이와 같은 개념정의에 근거하면 '노인일자리'란 우리가 흔히 이야기하는 노인취업, 노인고용을 포괄하는 의미라 할 수 있다. 그러나 최근 중요한 정책이슈로 제기되고 있는 노인일자리의 의미는 일반적인 노인취업이나 노인고용과는 대별되는 특성을 지닌다. 취업은 일정 정규직에 종사하여 생계유지를 할 수 있는 정기적·경제적 이득을 취하지만 소위 노인일자리사업에서 명칭되는 일자리는 상대적으로 비정규직의 낮은 수입을 갖는 한계성을 지니고 있다.

우리 사회에서 노인일자리사업에 대한 논의는 참여정부 「노인복지 4대 핵심국정과제」로 대두되면서 본격화되었다. 이에 따라 노인일자리사업은 보건복지부를 주무부서로 65세 이상 노인을 대상으로 '노인적합형 일자리'를 창출·제공하고자 함을 주요 과제로 하고 있다. 여기서 '노인적합형 일자리'란 일하고자 하는 노인들에게 능력과 경륜을 활용한 사회참여 기회를 확대하고 건강하고 활기찬 삶을 영위할 수 있도록 대부분 공공 또는 민간부문에 의하여 창출·제공되는 사회적 일자리[1)]의 일

1) '사회적 일자리'는 사회발전이나 국민의 삶의 질 향상을 위해 꼭 필요하나 수익성이 낮아 민간시장에서 배제된 일자리를 의미하는데, 예를 들어 교육, 의료, 사회복지, 환경, 지역사회개발 등에서 주로 비영리조직에 의해 창출되는 일자리를 일컫는다(보건복지부·국민연금관리공

종으로 일부 시장 내에서 만들어지는 자립형 일자리가 포함되는 것으로 정의되고 있다.

노인일자리사업의 목적은 "고령사회를 대비하여 노인의 능력과 특성에 맞는 일자리를 창출·제공하여 노인복지 향상과 더불어 사회적 부양부담 경감 및 국가경쟁력 강화 기틀을 마련하고자 하는 것"(보건복지부·국민연금관리공단 노인인력운영센터, 2005a)으로 노인일자리는 단편적 활동내용 중심의 일거리와 구분되며 노인들의 능력과 적성에 맞고 시간적 연속성, 공간적 실체를 갖는 활동을 의미하는 것이다(변재관·김창규, 2005).

단 노인인력운영센터, 2005a). 이러한 점에서 사회적 일자리의 창출은 '복지와 고용의 중간 영역' 혹은 '사회적 고용'이라고 볼 수 있다(변재관·김창규, 2005).

Ⅱ. 노인일자리사업의 배경 및 의의

1. 노인일자리사업의 배경

1) 인구고령화의 진전

그 동안 우리나라는 저출산 및 평균수명 연장으로 인해 급속한 인구 고령화 현상을 맞이하고 있으며, 향후 노인인구의 증가는 더욱 빨리 진전될 것으로 예측된다. 2000년 7.2%로 '고령화사회(aging society)'로 진입하였고 2005년 현재 총인구 중 노인인구가 차지하는 비율은 9.1%에 해당된다. 2018년에는 65세 이상 인구가 14.4%로서 '고령사회(aged society)', 2026년에는 20.0%의 '초고령사회(super aged society)'에 도달하게 될 것으로 예견된다.

〈표 2-1〉 연령계층별 인구 및 구성비 추이 (1970~2050년)

(천명, %)

	1970	1980	1990	2000	2005	2010	2018	2020	2026	2030	2050
총인구	32,241	38,124	42,869	47,008	48,294	49,220	49,934	49,956	49,771	49,329	42,348
0~14세	13,709	12,951	10,974	9,911	9,240	8,013	6,495	6,297	5,796	5,538	3,799
15~64세	17,540	23,717	29,701	33,702	34,671	35,852	36,276	35,838	33,618	31,892	22,755
65세+	991	1,456	2,195	3,395	4,383	5,354	7,162	7,821	10,357	11,899	15,793
구성비	100.0	100.0	100.0	100.0	100.0	100.0	100.0	100.0	100.0	100.0	100.0
0~14세	42.5	34.0	25.6	21.1	19.1	16.3	13.0	12.6	11.6	11.2	9.0
15~64세	54.4	62.2	69.3	71.7	71.8	72.8	72.6	71.7	67.5	64.7	53.7
65세+	3.1	3.8	5.1	7.2	9.1	10.9	14.3	15.7	20.8	24.1	37.3

자료: 통계청 홈페이지 (www.nso.go.kr)

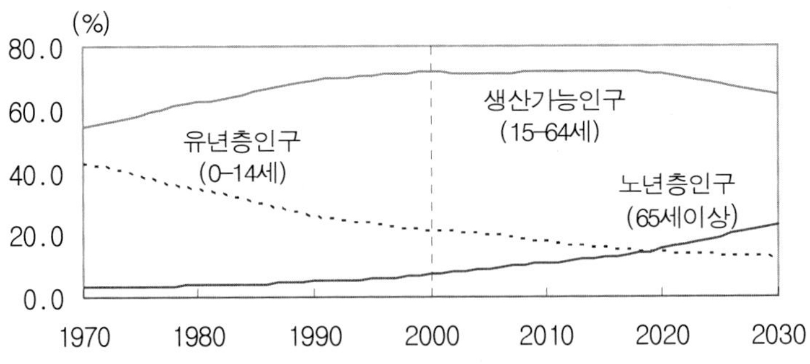

〈그림 2-1〉 연령계층별 인구 구성비 추이

비록 우리사회에서 고령화는 아직까지 서구사회처럼 심각한 수준은 아니지만 그 속도가 세계에서 유래를 찾아 볼 수 없을 정도로 매우 빠르다는 점에서 문제의 심각성이 크다. 우리나라의 경우 고령화 사회

(2000년)에서 고령사회(2018년)로의 증가 소요연수는 18년이고 고령사회에서 초고령사회(2026년)로의 증가 소요연수는 8년으로 예측된다. 이는 세계 다른 나라들 중 우리나라의 고령화속도가 가장 빠르다는 예견과 동시에 인구고령화에 대해 우리 사회가 제한된 기간 내 시급히 준비해야 할 일들이 많음을 의미한다.

〈표 2-2〉 인구고령화 속도 추이

(년도, 년수)

	도 달 년 도			증가소요년수	
	7%	14%	20%	7%~14%	14%~20%
일 본	1970	1994	2006	24	12
프랑스	1864	1979	2019	115	40
독 일	1932	1972	2010	40	38
영 국	1929	1976	2020	47	44
이탈리아	1927	1988	2008	61	20
미 국	1942	2014	2030	72	16
한 국	2000	2018	2026	18	8

자료: 일본 국립사회보장 · 인구문제연구소(2003). 인구통계 자료집.

2) 노인부양에 대한 사회적 부담의 증가

인구고령화의 진전으로 노인부양에 대한 사회적 부담이 점차 가중되고 있다. 우리 사회에서 생산연령층의 인구 한 사람이 부양해야 하는 노인인구, 즉 노인부양비(65세 이상 인구/15~64세 인구)는 꾸준히 증가하고 있는데, 1970년 5.7%, 2005년 12.6%이며, 2020년 21.3%, 2030년 35.7%로 높아질 전망이다. 즉, 노인 1명당 생산 가능 인구는 1970년

17.5명이었으나 2005년에는 7.9명이고 2020년에는 4.7명, 2030년에는 2.8명당 노인 1명을 부양하게 된다는 예측을 가능케 한다. 이와 같은 노인부양비 증가의 예측은 인구고령화에 대한 사회적 비용 증가와 함께 사회경제적 파급효과에 대한 큰 우려를 낳고 있다.

〈표 2-3〉 한국의 노인인구 관련 지수의 변화 (1970~2050년)

(단위: %)

	노령화지수[1]	부양비		
		노인부양비(A)[2]	유년부양비(B)[3]	총 부양비(A+B)
1970	7.2	5.7	78.2	83.8
1980	11.2	6.1	54.6	60.7
1990	20.0	7.4	36.9	44.3
2000	34.3	10.1	29.4	39.5
2005	47.5	12.6	26.7	39.3
2010	62.0	14.8	23.9	38.8
2018	110.3	19.7	17.9	37.6
2026	178.7	30.8	17.2	48.0
2030	186.6	35.7	19.1	54.9
2050	328.4	62.5	19.0	81.6

1) 노령화지수=65세 이상 인구/0~14세인구
2) 노인부양비(A)=65세이상 인구/15~64세 인구
3) 유년부양비(B)=0~14세인구/15~64세인구
자료: 통계청 홈페이지 (www.nso.go.kr)

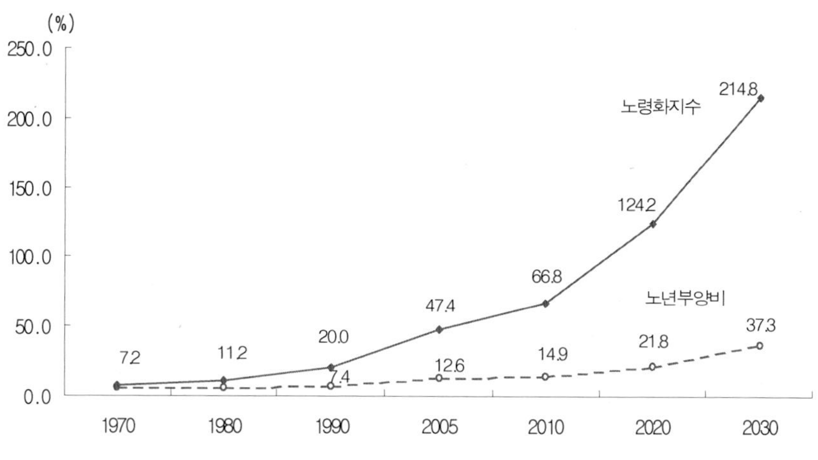

〈그림 2-2〉 노년부양비 및 노령화지수 추이

3) 사회보장제도의 미비

인구고령화의 진전으로 인한 사회적 부담은 불안한 미래에 대한 사회적 우려를 더욱 팽배하게 하고 있다. 현재 우리나라는 국민연금제도의 미성숙으로 공적 연금의 사각지대를 갖고 있는데, 일부 노인만이 공적연금, 공공부조 등 공적 소득보장의 혜택을 받고 있다. 2004년말 공적연금제도인 1차 안정망의 혜택을 받고 있는 노인비율은 22.8%에 불과하며, 나머지 77.2%는 공적소득보장의 혜택을 받지 못하고 있다. 한편 공적 연금제도를 포함, 차상위계층, 공공부조 대상인 1, 2차 사회안정망 내에 있는 노인비율은 전체 노인의 37.9%에 불과한 실정이다.

〈표 2-4〉 노후소득보장 수급자 현황 (2004. 12. 31 현재)

(단위: 명)

구 분		계	60~64세	65세 이상		
				소 계	65~69세	70세 이상
65세이상 노인수(A)				4,182,000		
1차 안전망 (공적연금)	국민연금	1,188,036	738,842	449,194	332,431	116,763
	공무원연금	146,348	52,455	93,893	51,965	41,928
	군인연금	39,528	10,748	28,780	10,841	17,939
	사학연금	13,756	3,530	10,226	9,784	442
	보훈연금(수당)	400,268	29,801	370,467	25,354	345,113
	산재보험보상연금	5,153	2,627	2,526	1,629	897
	소 계(B)	1,793,089	838,003	955,086	432,004	523,082
차상위	경로연금(C) (기초+차상위)	631,877	0	631,877	-	-
2차안전망 (공공부조)	기초생활보장(D)	352,348		352,348		
계(E) (B+C)				1,586,963		
소득보장비율						
(B/A)				22.8%		
(E/A)				37.9%		

※ 단, 공무원연금은 '05.1.31기준, 보훈연금은 보훈수당(294,083명) 포함
자료: 보건복지부 (2005a). 고령사회 대비노인인력 활용 실태 및 발전방안. 정책과제 보고 자료.

4) 일하고자 하는 노인인구의 증가

노인인구는 지속적 증가를 보이지만 전통적 가족규범이나 노인부양 의식은 희박해지고 있으며 사회안전망은 아직 미비하므로 일하고자 하는 노인층이 많아지고 있다. 오늘날 노인계층의 경제활동 참여비율이 점차 증가하고 있지만 일하려는 욕구를 가진 잠재적 근로노인층을 모

두 포괄하기에는 미흡한 점이 많다.

'2005 고령자 통계'(통계청, 2005)에 따르면 고령층(55~79세)의 향후 취업 희망자 비율은 58.8%였고, 주된 취업희망 이유로 '생활비에 보탬이 되어서'가 31.7%로 가장 높은 비율을 차지하고 있었다. 연령별로 세분하여 보면 55~64세 연령층은 73.0%, 65~79세 연령층은 43.3%가 향후 취업을 원하고 있었으며, 주된 취업희망 이유로 '생활비에 보탬이 되어서'는 전자의 경우 41.5%, 후자의 경우 20.8%에 해당되었다.

〈표 2-5〉 고령자의 취업의사 및 취업을 원하는 이유

(단위: %)

	계	장래근로 원함							장래근로 원하지 않음
			일하는 즐거움	생활비 보탬	사회가 필요로함	건강 유지	무료 해서	기타	
전체 (55~79세)	100.0	58.8	20.4	31.7	1.2	1.6	3.7	0.3	41.2
55~64세	100.0	73.0	24.0	41.5	1.9	1.5	3.7	0.4	27.0
65~79세	100.0	43.3	16.4	20.8	0.4	1.6	3.8	0.2	56.7

자료: 통계청 (2005). 고령자통계.

'2004년도 노인생활실태 및 복지욕구조사(정경희 외, 2005)'에서는 수입이 되는 일을 하고 있는 노인은 전체 노인의 30.9%로, 이 중 70%는 돈이 필요해서 취업을 하고 있는 것으로 나타났다. 그러나 취업중인 노인의 많은 비율이 농·어·축산업과 같은 1차 산업과 단순노무직에 집중되어 있어 노인의 종사상 지위가 매우 열악한 편이었다. 취업노인의 72.4%는 향후 계속 취업하기를 원하고 있었는데, 그 이유는 노후소득보장이 안정적이지 못하기 때문인 것으로 해석될 수 있다.

노인일자리 참여자 조사(보건복지부·국민연금관리공단 노인인력운영센터, 2005b, 이하 노인인력운영센터로 표기)에서는 노인일자리 참여동기로 경제적 이유가 67.4%로 가장 높은 비율을 차지하였고 연령이 증가할수록(60대 64.3%, 70대 68.1%, 80대 68.5%), 경제적 소득이 낮을수록(30만원 미만 75.7%, 30~40만원 68.8%, 41~60만원 57.9%, 61~80만원 35.5%, 81만원 이상 14.2%) 경제적 이유로 노인일자리사업에 참여하는 비율이 높은 편으로 나타났다.

이와 같이 노인인구의 증가와 함께 많은 노인들이 경제적 안정을 위하여 취업 내지 일자리를 희망하고 있지만 이들이 일할 장소는 매우 부족한 것이 오늘날의 현실이다. 따라서 일할 의사를 지닌 노인에게 우리 사회에서 알맞은 일자리를 창출하여 제공하는 일은 개인적 차원이나 사회적 차원에서 매우 중요한 과제라 할 수 있다.

2. 노인일자리사업의 의의

노인에게 일자리의 기회를 마련해 주는 것은 노인 개개인에게 노후의 보충적 소득보장을 통해 경제적 도움을 제공할 뿐 아니라 노인의 삶의 질을 향상시키고 노인에 대한 가족과 부양부담을 경감시킬 수 있다. 노인인력운영센터 조사(2005b)에 따르면 노인일자리사업이 어르신들의 경제적 도움, 건강증진, 사회적 비용 절감은 물론 개개인의 중요한 보충적 소득지원 방안이 되고 있음을 알 수 있다. 노인일자리사업 참여로 얻은 수입에 대해 참여자의 78.5%('매우 도움' 47.8%, '대체로 도움' 30.7%)가 경제적으로 도움이 된다고 하였다. 또한, 일자리 참여 이후 의료시설 이용 빈도가 감소한 경우가 있어(의료기관 이용 감소사례

3,424건, 증가 700건, 변화 없음 13,317건) 노인의료비 부담이 일정 부문 줄어들었다고 볼 수 있다. 또한, 일자리사업 참여 후 가족 및 사회관계가 좋아졌다고 응답한 경우는 71.6%('매우 좋아짐' 23.6%, '대체로 좋아짐' 48.0%)로 노인일자리사업 참여로 노인의 가족 및 사회관계가 긍정적 변화가 있었음을 시사해 준다. 또한 노인일자리사업에 대한 참여자의 전반적 평가에 있어서 10명 중 9명이 긍정적인 편으로, 특히 사회참여의 기회가 낮은 고연령자, 여성 등 소외계층에게 있어서 노인일자리사업이 더욱 효과적인 편으로 나타났다.

사회적 차원에서 노인일자리사업은 비생산계층으로 사회적 부담을 가중시킬 수 있는 노인들에게 일자리를 제공함으로써 노년기 '활동적 노화(active aging)' 및 생산적 노후생활을 영위케 도와 사회적 부양비 절감 및 국가의 재정지출 감소에 기여하고 노인층을 사회적 생산층으로 전환시킴으로써 사회통합에 기여한다는 점에서 그 의의가 크다(김동배, 2004).

Ⅲ. 노인일자리사업의 개요

1. 노인일자리사업의 법적 근거

노인일자리사업에 대한 법적 규정은 「노인복지법」과 「저출산·고령사회기본법」에 근거하고 있다. 「노인복지법」은 1981년 제정된 이래 우리나라 노인복지 전반에 관한 내용을 담고 있다. 노인복지법에서는 노인의 질환을 사전 예방 또는 조기 발견하고 질환 상태에 따른 적절한 치료·요양으로 심신의 건강을 유지하고, 노후의 생활 안정을 위하여 필요한 조치를 강구함으로써 노인의 보건복지 증진에 기여하는 것을 목적으로 명시하고 있다(제1조). 제23조에서는 노인사회참여 지원과 관련하여 국가 또는 지방자치단체는 노인의 사회참여 확대를 위하여 노인의 지역봉사활동 기회를 넓히고 노인에게 적합한 직종의 개발과 그 보급을 위한 시책을 강구하며 근로능력 있는 노인에게 일할 기회를 우선적으로 제공하도록 노력하여야 하며(1항), 노인의 지역봉사 활동 및 취업의 활성화를 기하기 위하여 노인지역봉사기관, 노인취업알선기관 등 노인복지관계기관에 대하여 필요한 지원을 할 수 있다고 하였다(2항). 2005년 7월 개정된 「노인복지법」에서 '노인인력전담기관'을 명시함으로써 바야흐로 노인일자리사업이 양적으로나 질적으로 보다 탄력을 받아 진척될 수 있을 것으로 기대된다.

「저출산·고령사회기본법」은 저출산, 평균수명의 연장 등 인구고령화 현상 및 이의 파생되는 문제에 대한 대책에 부심해 오고 있는 가운데 2005년 5월 제정되었고. 동년 9월부터 법의 시행이 이루어졌다. 「저출산·고령사회기본법」은 저출산 및 인구의 고령화에 따른 변화에 대응하는 저출산·고령사회정책의 기본방향과 그 수립 및 추진체계에 관한 사항을 규정함으로써 국가의 경쟁력을 높이고 국민의 삶의 질 향상과 국가의 지속적인 발전에 이바지함을 목적으로 한다. 동법 제11조에서 노인의 고용과 소득보장을 명시하고 있는데, 즉 "국가 및 지방자치단체는 일할 의욕과 능력이 있는 고령자가 최대한 일할 수 있는 환경을 조성하여야 하며(1항)", "국가 및 지방자치단체는 연금제도 등 노후소득 보장체계를 구축하고 노인에게 적합한 일자리를 창출하는 등 국민이 경제적으로 안정된 노후생활을 할 수 있도록 필요한 조치를 강구하여야 한다(2항)"고 하였다.

2. 보건복지부의 노인일자리사업

1) 노인일자리 사업 유형 및 프로그램

보건복지부의 노인일자리 사업 유형은 2005년 기준 공익형, 교육복지형(교육형, 복지형), 자립지원형(인력파견형, 시장형)의 3가지로 분류된다. 이전에는 공공참여형, 사회참여형(공익강사형, 인력파견형), 시장참여형으로 분류되었던 것으로 성격과 특성이 다른 유형이 동일 사업에 포함되어 사업 목표와 실시에 있어 혼선이 있다는 점에서 재분류된 것이다.

공익형은 지방자치단체의 고유사업 영역 중 노인에게 적합한 일자리를 창출·제공하여 공공의 이익을 도모하는 일자리로 환경·교통지킴이, 방범순찰 등이 예이다. 교육형은 전문지식을 가진 특정분야의 유경험자가 복지시설 및 교육기관 등에서 강의하는 일자리로 숲생태 및 문화재해설사, 1·3세대강사 등이 대표적이며 복지형의 경우 사회활동이 어려운 소외계층의 생활안정과 행복추구를 지원하는 일자리로 홀로 사시는 노인, 고령 및 중증노인, 장애인 등 보호가 예이다. 인력파견형은 수요처의 요구에 의해 일정기간 동안 연속적인 활동의 대가로 보수를 지급받는 일자리로서 주유원, 판매원, 운전원, 급식지도원, 주례, 가사도우미, 매표원 등이 대표적이며, 시장형의 경우 소규모 사업을 공동으로 운영하여 자체수익을 창출하는 일자리로서 지하철택배, 재활용품점, 도시락판매, 실버용품점, 유기농 등이 예이다.

〈표 3-1〉 2005년도 노인일자리 유형 및 프로그램 예시

구 분		정 의	일자리 예시
공익형		지방자치단체의 고유사업 영역 중 노인에게 적합한 일자리를 창출·제공하여 공공의 이익을 도모하는 일자리	환경·교통지킴이, 방범순찰 등
교육복지형	교육형	전문지식을 가진 특정분야의 유경험자가 복지시설 및 교육기관 등에서 강의하는 일자리	숲생태 및 문화재해설사, 1·3세대강사 등
	복지형	사회활동이 어려운 소외계층의 생활안정과 행복추구를 지원하는 일자리	홀로 사시는 노인, 고령 및 중증노인, 장애인 등 보호
자립지원형	인력파견형	수요처의 요구에 의해 일정기간 동안 연속적인 활동의 대가로 보수를 지급받는 일자리	주유원, 판매원, 운전원, 급식지도원, 주례, 가사도우미, 매표원 등
	시장형	소규모 사업을 공동으로 운영하여 자체수익을 창출하는 일자리	지하철택배, 재활용품점, 도시락판매, 실버용품점, 유기농 등

현재 개발된 사회적 일자리 중 8개 분야(어르신 거리환경개선, 숲생태해설가 사업, 문화유산해설사업, 1·3세대 통합 프로그램, 급식지도원,

어린이집 보조교사, 가사도우미, 지역지킴이)가 노인일자리 우선 직종으로 선정되었는데, 이는 전국적 사업이 가능하고 지역현장에서 검증되고 파급효과 및 관련기관의 연계·협조 가능성이 높은 점을 고려한 것이다. 노인일자리 우선직종은 보호된 시장방식의 형태를 지니며 지자체의 협조 하에 할 수 있는 사업 및 민간 지원의 사업으로 추진되도록 하고 있다. 향후 노인수발보장제도의 도입, 공공복지시설 야간 운영, 지역별 특화된 문화사업 클러스터 조성을 통한 관광자원 개발, 농어촌 체험관 등 프로그램 개발과 같은 새로운 노인일자리 창출이 모색되고 있다.

2) 전달체계

보건복지부는 노인일자리사업 정책결정, 관련 법/제도 개선, 예산 지원 등 정책 전반에 대해 관장하며, 노인인력운영센터는 보건복지부와 협의하여 노인일자리사업 전반을 관리하며 구체적 정책개발, 사업 진행을 담당한다. 지방자치단체는 지역사회내 사업을 총괄하는데 사업수행기관의 역할도 일부 맡고 있다. 지자체외 사업수행기관으로 시니어클럽, 노인종합복지관, 대한노인회 등이 있다(이인재, 2005a).

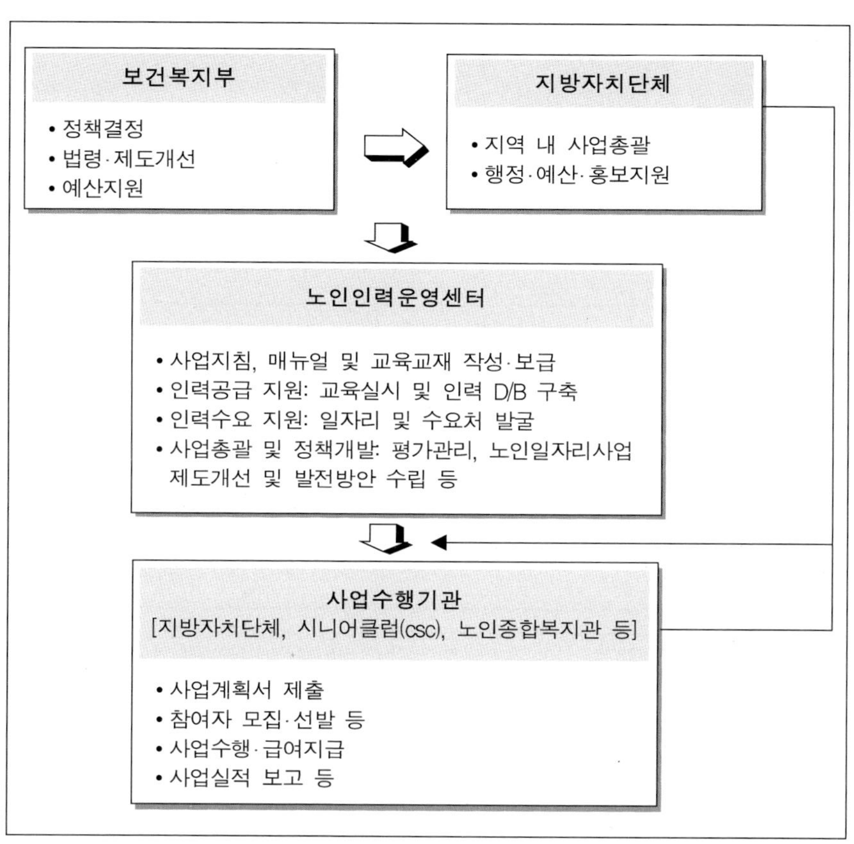

〈그림 3-1〉 노인일자리사업 추진체계

3) 사업수행기관별 역할 및 기능

지방자치단체(시 · 군 · 구)는 공익형 일자리사업을 전담하며 필요시 위탁 수행을 한다. 대한노인회 취업지원센터는 공익형 일자리사업 위탁 수행 및 단순일자리 취업알선을 담당하고 있다. 노인복지회관은 교육복지형 일자리사업을 전담하면서 시장형을 일부 수행하고 있다. 시니어클럽은 자립지원형 일자리사업을 전담하며 교육복지형을 부분적으로 수행하고 있다. 앞으로 노인적합형 일자리 신규개발을 확대할 예정으로 노인 시험감독관, 무선페이징 유지보수 점검원, 무료일간지 배포원, 청소용역원, 우리문화학습 노인강사 등 노인적합형 일자리 개발이 추진되고 있다.

〈표 3-2〉 사업유형 및 예산 기준

사업수행기관	사업수행 특성	개소수	비 고
지방자치단체	· 공익형 전담기관, 필요시 위탁 수행	180	
대한노인회 취업지원센터	· 단순 취업 · 알선 전담기관	261	· 개소당 1인 인건비 월 150만원 지원
노인복지회관	· 교육복지형 전담기관, 시장형을 일부 수행	90	· 일자리사업 예산, 전담 인력 자체 확보
시니어클럽	· 자립지원형 전담기관, 교육복지형을 일부 수행	30	· 연간 개소당 운영비 1억 5천만원 지원('05년 지방이양사업으로 변경)

4) 사업유형 및 예산

노인일자리 사업 예산 지원은 사업유형에 따라 다소 차이가 있다. 2005년 기준 인건비는 인력파견형을 제외하고 20만원 이내이며, 참여개월에 있어서 공익형(6개월 이내)을 제외한 다른 유형은 5개월 이내가 기준으로 되어있다. 교육 및 부대비용의 경우 교육형(15만원 이내)을 제외하고 10만원 이내이며 시장형은 지원을 하지 않고 있다.

〈표 3-3〉 사업유형별 예산지원 기준

<table>
<tr><th colspan="2" rowspan="2">구 분</th><th colspan="4">참여자 1인 예산지원 기준</th><th rowspan="2">국 고
보조율</th></tr>
<tr><th>인건비 (월)</th><th>참여 개월</th><th>교육 및
부대비용</th><th>계</th></tr>
<tr><td colspan="2">공익형</td><td>20만원이내</td><td>6개월 이내</td><td>10만원이내</td><td>130만원이내</td><td rowspan="5">서울:30%
지방:50%</td></tr>
<tr><td rowspan="2">교 육
복지형</td><td>교육형</td><td>20만원이내</td><td>5개월 이내</td><td>15만원이내</td><td>115만원이내</td></tr>
<tr><td>복지형</td><td>20만원이내</td><td>5개월 이내</td><td>10만원이내</td><td>110만원이내</td></tr>
<tr><td rowspan="2">자 립
지원형</td><td>인력파견형</td><td>-</td><td>-</td><td>10만원이내</td><td>10만원이내</td></tr>
<tr><td>시장형</td><td>20만원이내</td><td>5개월 이내</td><td>-</td><td>100만원이내</td></tr>
</table>

5) 노인일자리사업 실적 및 계획

2004년 노인일자리사업에 대한 분석(이인재, 2005b)에서 1차년도 노인일자리사업은 35,127개의 노인일자리가 마련되어 양적 측면에서 성과를 보인 것으로 평가되었다. 공공참여형의 경우 목표치를 42%를 초과 달성하였는데, 많은 인력이 동시에 투입되어 이전 취로사업이나 공공근로사업에 대한 임금 배분내지 살포 식의 사업수행의 비판이 제기되기도 하였다. 한편, 공익강사형은 목표치의 95%, 시장참여형은 99%를 달성한데 반해, 인력파견형은 목표치의 58%에 머물러 일자리 개발에 어려움이 있음을 드러내는 것이라 판단된다.

〈표 3-4〉 사업유형별 참여자 현황 (2004. 12)

구 분		추진 계획(개)	참여 인원(명)	비율(%)
총 계		27,847	35,127	126
공공참여형		19,998	28,373	142
사 회 참여형	소 계	6,092	5,006	82
	공익강사형	4,003	3,800	95
	인력파견형	2,089	1,206	58
시장참여형		1,757	1,748	99

자료: 이인재 (2005b). 노인 일자리사업 현황 및 평가.

노인일자리 사업의 정책목표 집단은 만 65세에서 만 74세의 연령집단으로 노인일자리 개발수요 추계에 따르면 이들 중 취업할 의사가 있으나 일자리가 없어서 취업을 못하고 있는 노인 30만 명[2])을 계획하고 있다.

2005년도 노인일자리사업은 425억원(국고 200억원, 지방비 225억원)의 예산을 들여, 65세 이상 노인들에게 총 3만 5천개(공익형 22,750자리, 교육복지형 7,000자리, 자립지원형 5,250자리)의 일자리를 창출하는 것을 목표로 하였다. 또한, 지자체와 기업체 협조 등을 통해 비예산을 들이지 않고 6만 5천개의 일자리를 만드는 등 10만여 개를 창출할 계획이었다. 이 과정에서 노인일자리 수행기관 사업이 지방으로 이양됨에 따라 지자체의 역할(서울시 70%, 기타 지자체 50% 부담)이 강화되고 있다. 향후 노인일자리 창출사업의 계획을 살펴보면 다음 〈표 3-5〉와 같다.

2) 만 65세 이상 노인인구 규모는 3,969,000명으로 8.3% 차지하고 있다. 노인인구중 취업중인 인구규모는 약, 1,151,010명(29%)이며 비취업 노인인구는 71%인 2,817,990명으로 추계된다. 노인일자리개발 정책대상군 수요추계 결과 만 65세 이상 비취업의 건강한 노인을 대상으로 근로욕구가 있는 노인은 약 30만 1천명에 해당된다.

〈표 3-5〉 노인일자리사업 계획 (2004-2009년)

구 분		2004	2005	2006	2007	2008	2009
국고(억원)		143	200	404	580	1,281	1,789
일자리수 (자리)	계	65,000	100,000	155,000	200,000	240,000	300,000
	예산사업[1]	25,000	35,000	55,000	80,000	100,000	140,000
	비예산사업[2]	40,000	65,000	100,000	120,000	140,000	160,000

1) 예산사업: 참여노인에 대한 인건비 및 부대경비를 국가와 지방자치단체가 직접 부담함으로써 마련되는 일자리
2) 비예산사업: 노인일자리박람회, 대한노인회(취업지원센터) 등을 통해 마련되는 일자리로 연도별 누적 수치임

3. 노인일자리 관련 유사사업의 개요

다음에서 노인일자리의 포괄적 의미에 근거하여 현재 우리나라에서 시행되고 있는 노인취업, 고용 등 노인일자리 관련 사항을 살펴보고자 한다. 현재 노인일자리 사업은 보건복지부의 노인복지법과 노동부의 고령자고용촉진법 등 두 가지 법적 근거에 의해 수행되고 있다. 연령기준에 있어서 고령자고용촉진법은 고령자를 55세 이상, 준고령자를 50세 이상이라고 한 반면, 노인복지법은 65세 이상으로 규정하고 있다. 따라서 노동부에서 65세 이전 예비노인층을 대상으로 노동시장 내의 일자리 마련사업에 초점을 두는 반면, 보건복지부는 기본적으로 65세 이상 노인의 사회참여 확대를 위한 노인적합형 일자리를 창출하여 제공함으로써 노인의 경험과 능력을 사회적으로 활용한다는 복지적인 측면이 강조된다.

1) 노동부의 노인일자리 관련 사업

(1) 고령자 고용촉진 지원사업

고령자 고용촉진 지원사업은 고령자고용촉진법과 고용보험법에 의거하며 고령자촉진을 위해 고령자 고용촉진장려금(고령자 다수고용촉진장려금, 정년퇴직자 계속 고용장려금), 고령자 신규고용촉진장려금 등이 마련되어 있다.

〈표 3-6〉 고령자고용촉진금의 사업내용

구 분		요 건	수준 및 기간
고령자 고용촉진 장려금	고령자다수 고용촉진 장려금	· 고용기간이 1년 이상인 55세 이상 고령자를 매분기 월평균 근로자 수의 업종별 지원기준율 이상 고용 - 지원기준율: 제조업4%, 부동산업42% 등 · 1월 소정근로시간이 60시간 미만(1주간 15시간 미만)인 자, 일용근로자, 공무원 등은 근로자수 및 고령자수에서 제외	· 지원기준율 초과 고령자 1인당 분기 15만원씩 5년간 지원 매분기당 근로자 수의 15%(대규모 기업 10%)한도
	정년퇴직자 계속고용 장려금	· 정년을 57세 이상으로 정한 사업장에서 18개월 이상 계속 근무한 정년도래자를 퇴직시키지 아니하거나 정년퇴직 후 3월 이내에 재고용하고 고용 전 3월, 고용 후 6월간 고용조정으로 근로자를 이직시키지 아니한 사업주 · 1년 이하 기간을 정하여 계속 고용하거나 계속 고용전 3년 이내에 정년을 단축한 경우에는 제외	· 계속고용 1인당 월30만원을 6개월 간 지원(500인 이하 제조업은 12개월)
신규고용 촉진장려금		- 고령자고용촉진법 제2조 제1호의 규정에 의한 고령자 또는 동법 제15조 제1항의 규정에 의한 준고령자 중 소득 및 실업기간 등을 고려하여 노동부장관이 정하여 고시하는 기준에 해당하는 자(고용안정센터의 장으로부터 체력의 부족, 심신장애, 질병, 부상, 시력·청력·촉각의 감퇴 등으로 통상 취직이 어렵다고 인정받은 자로서 채용된 경우)	- 고용 후 최초 6개월간은 매월 30만원, 그 이후 6개월간은 매월 15만원 - 고용보험법시행령 제15조 제1항 제2호(제조업 500인 이하)에 해당하는 경우에는 고용 후 12개월간 매월 30만원

자료: 노동부 홈페이지 (www.molab.go.kr)

(2) 고령자 적합 직종 선정 및 채용권고

노동부는 고령자, 준고령자의 취업에 적합 직종을 선정하고 300인 이상 대기업의 경우 3.0% 이상의 고령자 취업을 권장하고 있다. 2003년 6월 노동부는 고령자 우선 고용직종으로 공공부문 70개, 민간부문 90개 등 160개의 업종을 선정·고시하였다. 이의 직종에는 경비원, 공원관리인, 주차장관리인과 같은 단순노무직종외 학력자들이 취업 가능한 직종들로 인사노무관리자, 경영컨설턴트, 창업지원컨설턴트, ISO인증심사원 등의 전문분야를 선정했다.

(3) 고령자인재은행과 고용안정센터

a. 고령자인재은행: 고령자고용촉진법에 의거하여 1993년부터 설치·운영하기 시작한 사업으로 2005년 현재 전국적으로 43개소가 설치되어 있다. 고령자인재은행에서는 시·도 및 지방노동관서 직업알선창구와 연계하여 55세 이상 고령자를 대상으로 구인, 구직등록, 직업지도 및 취업알선 등을 제공하고 있으며, 알선하는 주업종은 건물관리, 주차, 주유원, 아기 돌보기 등이다.

b. 고용안정센터 (인력은행): 노인취업알선서비스 업무를 수행하고 있으며, 1996년 한국경영자총협회에서는 고급인력센터를 설치하여 전문인력에 대한 취업을 알선하고 있다.

(4) 사회적 일자리 창출사업

노동부에서는 취업 취약계층에게 공익성이 높은 일자리를 제공하여 사회적으로 유용한 공공서비스 확대 추구를 목적으로 사회적 일자리 창출사업을 진행하고 있으며, 이의 일환으로 노인일자리 사업이 제공되고 있다. 사회적 일자리 사업의 운영주체로 노동부, 지방노동관서, 고용안정센터, 실업극복국민재단이며 비영리 단체 등이 참여하고 있다. 수익형 사업과 공익형 사업이 주를 이루며, 일부 사업의 경우 고령자적합형 사업을 노인들에게 제공하고 있다.

고령자적합형 사업은 고령자(55세 이상)를 대상으로 파트타임형(주 20시간 이하) 사회적 일자리를 제공하는 사업으로 1인 월 30만원 이하의 인건비가 지급되고 있다. 2004년의 경우 3,752개의 사회적 일자리를 창출하여 이중 3.2%인 118개의 일자리를 65세 이상 노인에게 제공하였는데, 이중 60세 이하가 95%에 해당되어 60세 이상 노인들에게는 일자리 기회가 많지 않은 실정이다(보건복지부, 2005b).

2) 보건복지부 노인일자리 관련 유사사업

(1) 노인취업지원센터

노인취업지원센터는 대한노인회가 위탁・운영하고 있는데, 이전 노인취업알선센터가 2004년부터 노인취업지원센터로 개칭된 것으로 기존 70개소에서 247개소(연합회 16개소, 지회 231개소)로 확대・개편되었다. 이 센터는 지역사회 구직희망 노인을 대상으로 취업상담, 알선, 취업, 연계조정, 사후관리 서비스를 통해 행정사무원, 경비원, 안내원, 청소원, 판매원 등의 인력파견형 일자리를 제공하는 것을 주요 업무로 하고 있다. 앞으로 지역 특성에 따라 일부지역 센터의 통합 운영 방안이 검토되는데, 사업실적의 평가를 통해 인센티브제를 도입함으로 사업의 경쟁력 유발 및 내실화가 필요하다.

(2) 노인공동작업장

특별한 기술훈련 없이도 가능한 소일거리, 단순 작업 중심의 일거리를 제공함으로써 여가선용 및 경제적 도움이 될 수 있도록 하는 취지로 설치·운영되고 있다. 현재 경로당, 노인복지관 등 603여개소가 운영중인데 고령노인층에게 있어 접근용이성이 있지만 낮은 소득을 지닌다는 점에서 제한성을 지닌다. 또한 사회경제적 여건 변화로 단순 일감이 점차 감소하고 있으며 공동작업장 개조에 대한 재정지원이 실제적으로 이루어지지 못하는 등 유명무실해지는 추세이다. 한편으로는 고부가 가치의 일감이 제공될 수 있도록 하는 것이 필요하며 시니어클럽내에 노인공동작업장의 참여노인을 적극적으로 포함시켜 운영하는 것도 하나의 제안사항이 될 수 있다.

(3) 시니어클럽

시니어클럽은 경륜과 경험을 지닌 노인에게 일자리를 제공함으로써 사회참여, 소득창출 등 종합적 노인복지를 도모하며 특히, 노인일자리 적합 직종 개발 및 자립지원형 사업 확대를 통한 노인일자리 창출을 목적으로 한다. 종전 노인인력지원기관을 유사기관간 명칭 혼란예방을 위해 2005년부터 시니어클럽으로 명칭이 변경되었고 현재 30개소가 설치·운영 중이다. 시니어클럽이 노인일자리 자립지원형 전담기관으로 지정되었는데, 2001년 사업시작 시기에는 명확한 목적과 방향성이 정립되지 못한 상황에서 2004년부터 노인일자리사업을 시작하여 노인인력활용에 대한 정체성 문제가 초래되기도 하였다. 그러나 노인일자리사업 중 시장형에 중점을 두면서 사업기관의 특성을 찾아가고 있는 중으로 향후 시장창출 및 자활영역에 초점을 두고 보다 특성화해 나가야 할 것으로 생각된다.

3) 서울시 고령자 취업알선센터

고령자취업알선센터는 서울시에 거주하는 만 55세 이상의 고령자를 위한 취업알선전문기관으로 고령화 추세에 따른 유휴노동력을 활용하여 인력난을 해소하고 고령자의 적성과 능력에 맞는 일감을 발굴하여 취업을 알선한다는 취지로 설립되었다. 이는 서울시가 노인복지 관련기관에 위탁을 주어 운영되고 있는데, 1992년부터 사업을 시작해 2004년 현재 13개 취업알선센터[3)]가 운영되고 있다. 취업알선센터에서는 서울시에 거주하는 만 55세 이상 취업을 희망하는 노인들의 취업상담, 교육, 알선을 담당하고 있다. 2003년부터 국내 처음으로 실버취업박람회를 개최한 이래 매년 박람회를 열어 고령자 구인업체 개발과 노인재취업에 관한 사회적 인식 개선에 중요한 역할을 하고 있다. 2004년에는 노인취업전문교육기관인 노인취업훈련센터가 개소되었다.

---

3) 13개 서울시 고령자취업알선센터는 중앙(종로구 지역 담당), 용산(마포, 용산구), 강서(강서구), 관악(관악, 동작구), 성동(성동, 강동, 광진구), 노원(노원, 성북, 강북, 도봉구), 서부(서대문, 은평구), 서초(서초, 강남, 송파구), 동대문(동대문, 중랑구), 중부(중구), 한국(영등포구), 구로(구로, 금천구), 양천(양천구)이다.

Ⅳ. 노인일자리사업의 현황 : 실무자 조사를 중심으로

1. 연구목적

그동안 노인일자리 사업 관련 연구에서는 참여노인의 실태조사(보건복지부·국민연금관리공단 노인인력운영센터, 2005b) 내지 참여노인의 만족도 조사(서양열, 2004)가 있었다. 그러나 노인일자리사업을 실행하는 실무자를 대상으로 한 연구는 아직 부재한 편으로 노인일자리 사업 실무현장에서 직접적으로 느끼는 애로사항 및 제안사항 등 노인일자리 사업에 대한 보다 실제적인 방안에 대한 모색이 부족하였다.

따라서 본 연구에서는 노인일자리사업 실무자를 대상으로 노인일자리사업 현장에서의 문제점, 실무자 업무현황, 그리고 앞으로 노인일자리 사업 활성화를 위한 방안 등을 살펴봄으로써 우리나라 노인일자리사업 관련 정책에 대한 보다 실제적이고 실천적 방향을 제시할 수 있는 기초 자료를 제시하고자 한다.

2. 연구방법

1) 조사대상 및 자료수집

본 연구의 조사대상은 전국의 노인일자리사업을 수행하는 실무자들이다. 자료수집에 있어서 노인인력운영센터의 협조 하에 전국 노인일자리사업 기관 641개소에 설문발송을 하였고, 각 기관에서는 노인일자리사업 담당 실무자 1명이 설문에 응하도록 하였다. 자료수집에 있어서 보건복지부, 대한노인회, 한국노인종합복지관협회, 시니어클럽협회의 업무 협조를 받았다. 조사기간은 2005년 11월 20일부터 2005년 12월 10일까지 이루어졌다. 설문회송은 285부로 회수율은 44.5%였는데, 이 중 반송 3부, 불충분한 응답설문 4부를 제외한 총 278부(응답률 43.4%)가 최종 분석에 활용되었다.

2) 조사내용

설문지는 노인일자리사업에 대한 정책 자료와 기존의 연구 자료를 토대로 하여 개발하였으며, 수차례의 전문가 자문 및 노인일자리사업 실무자를 대상으로 한 사전조사(pre-test)를 실시한 후 최종 확정하였다.

본 연구에서는 노인일자리사업 실무자에 대한 일반적 특성, 운영관련 사항, 만족도 및 활성화 방안 등 3가지 영역으로 나누어 각 영역에 해당하는 세부 사항들에 대한 질문들로 구성되어 있다.

〈표 4-1〉 설문지 구성 내용

구 분	문항수	질문내용
일반적 사항	7문항	성별, 연령, 학력, 노인복지시설 종사경력, 직위, 사회복지사 자격증 소지여부, 시설 유형
운영관련 사항	15문항	참여노인 모집방법, 교육실시에 있어서 어려운 점, 평가방법, 개선사항 및 이의 방안, 중도탈락자 유무, 이유, 방지방안, 운영관련 애로사항 정도 및 우선사안, 사업종료후 인력활용 실태 및 향후 방안, 참여노인 자질, 관리자 자질, 기관의 사업수행 관심정도 및 기관장의 사업수행의지 정도, 지역연계정도, 중앙정부 및 지방자치단체 지원정도
만족도 및 활성화방안	8문항	참여노인의 만족도, 서비스 기관이나 대상자 만족도, 노인소득 창출, 생계지원의 도움정도, 노인복지 도움정도, 비예산사업 전환에 대한 의견, 직무만족도, 활성화 방안에 대한 의견

3) 자료분석

본 연구의 자료정리와 분석은 SPSS 12.0 for Window를 사용하였고, 각 문항별로 빈도, 백분율, 평균, 표준편차 등의 기술적 분석(descriptive analysis) 및 사업수행기관별 비교를 위해 카이제곱 검증(χ^2-test) 및 일원분산 분석(One-Way ANOVA)을 실시하였다.

3. 조사결과

1) 실무자의 일반적 사항

설문에 응한 노인일자리사업 실무자들의 성별을 살펴보면 남성이 55.5%(152명), 여성이 44.5%(122명)로 남성이 여성보다 10% 정도 높은 비율을 차지하였다(〈표 4-2〉 참조).

〈표 4-2〉 성 별

(단위: 명, %)

구 분	빈 도	비 율
남 성	152	55.5
여 성	122	44.5
합 계	274	100.0

* 무응답: 4명(1.4%)

실무자의 연령은 23세부터 67세까지 다양하게 분포되어 있었고 평균연령은 38.96세였다(s.d.=11.34). 이를 다시 연령대로 나누어 살펴보면 '30세 이상~40세 미만'이 32.7%(89명)로 가장 많았고 '20세 이상~30세 미만'은 25.7%(70%), '40세 이상~50세 미만'은 23.2%(63명)로 비슷한 비율로 조사되었다. '60세 이상' 실무자도 8.1%(22명)이 분포한 것으로 나타났지만 노인일자리사업 실무자의 연령은 대부분 '20세 이상~50세 미만(82%)'에 분포하고 있음을 알 수 있다(〈표 4-3〉 참조).

〈표 4-3〉 연 령

(단위: 명, %)

구 분	빈 도	비 율
20세 이상~30세 미만	70	25.7
30세 이상~40세 미만	89	32.7
40세 이상~50세 미만	63	23.2
50세 이상~60세 미만	28	10.3
60세 이상	22	8.1
합 계	272	100.0

* 무응답: 6명(2.2%)

조사대상 실무자의 교육정도를 살펴보면, '대졸/중퇴'가 57.3%(157명)로 가장 많았다. 그 다음은 '고졸/중퇴'가 19.0%(52명), '전문대졸/중퇴'가 13.1%(36명), '대학원 이상'이 10.6%(29명) 순으로 조사되었다(〈표 4-4〉 참조).

〈표 4-4〉 교 육 정 도

(단위: 명, %)

구 분	빈 도	비 율
고졸 / 중퇴	52	19.0
전문대졸 / 중퇴	36	13.1
대졸 / 중퇴	157	57.3
대학원 이상	29	10.6
합 계	274	100.0

* 무응답: 4명(1.4%)

조사대상자를 사업수행기관별로 살펴보면, '지방자치단체' 소속 실무자가 46.5%(128명)로 가장 높게 나타났다. 그 다음으로 '노인복지회관/종합사회복지관' 근무자가 25.1%(69명)였고 '대한노인회' 소속도 22.5%(62명)로 비슷한 분포를 보였다. '시니어 클럽'은 5.8% (16명)의 실무자가 참여한 것으로 분석되었다(〈표 4-5〉 참조).

〈표 4-5〉 소 속 기 관

(단위: 명, %)

구 분	빈 도	비 율
지방자치단체	128	46.5
대한노인회	62	22.5
시니어클럽	16	5.8
노인복지회관/종합사회복지관	69	25.1
합 계	275	100.0

* 무응답: 3명(1.1%)

노인일자리사업에 종사하는 실무자들의 근무처가 어느 지역에 분포되어 있는가를 16개 지역으로 구분하여 살펴보면, '서울'이 14.5%(40명)로 가장 높은 비율을 차지하였고 바로 이어 '경기'가 13.8%(38명)로 서울과 유사한 비율을 차지하였다. 그 다음은 '부산' 8.4%(23명), '경북' 8.0%(22명) 순으로 조사되었다. 반면에 가장 낮은 빈도는 '인천'이 1.1%(3명)를 차지하고 있었고, '광주'는 1.5%(4명), '제주'는 2.8%(5명)로 다른 지역과 비교해 낮은 비율의 실무자가 참여하였다(〈표 4-6〉 참조).

〈표 4-6〉 소 재 지 역

(단위: 명, %)

구 분	빈 도	비 율	구 분	빈 도	비 율
서 울	40	14.5	강 원	19	6.9
부 산	23	8.4	충 북	14	5.1
대 구	10	3.6	충 남	17	6.2
인 천	3	1.1	전 북	21	7.6
광 주	4	1.5	전 남	21	7.6
대 전	11	4.0	경 북	22	8.0
울 산	8	2.9	경 남	19	6.9
경 기	38	13.8	제 주	5	2.8
합 계	275 (100.0)				

* 무응답: 3명(1.1%)

조사대상자의 직위/직급을 일반사회복지사, 주임(대리), 과장(팀장), 부장, 공무원, 센터장으로 구분하여 살펴보면, '일반사회복지사'가 41.5%(112명)로 가장 높게 나타났다. 그 다음으로 '공무원' 22.2%(60명), '과장(팀장)' 12.6%(34명), '센터장' 10.4%(28명)의 순이었다. 반면 직위가 '부장'이라고 응답한 실무자는 5.6%(15명)로 가장 낮았다(〈표 4-7〉 참조).

〈표 4-7〉 직 위

(단위: 명, %)

구 분	빈 도	비 율
일반사회복지사	112	41.5
주임 (대리)	21	7.8
과장 (팀장)	34	12.6
부 장	15	5.6
공무원	60	22.2
센터장	28	10.4
합 계	270	100.0

* 무응답: 8명(2.9%)

조사대상자의 고용형태를 정규직과 계약직으로 구분하여 보았을 때, '정규직'이 79.3%(218명), '계약직'이 20.8%(57명)로 비정규직보다 정규직이 많은 것으로 파악되었다(〈표 4-8〉 참조).

〈표 4-8〉 고 용 형 태

(단위: 명, %)

구 분	빈 도	비 율
정 규 직	218	79.3
계 약 직	57	20.8
합 계	275	100.0

* 무응답: 3명(1.1%)

응답자의 사회복지분야 경력은 2개월부터 34년(408개월)에 이를 만큼 다양하였으며 사회복지분야 평균근무경력은 5년 6개월 정도였다(65

개월, s.d.=67.91). 이를 구간을 나누어 살펴보면 '1년 이상~3년 미만'이 35.8%(86명)로 가장 높은 비율을 보이고 있었다. 그 다음으로 '3년 이상~6년 미만'이 20.8%(50명), '10년 이상~15년 미만'이 17.1%(41명), '1년 미만'이 12.1%(29명) 순으로 나타났다. '15년 이상'은 5.8%(14명)로 가장 낮게 조사되었다. 전체적으로 응답자의 사회복지분야 경력은 77%(185명)가 10년 미만이며 23%(55명)는 10년 이상의 경력을 가지고 있는 것으로 파악되었다(〈표 4-9〉 참조).

〈표 4-9〉 사회복지분야 경력

(단위: 명, %)

구 분	빈 도	비 율
1년 미만	29	12.1
1년 이상~3년 미만	86	35.8
3년 이상~6년 미만	50	20.8
6년 이상~10년 미만	20	8.3
10년 이상~15년 미만	41	17.1
15년 이상	14	5.8
합 계	240	100.0

* 무응답: 38명(13.7%)

응답자의 노인복지분야 경력은 1개월에서 19년(224개월)에 이르며 평균경력은 3년에 조금 못 미치는 것으로 나타났다(32개월, s.d.=38.38). 이를 구간별로 살펴보면, '1년 이상~2년 미만'이 35.8%(87명)로 가장 많은 분포를 보이고 있었다. 그 다음은 '1년 미만'이 23.0%(56명), '3년 이상~7년 미만'이 18.1%(44명)이었다. 반면에 '7년 이상'은 9.1%(22명)로 가장 낮은 분포를 보였다. 전체적으로 노인 일자리 사업에 종사하는 응답자들의 약 73%(177명)는 노인복지분야경력이 3년 미만인 것으로 파악되었다(〈표 4-10〉 참조).

〈표 4-10〉 노인복지분야 경력

(단위: 명, %)

구 분	빈 도	비 율
1년 미만	56	23.0
1년 이상~2년 미만	87	35.8
2년 이상~3년 미만	34	14.0
3년 이상~7년 미만	44	18.1
7년 이상	22	9.1
합 계	243	100.0

* 무응답: 35명(12.6%)

응답자의 노인일자리사업 경력은 1개월부터 8년 6개월(102개월)로 다양했으며 평균 노인일자리사업 근무경력은 1년 3개월 정도였다(15개월, s.d.=11.47). 이를 구간을 나누어 살펴보면, '1년 이상~2년 미만'이 47.5%(125명)로 가장 많이 차지하고 있었다. 그 다음으로 '6개월 이상~1년 미만'이 20.2%(53명), '6개월 미만'이 15.2%(40명) 순으로 조사되었다. 반면에 '3년 이상'은 3.8%(10명) 뿐인 것으로 나타났다(〈표 4-11〉 참조).

〈표 4-11〉 노인일자리사업 근무경력

(단위: 명, %)

구 분	빈 도	비 율
6개월 미만	40	15.2
6개월 이상~1년 미만	53	20.2
1년 이상~2년 미만	125	47.5
2년 이상~3년 미만	35	13.3
3년 이상	10	3.8
합 계	263	100.0

* 무응답: 15명(5.4%)

노인일자리사업에 종사하는 실무자들의 노인복지 관련교육 이수여부를 질문한 결과, '받음'이 33.5%(92명), '받지 않음'이 66.5%(183명)로 나타나 노인복지 관련교육을 받지 않은 비율이 현저하게 높음을 알 수 있다(〈표 4-12〉 참조).

〈표 4-12〉 노인복지 관련교육 이수여부

(단위: 명, %)

구 분	빈 도	비 율
받 음	92	33.5
받지 않음	183	66.5
합 계	275	100.0

* 무응답: 3명(1.1%)

노인일자리사업에 종사하는 실무자들의 노인일자리사업 관련교육 이수여부를 질문한 결과 받은 경우가 62.9%(173명)였고 받지 않은 경우는 37.1%(102명)로, 이를 통해 실무자의 5명중 약 2명꼴로 노인일자리사업 관련교육을 제대로 받지 않았음을 알 수 있다(〈표 4-13〉 참조).

〈표 4-13〉 노인일자리사업 관련교육 이수여부

(단위: 명, %)

구 분	빈 도	비 율
받 음	173	62.9
받지 않음	102	37.1
합 계	275	100.0

* 무응답: 3명(1.1%)

노인일자리사업에 종사하는 실무자들의 노인관련 기타교육 이수여부를 질문한 결과, '받음'이 6.5%(18명), '받지 않음'이 93.5%(257명)로 나타나 노인관련 기타 교육을 받지 않은 비율이 현저하게 높음을 알 수 있다(〈표 4-14〉 참조).

〈표 4-14〉 기타 노인관련교육 이수여부

(단위: 명, %)

구 분	빈 도	비 율
받 음	18	6.5
받지 않음	257	93.5
합 계	275	100.0

* 무응답: 3명(1.1%)

실무자가 노인일자리 사업 업무 외에 다른 업무도 병행하고 있는지를 질문한 결과 77%(211명)가 다른 업무와 병행하고 있다고 응답하였다. 반면에 23%(63명)만이 노인일자리사업에만 전념하여 업무에 종사하는 것으로 나타났다. 이러한 결과는 많은 기관에서 노인일자리사업을 독립적으로 운영하기보다는 다른 사업과 병행하고 있어 노인일자리사업 업무가 원활히 이루어지는데 어려움이 있음을 드러내는 것이라 할 수 있다(〈표 4-15〉 참조).

〈표 4-15〉 다른 업무 병행 여부

(단위: 명, %)

구 분	빈 도	비 율
그렇다	211	77.0
아니다	63	23.0
합 계	278	100.0

* 무응답: 4명(1.4%)

앞서 살펴본 바와 같이 조사에 응한 실무자의 약 77%는 노인일자리사업 업무 외에 다른 업무를 병행하는 것으로 나타났다. 전체 업무 중 노인 일자리 업무 비율은 '20% 미만'이 30.4%(62명)로 가장 높은 비율을 차지하였고 '20% 이상~40% 미만'은 28.9%(59명)였다. 한편, 전체 업무 중 노인일자리 업무 비율이 '40% 이상~60% 미만' 은 18.1%(37명), '60% 이상~80% 미만'은 6.4%(13명), 그리고 '80% 이상'은 16.2%(33명)였다. 즉, 전체업무 중 노인일자리 업무가 '40% 미만'에 해당되는 경우가 약 60%로 나타나 노인일자리사업 수행시 업무과중 및 타업무로 인해 노인일자리사업 수행에 상당한 제약이 있음을 알 수 있다(〈표 4-16〉 참조).

〈표 4-16〉 전체 업무 중 노인일자리사업 업무비율

(단위: 명, %)

구 분	빈 도	비 율
20% 미만	62	30.4
20% 이상~40% 미만	59	28.9
40% 이상~60% 미만	37	18.1
60% 이상~80% 미만	13	6.4
80% 이상	33	16.2
합 계	204	100.0

* 무응답: 74명(26.6%)

2) 노인일자리사업 운영 관련 사항

노인일자리사업 참여노인 모집방법에 대해서는 모두 277명이 응답하였다. 실무자들은 노인일자리사업 참여노인 모집방법으로 '관련기관 홍보 게시판'을 가장 많이 이용하는 것으로 나타났다(65.3%, 181명). 그 다음으로 '기관소식지 등 유인물'(58.8%, 163명), '지역신문'(41.9%, 116명), '인터넷 홍보'(38.6%, 107명) 등을 모집방법으로 사용하는 것으로 파악되었다. 반면 유료광고 등의 방법은 거의 사용하지 않지만 소수가 사용했다고 응답하였다(1.1%, 3명). 사례백분율로 산출한 경우 381.2%로 나타나 노인일자리사업 참여노인 모집에 있어서 평균 4개 정도의 방법을 활용하고 있음을 알 수 있다(〈표 4-17〉, 〈그림 4-1〉 참조).

〈표 4-17〉 노인일자리사업 참여노인 모집방법 (다중응답)

(단위: 명, %)

구 분	빈 도	응답백분율	사례백분율
· 대중매체 홍보	95	9.0	34.3
· 관련기관 홍보 게시판	181	17.1	65.3
· 기관소식지 등 유인물	163	15.4	58.8
· 이용자, 봉사자를 통한 홍보	96	9.1	34.7
· 인터넷 홍보	107	10.1	38.6
· 플랜 카드	92	8.7	33.2
· 개인 권유	64	6.1	23.1
· 지역 신문	116	11.0	41.9
· 유료 광고	3	0.3	1.1
· 유관기관의 의뢰	98	9.3	35.4
· 기 타	41	3.9	14.8
합 계	1056	100.0	381.2

* 무응답: 1명, * 총 응답자: 277명

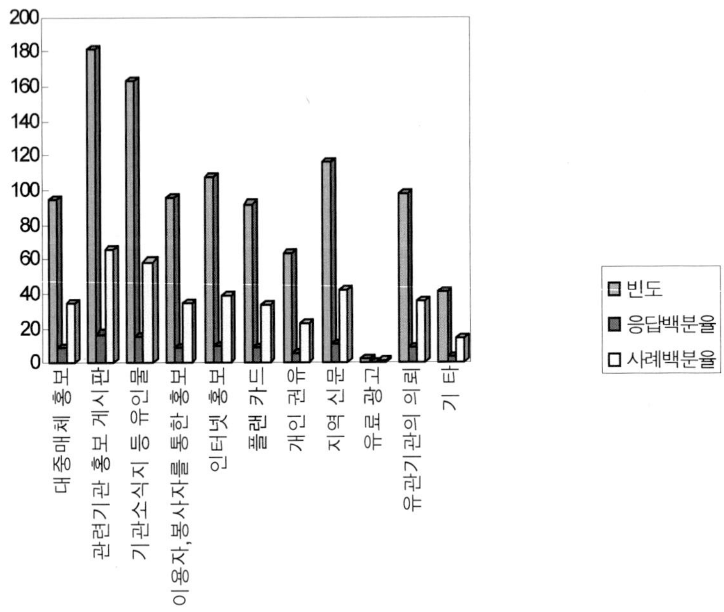

〈그림 4-1〉 노인일자리사업 참여노인 모집방법 (다중응답)

노인일자리사업 참여자 교육의 어려움을 묻는 질문에 총 270명이 평균 2가지 이상을 응답하였는데 '교육 프로그램의 부재'가 47.8%(129명)로 나타나 가장 큰 어려움으로 파악되었다. 그 다음으로 '예산의 부족' 40.7%(110명), '교육 중요성에 대한 인식 결여' 35.2%(95명), '강사섭외의 어려움' 27.4%(74명) 등을 들었다. 반면 기자재 확보(7.8%, 21명)나 장소확보(10%, 27명)는 참여자 교육실시에 있어 다른 요인들에 비해 상대적으로 애로점이 적은 편임을 알 수 있다(〈표 4-18〉, 〈그림 4-2〉 참조).

〈표 4-18〉 노인일자리사업 참여자 교육실시의 어려움 (다중응답)

(단위: 명, %)

구 분	빈 도	응답백분율	사례백분율
· 강사섭외의 어려움	74	12.7	27.4
· 예산의 부족	110	18.8	40.7
· 교육 프로그램의 부재	129	22.1	47.8
· 교육 중요성에 대한 인식 결여	95	16.3	35.2
· 노인들의 참여율 저조	64	11.0	23.7
· 장소 확보	27	4.6	10.0
· 기자재 확보	21	3.6	7.8
· 인력 부족	47	8.0	17.4
· 기 타	17	2.9	6.3
합 계	584	100.0	216.3

* 무응답: 8명, * 총 응답자: 270명

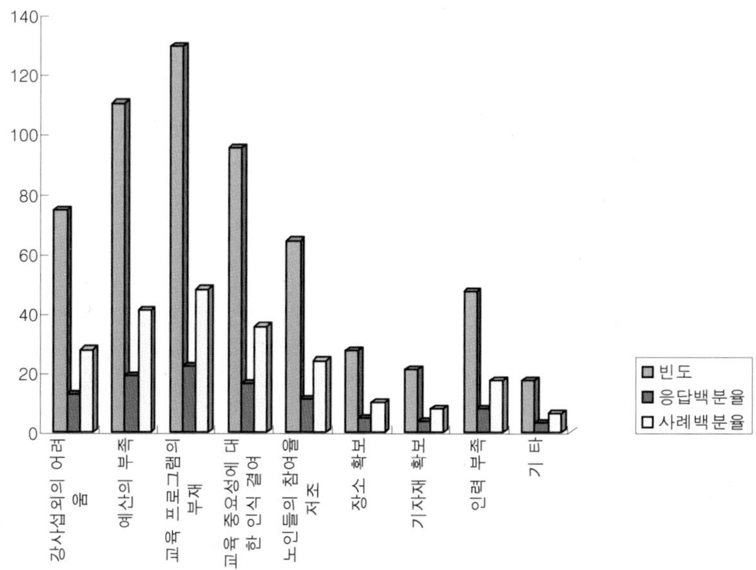

〈그림 4-2〉 노인일자리사업 참여자 교육실시의 어려움 (다중응답)

실무자가 노인일자리사업 평가를 위해 사용하는 방법을 살펴보면, '담당자에 의한 평가서 작성'이 55.8%(153명)로 나타나 가장 많이 사용하는 평가방법으로 조사되었다. 그 다음으로 '간담회, 월례회'가 39.4%(108명), '참여자 설문조사'가 36.9%(101명) 순으로 파악되었다. 그 외에 '사례발표 혹은 토론', '서비스 수혜대상자들을 통한 평가', '담당부서 회의를 통한 평가' 등이 평가방법으로 사용되고 있다. 평가방법을 사용하고 있지 않다는 응답도 8.8%(24명)에 이르러 이에 대한 보완이 필요하다고 본다. 사례백분율이 199.3%로 나타나 총 응답자 274명이 최소한 2개 정도의 노인일자리사업 평가방법을 활용하고 있음을 알 수 있다(〈표 4-19〉, 〈그림 4-3〉 참조).

〈표 4-19〉 노인일자리사업 평가방법 (다중응답)

(단위: 명, %)

구 분	빈 도	응답백분율	사례 백분율
· 사례발표 혹은 토론	48	8.8	17.5
· 참여자 설문조사	101	18.5	36.9
· 담당자에 의한 평가서 작성	153	28.0	55.8
· 서비스 수혜대상자들을 통한 평가	48	8.8	17.5
· 간담회, 월례회	108	19.8	39.4
· 담당부서 회의를 통한 평가	43	7.9	15.7
· 기 타	21	3.8	7.7
· 하고 있지 않다	24	4.4	8.8
합 계	546	100.0	199.3

* 무응답: 4명, * 총 응답자: 274명

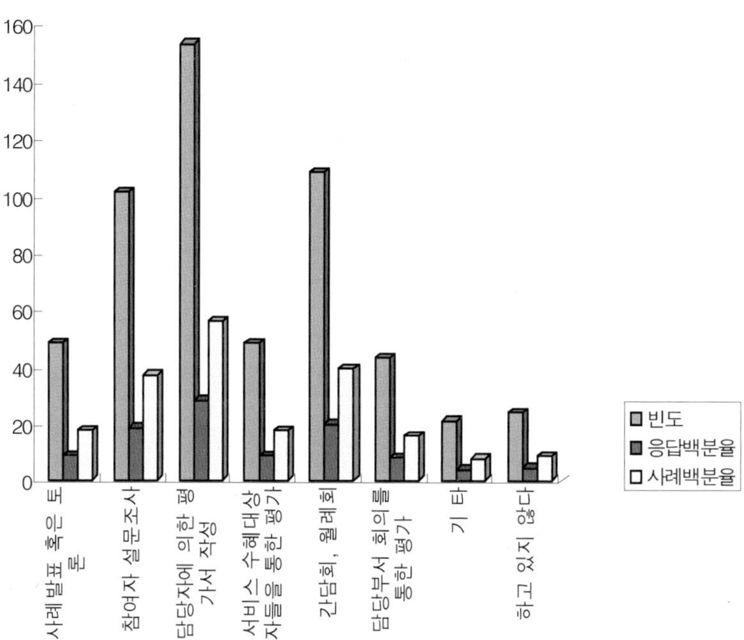

〈그림 4-3〉 노인일자리사업 평가방법 (다중응답)

실무자들이 응답한 노인일자리사업 운영과 관련하여 개선해야할 사항을 살펴보면, '사업수행 기간'이 78.8%(197명)로 가장 높은 비율로 나타났다. 그 다음으로 개선이 필요한 사항으로 '인건비'가 66.4%(166명), '예산배정 시기' 54.4%(136명), '근무시간' 41.6%(104명)의 순으로 지적되었다. 그 밖에 '참여노인의 수' '평가방법' '기관별 사업유형의 지정' '기관별 수행프로그램 수 제한' 등도 개선사항으로 많은 실무자들이 지적하고 있어 노인일자리 사업 운영에 대한 검토가 필요하리라 본다. 그리고 사례백분율이 396.8%로 나타나 1인당 평균 4개 정도로 개선할 사항에 응답하였음을 알 수 있다(〈표 4-20〉, 〈그림 4-4〉 참조).

〈표 4-20〉 노인일자리사업 운영상 개선사항 (다중응답)

(단위: 명, %)

구 분	빈 도	응답백분율	사례백분율
· 인건비 (1인당 월 20만원 이내)	166	16.7	66.4
· 사업수행 기간	197	19.9	78.8
· 근무시간(1일 3~4시간, 주 3~4일)	104	10.5	41.6
· 예산배정 시기	136	13.7	54.4
· 기관별 수행 프로그램 수 제한	79	8.0	31.6
· 평가 방법	82	8.3	32.8
· 기관별 사업유형의 지정	80	8.1	32.0
· 참여노인의 수	94	9.5	37.6
· 기 타	54	5.4	21.6
합 계	992	100.0	396.8

* 무응답: 28명, * 총 응답자: 250명

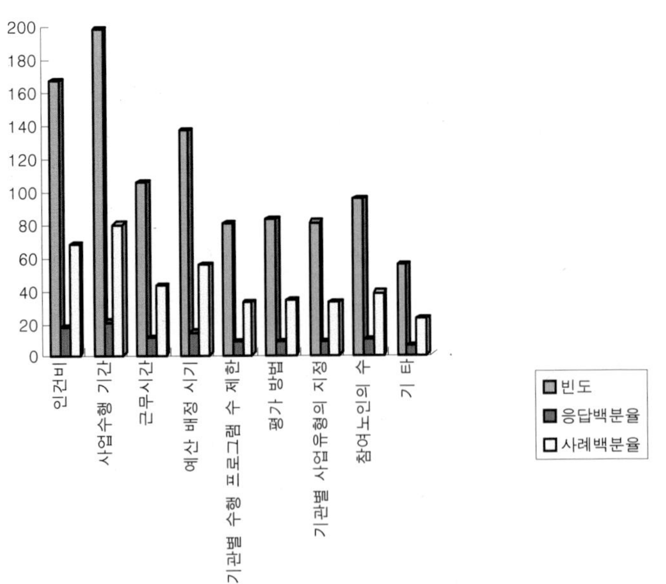

〈그림 4-4〉 노인일자리사업 운영상 개선사항 (다중응답)

노인일자리사업의 중도탈락 경험 여부를 살펴보면, 중도탈락 경험이 한번이라도 있었다는 경우가 87.9%(240명)인데 반해, 중도탈락 경험이 없었다는 경우는 12.1%(33명)에 불과하여 중도탈락률이 매우 높은 편임을 알 수 있다(〈표 4-21〉 참조). 그러나 이렇게 중도탈락 비율이 높은 이유 중 한 가지는 실무자에게 특정조건을 제시하지 않고 단순히 사업수행 중 중도탈락자가 있었는지의 여부를 질문한 것이어서 해석에 주의가 요구된다.

〈표 4-21〉 노인일자리사업 중도탈락자 여부

(단위: 명, %)

구 분	빈 도	비 율
있 다	240	87.9
없 음	33	12.1
합 계	273	100.0

* 무응답: 5명(1.8)

앞서 살펴본 바와 같이 노인일자리사업의 중도탈락 비율이 약 88%로 나타나 어떠한 이유로 참여자가 중도에 탈락하였는지를 살펴보았다. 실무자들은 노인참여자의 중도탈락이유로 '건강상의 문제'(69.7%, 168명)를 첫째 이유로 들었다. 그 다음으로 '급여가 적어서'가 34.4%(83명), '책임감 부족'이 17.4%(42명), '취업' 15.4%(37명), '일에 대한 만족감을 못 느껴서'가 14.5%(35명) 순으로 나타났다. 또한 사업수행기관에 대한 불만은 노인참여자 중도탈락의 중요한 이유가 아닌 것으로 조사되었다(0.8%, 2명). 이러한 결과로부터 노인일자리사업을 추진함에 있어서 노인의 건강유지를 위한 도움과 적정한 급여보장 등은 중도탈락을 최소화하기 위해 관심을 가져야 한다고 해석할 수 있다. 그리고 사례백분율이 197.9%로 나타나 조사대상자들은 1인당 2개 정도로 참여자의 중도탈락 이유를 응답하였음을 알 수 있다(〈표 4-22〉, 〈그림 4-5〉 참조).

〈표 4-22〉 노인일자리사업 중도탈락 이유 (다중응답)

(단위: 명, %)

구 분	빈 도	응답백분율	사례백분율
· 건강상 문제	168	35.2	69.7
· 책임감 부족	42	8.8	17.4
· 대인관계가 안 좋아서	18	3.8	7.5
· 전문성 부족	19	4.0	7.9
· 일에 대한 만족을 못 느껴서	35	7.3	14.5
· 일이 힘들어서	25	5.2	10.4
· 가족의 반대	20	4.2	8.3
· 급여가 적어서	83	17.4	34.4
· 취 업	37	7.8	15.4
· 기관에 대한 불만	2	0.4	0.8
· 기 타	28	5.9	11.6
합 계	477	100.0	197.9

* 무응답: 37명, * 총 응답자: 241명

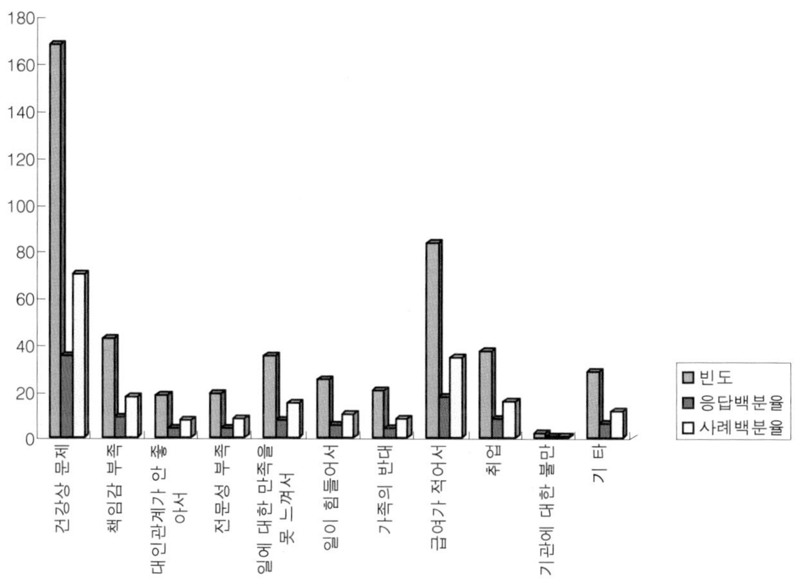

〈그림 4-5〉 노인일자리사업의 중도탈락 이유 (다중응답)

노인일자리사업을 담당하는 실무자들이 사업수행의 몇 가지 영역에 있어 어느 정도의 어려움을 경험하고 있는지를 알아보기 위하여 '사업아이템 선정', '사업계획서 작성 및 제출', '참여자 선발, 모집', '서비스 대상자 확정', '교육 및 보수교육', '서비스 대상자, 참여자 연계', '행정업무 수행', '관련 공무원과의 관계', '예산관리 및 집행', '실무자 인력부족', '목표달성', '참여자 관리', '사후관리', '평가'의 14항목으로 구분하여 '전혀 없다', '별로 없다', '약간 있다', '많다', '매우 많다'의 5점 척도로 질문하였다.

'사업아이템 선정'에 관련해서는 '많다'라고 응답한 사람이 35.4%(96명)로 가장 높은 비율을 나타냈다. 반면에 '전혀 없다'는 3.3%(9명)만을 차지하고 있으며 '별로 없다'는 17.7%(48명)로 나타났다. 전체적으로 볼 때 실무자 중 거의 반 정도가 노인일자리사업의 운영에 있어 '사업아이템 선정'에 어려움을 나타내고 있다.

'사업계획서 작성/제출'은 '약간 있다'에 39.3%(107명)의 실무자가 응답해 가장 많은 분포를 보였다. 그 다음으로는 '별로 없다'에 30.9%(84명)가 답변하였다. 반면에 '매우 많다'에 3.3%(9명), '전혀 없다'에 4.8%(13명)가 속하고 대부분 중간 정도에 분포해 노인일자리사업에 있어 '사업계획서 작성/제출'은 약간 있거나 별로 없는 것으로 나타났다.

'참여자 선발, 모집'은 '약간 있다'에 36.8%(100명)이 응답해 가장 높은 비율을 보였다. 그래서 '약간 있다'를 제외하고 애로사항을 양 측면인 '없다'(30.9%)와 '있다'(32.4%)로 구분하였을 때 거의 비슷한 비율로 나타났다. 이러한 결과로부터 노인일자리사업의 운영상 '참여자 선발, 모집'은 다른 항목과 비교할 때 애로사항이 크게 많지 않음을 알 수 있다.

'서비스 대상자 확정'은 42.7%(114명)가 '약간 있다'로 가장 높게 응답하였다. 이를 제외하고 애로사항이 '없다'와 '있다'로 구분하여 보았을 때, '없다'(31.5%)가 '있다'(25.9%)보다 약간 높은 비율을 나타냈다. 이러한 결과로부터 실무자는 노인일자리사업을 운영에 있어서 서비스 대상자를 정하는데 있어 약간의 어려움은 있으나 크게 문제되지는 않는 것처럼 보인다.

'교육 및 보수교육'은 '약간 있다'에 42.6%(115명)가 응답해 가장 많은 비중을 보였다. 그리고 애로사항을 '없다'(27.8%)와 '있다'(29.6%)로 구분하여 판단하였을 때, 거의 비슷한 비율로 나타났다. 이러한 결과는 노인일자리사업의 운영상 '교육 및 보수교육'은 다른 항목과 비교할 때 약간 어려움이 있는 편으로 사료된다.

'서비스 대상자, 참여자 연계'도 42.5%(113명)가 '약간 있다'에 답변해 가장 많은 응답을 보였다. 이를 제외하고 애로사항이 '없다'(27.8%)와 '있다'(29.7%)로 구분하여 판단하였을 때, 거의 비슷한 비율로 나타났다. 이러한 결과는 노인일자리사업 운영상 '서비스 대상자, 참여자 연계'는 약간 있는 편이나 크지 않음을 알 수 있다.

'행정업무 수행'은 '약간 있다'가 33.6%(91명)로 가장 높은 비율을 보였다. 이를 제외하고 애로사항이 '없다'와 '있다'로 구분하여 판단하였을 때, '없다(36.5%)'가 '있다(29.9%)'보다 높은 비율로 나타났다. 이러한 결과로부터 '행정업무 수행'은 약간의 애로사항은 있지만 없는 편이라고 응답한 실무자도 어느 정도 있음을 알 수 있다.

'관련 공무원과의 관계'문항에는 '별로 없다'에 46.7%(122명)가 가장 높은 응답률을 보였다. 그 다음으로 '약간 있다'에 30.3%(79명)가 차지하고 있어 비교적 공무원과의 관계에 있어서는 큰 어려움이 없는 편으로 조사되었다.

'예산관리 및 집행'도 '별로 없다'에 45.9%(123명)가 응답해 가장 높은 비율을 차지하고 있었다. 그래서 '약간 있다'를 제외하고 애로사항이 '없다'와 '있다'로 구분하였을 때, '없다(53.7%)'가 '있다(18.7%)'보다 높은 비율로 나타났다. 이러한 결과로부터 '예산관리 및 집행'은 운영상 큰 어려움이 없는 편인 것으로 판단된다.

'실무자 인력부족'은 '약간 있다'가 31.9%(87명)로 가장 많은 응답을 보였다. 이를 제외하고 애로사항이 '없다'와 '있다'로 구분하여 판단하였을 때, '있다(45.0%)'가 '없다'(23.0%)보다 높은 비율로 나타나 '실무자 인력부족'으로 운영상 어려움이 있는 것으로 판단된다.

'목표달성'은 '약간 있다'에 33.7%(91명)가 응답해 가장 많은 분포를 보였다. 이를 '보통이다'를 제외하고 애로사항이 '없다'(39.7%)와 '있다'(26.7%)로 구분할 때, '없다'가 '있다'보다 높은 비율을 보였다. 이러한 결과는 목표달성에 어려움이 약간은 있으나 큰 어려움은 아닌 것으로 보여진다.

'참여자 관리'는 '약간 있다'에 38.4%(104명)가 응답해 가장 높은 응답률을 보였다. 그래서 이를 제외하고 애로사항이 '없다'(31.4%)와 '있다'(30.2%)로 구분하여 보았을 때, 거의 비슷한 비율로 나타났다. 이러한 결과로부터 노인일자리사업의 운영상 '참여자 관리'는 다른 항목과 비교할 때 보통 정도에 해당된다고 생각된다.

'사후관리'는 '약간 있다'에 36.9%(100명)가 응답해 가장 높은 응답률을 보였다. 그래서 이를 제외하고 애로사항이 '없다'와 '있다'로 구분하여 보았을 때, '있다'(34.3%)가 '없다'(28.8%)보다 높은 비율로 나타났다. 이러한 결과로부터 '사후관리'는 운영상 애로사항이 있는 편이라고 판단된다.

마지막으로 '평가'는 '약간 있다'가 37.6%(100명)로 가장 많은 응답을 보였다. 그래서 이를 제외하고 애로사항이 '없다'와 '있다'로 구분하여 보았을 때, '있다'(33.8%)가 '없다'(28.5%)보다 높은 비율로 나타났다. 특히 실무자 7.9%(21명)가 평가에 있어 애로사항이 '매우 많다'고 응답해 운영상 평가에 어려움이 있음을 알 수 있다(〈표 4-23〉 참조).

〈표 4-23〉 노인일자리사업 운영의 애로사항 정도

(단위: 명, %)

구 분	전혀 없다	별로 없다	약간 있다	많다	매우 많다	합 계
· 사업아이템 선정	9(3.3)	48(17.7)	84(31.0)	96(35.4)	34(12.5)	271(100.0)
· 사업계획서 작성/제출	13(4.8)	84(30.9)	107(39.3)	59(21.7)	9(3.3)	272(100.0)
· 참여자 선발, 모집	15(5.5)	69(25.4)	100(36.8)	68(25.0)	20(7.4)	272(100.0)
· 서비스 대상자 확정	13(4.9)	71(26.6)	114(42.7)	52(19.5)	17(6.4)	267(100.0)
· 교육 및 보수교육	11(4.1)	64(23.7)	115(42.6)	63(23.3)	17(6.3)	270(100.0)
· 서비스대상자, 참여자 연계	9(3.4)	65(24.4)	113(42.5)	65(24.4)	14(5.3)	266(100.0)
· 행정업무 수행	13(4.8)	86(31.7)	91(33.6)	62(22.9)	19(7.0)	271(100.0)
· 관련공무원과의 관계	21(8.0)	122(46.7)	79(30.3)	30(11.5)	9(3.4)	261(100.0)
· 예산관리 및 집행	21(7.8)	123(45.9)	74(27.6)	38(14.2)	12(4.5)	268(100.0)
· 실무자 인력부족	8(2.9)	55(20.1)	87(31.9)	76(27.8)	47(17.2)	273(100.0)
· 목표달성	15(5.6)	92(34.1)	91(33.7)	62(23.0)	10(3.7)	270(100.0)
· 참여자 관리	11(4.1)	74(27.3)	104(38.4)	63(23.2)	19(7.0)	271(100.0)
· 사후 관리	6(2.2)	72(26.6)	100(36.9)	68(25.1)	25(9.2)	271(100.0)
· 평 가	7(2.6)	69(25.9)	100(37.6)	69(25.9)	21(7.9)	266(100.0)

* 결측값 제외

위의 조사에서 노인일자리사업 운영상 애로사항 정도를 5점 척도로 질문한 결과 '사업아이템 선정', '교육 및 보수교육', '실무자 인력부족', '사후관리', '평가'는 애로사항이 있는 편이라고 판단되었다. 그래서 실무자들이 노인일자리사업 운영관련 사항 중 애로사항을 다른 방법으로 살펴보기 위하여 다중응답분석을 하였다. 그 결과 위의 조사결과에서 애로사항이라고 판단된 '사업아이템 선정'에 50.8%(122명)가 응답해 가장 높은 비율을 보였고, 그 다음으로 '실무자 인력부족'이 42.1%(101명)

로 높은 비율을 보였다. 그 외에 '참여자 선발, 모집'(27.5%), '교육 및 보수교육'(24.2%), '예산관리 및 집행'(23.8%) 순으로 어려움을 경험하는 것으로 나타났다.

이러한 결과로부터 노인일자리사업 운영에 있어 실무자들은 '사업아이템 선정'과 '실무자 인력부족'을 가장 큰 애로사항으로 생각하고 있다고 해석할 수 있다. 그리고 사례백분율이 278.8%로 나타나 실무자 1인당 거의 3개정도의 애로사항을 지적하고 있음을 알 수 있다(〈표 4-24〉, 〈그림 4-6〉 참조).

〈표 4-24〉 노인일자리사업 운영 애로사항 (다중응답)

(단위: 명, %)

구 분	빈 도	응답백분율	사례백분율
· 사업아이템 선정	122	18.2	50.8
· 사업계획서 작성/제출	25	3.7	10.4
· 참여자 선발, 모집	66	9.9	27.5
· 서비스 대상자 확정	25	3.7	10.4
· 교육 및 보수교육	58	8.7	24.2
· 서비스대상자, 참여자 연계	41	6.1	17.8
· 행정업무 수행	38	5.7	15.8
· 관련공무원과의 관계	11	1.6	4.6
· 예산관리 및 집행	57	8.5	23.8
· 실무자 인력부족	101	15.1	42.1
· 목표달성	28	4.2	11.7
· 참여자 관리	39	5.8	16.3
· 사후 관리	35	5.2	14.6
· 평 가	23	3.4	9.6
합 계	669	100.0	278.8

* 무응답: 38명, * 총 응답자: 240명

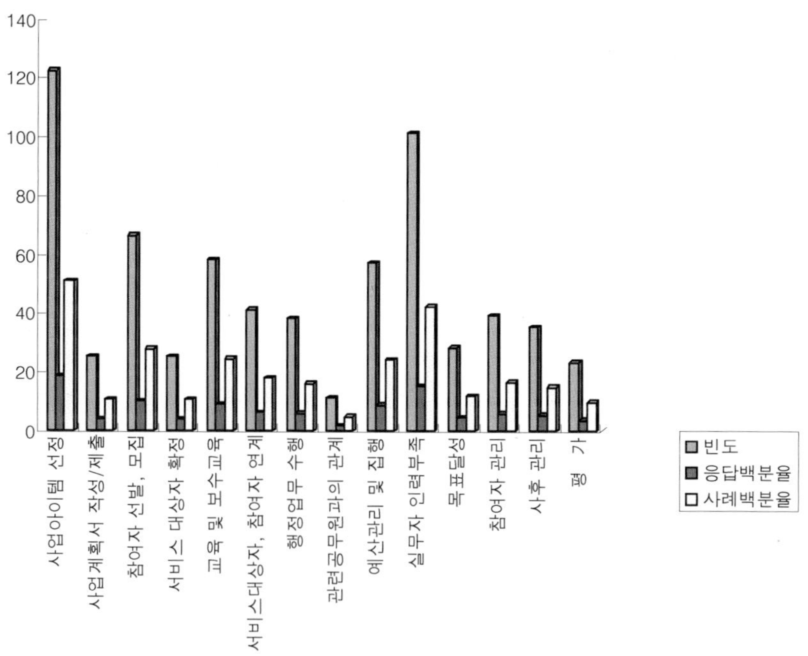

〈그림 4-6〉 노인일자리사업 운영 애로사항 (다중응답)

노인일자리사업 실무자들을 대상으로 노인일자리사업 참여노인들이 갖추어야 할 가장 중요한 자질이 무엇인가를 알아보기 위하여 '건강', '업무에 대한 전문성', '사업에 대한 이해', '성실성', '책임감', '일에 대한 자부심', '원만한 대인관계' 등으로 구분하여 질문하였다. 조사결과 가장 높은 비율을 보인 것은 '일에 대한 자부심'으로 실무자 21.8%(46명)가 응답하였다. 그 다음으로는 '건강'이 19.9%(42명)의 응답률을 보였고, '책임감'에 19.0%(40명)의 응답률을 보였다. 이러한 결과는 앞에서 제시된 '노인일자리사업 중도탈락 이유'와 밀접한 관련성이 있음을 알 수 있다. 노인일자리 중도탈락 이유로 가장 높은 비율을 보인 것은 '건강상의 문제'였고, 그 다음으로 '급여가 적어서', '책임감 부족', '취업', '일에 대한 만족을 못 느껴서' 순으로 분포하고 있었다. 따라서 노인일자리사업 실무자들은 참여노인이 갖추어야 할 가장 중요한 자질로 일에 대한 자부심, 건강, 책임감, 성실성 등을 꼽았으며, 이러한 자질을 가진 노인이 중도탈락도 적고 일도 잘 수행할 수 있으리라 생각된다(〈표 4-25〉 참조).

〈표 4-25〉 노인일자리사업 참여노인이 갖추어야 할 자질

(단위: 명, %)

구 분	빈 도	비 율
· 건 강	42	19.9
· 업무에 대한 전문성	20	9.5
· 사업에 대한 이해	27	12.8
· 성실성	30	14.2
· 책임감	40	19.0
· 일에 대한 자부심	46	21.8
· 원만한 대인관계	4	1.9
· 기 타	1	0.5
합 계	210	100.0

* 무응답: 68명(24.5%)

노인일자리사업 실무자들을 대상으로 관리자가 갖추어야 할 가장 중요한 자질이 무엇인가를 알아보기 위하여 '대인관계기술', '창의성', '전문지식', '책임감', '프로그램 추진능력', '스트레스 조절능력', '지역사회 자원 활용능력' 등으로 구분하여 질문하였다. 조사결과, 가장 높은 비율을 보인 것은 '프로그램 추진능력'으로 35.3%(82명)의 실무자가 응답하였다. 그 다음으로는 '지역사회 자원 활용능력'이 31.5%(73명)를 차지하였고, '책임감'이 14.7%(34명)의 응답률을 보였다. 이러한 결과로부터

노인일자리사업 관리자들은 여러 가지 능력과 기술이 필요하지만 그 중에서 프로그램 추진능력과 지역사회 자원 활용능력이 가장 중요한 요건임을 알 수 있다(〈표 4-26〉 참조).

〈표 4-26〉 노인일자리사업 관리자가 갖추어야 할 자질

(단위: 명, %)

구 분	빈 도	비 율
· 대인관계기술	15	6.5
· 창의성	10	4.3
· 전문지식	14	6.0
· 책임감	34	14.7
· 프로그램 추진 능력	82	35.3
· 스트레스 조절능력	2	0.9
· 지역사회 자원활용 능력	73	31.5
· 기 타	2	0.9
합 계	232	100.0

* 무응답: 46명(16.5%)

노인일자리사업에 대한 기관의 사업수행 관심정도와 기관장의 수행의지, 소속기관의 사업을 위한 지역연계정도, 소속기관사업에 대한 중앙정부 및 지방자치단체의 지원 정도를 5점 척도인 '매우 많은 편', '대체로 많은 편', '그저 그렇다', '대체로 적은 편', '매우 적은 편'으로 구분하여 살펴보았다.

우선, 실무자들은 소속기관의 노인일자리사업에 대한 사업수행의 관심정도와 기관장의 사업수행의지에 대하여 '대체로 많은 편' 44.9%(124명), '매우 많은 편' 34.8%(96%) 순으로 응답해 긍정적으로 평가하고 있고, 부

정적인 응답을 보인 비율은 응답자의 4.3%(13명)에 그치고 있다. 소속기관의 사업에 대한 관심과 기관장의 사업수행의지가 높은 것은 노인일자리 관련 종사자만을 대상으로 한 이유도 영향을 주었을 것이라 추측된다.

둘째로, 실무자들은 기관의 노인일자리사업을 위한 지역연계 정도가 어떠한지에 대하여 '대체로 많은 편'에 41.3%(114명)가 응답해 가장 높은 비율을 보였다. 전체적으로 33.7%(93명)가 응답한 '그저 그렇다'를 제외하고 '많다'와 '적다'로 구분하면 '많다'(52.9%)가 '적다'(13.4%)보다 현저하게 높아 비교적 긍정적으로 생각하고 있음을 알 수 있다.

셋째로, 실무자들은 노인일자리사업에 대한 중앙정부 및 지방자치단체의 지원정도가 어떠한지에 대하여 '그저 그렇다'에 37.8%(104명)가 가장 많은 응답을 하였다. 반면에 가장 적은 응답을 보인 것은 '매우 많은 편'에 7.3%(20명)이다. 전체적으로 '그저 그렇다'를 제외하면 '많다'(39.7%)가 '적다'(22.6%)보다 높게 나타나 긍정적 평가를 하고 있지만 위의 첫째, 둘째 질문에 비해 상대적으로 보통이다 혹은 부정적인 편이라고 생각하는 비율이 높은 편임을 알 수 있다(〈표 4-27〉 참조).

〈표 4-27〉 노인일자리사업에 대한 기관의 수행의지·지역연계 정도·지원 정도

(단위: 명(%))

구 분	매우 많은 편	대체로 많은 편	그저 그렇다	대체로 적은 편	매우 적은 편	합 계
· 소속기관의 사업수행 관심 정도와 기관장의 사업수행 의지	96(34.8)	124(44.9)	44(15.9)	8(2.9)	4(1.4)	276(100.0)
· 소속기관의 사업을 위한 지역연계 정도	32(11.6)	114(41.3)	93(33.7)	31(11.2)	6(2.2)	276(100.0)
· 소속기관사업에 대한 중앙정부 및 지자체의 지원 정도	20(7.3)	89(32.4)	104(37.8)	37(13.5)	25(9.1)	275(100.0)

* 결측값 제외

3) 노인일자리사업 만족도 및 활성화 방안

노인일자리사업에 참여하고 있는 노인들의 만족도와 참여노인으로부터 서비스를 받는 기관이나 대상자의 서비스에 대한 만족도를 5점 척도인 '매우 만족', '대체로 만족', '그저 그렇다', '대체로 불만족', '매우 불만족'으로 구분하여 살펴보았다.

우선, 실무자들은 일자리사업에 참여하고 있는 노인들이 '대체로 만족'한다고 65.6%(181명)가 가장 많이 응답해 긍정적으로 생각하고 있음을 나타내었다. 반면에 가장 낮은 비율을 차지한 '매우 불만족'은 1.1%(3명)에 불과하였다. '그저 그렇다' 17.0% (47명)를 제외하고 만족(78.3%)과 불만족(4.7%)으로 구분하였을 때 실무자들은 참여노인들이 대체로 일자리사업에 만족하고 있다고 평가함을 알 수 있다.

노인일자리사업 참여노인으로부터 서비스를 받는 기관이나 대상자의 서비스 만족도에 대해 실무자들은 '대체로 만족'에 63.9%(175명)가 응답해 가장 높은 비율을 나타냈다. '그저 그렇다' 23.4%(64명)를 제외하고 만족(72.7%)과 불만족(4.0%)으로 구분하였을 때 실무자들은 참여노인으로부터 서비스를 받는 기관이나 대상자들이 대체로 만족하고 있다고 평가함을 알 수 있다. 다만 실무자들은 참여노인 서비스대상 기관과 대상자 만족도에 비해 참여노인의 만족도를 상대적으로 더 높게 보고 있음을 알 수 있다(〈표 4-28〉 참조).

〈표 4-28〉 노인일자리사업 참여노인의 만족도와 대상자 만족도

(단위: 명,%)

구 분	매우 만족	대체로 만족	그저 그렇다	대체로 불만족	매우 불만족	합 계
· 참여노인의 만족도	35 (12.7)	181 (65.6)	47 (17.0)	10 (3.6)	3 (1.1)	276 (100.0)
· 참여노인의 서비스대상 기관 및 대상자 만족도	24 (8.8)	175 (63.9)	64 (23.4)	10 (3.6)	1 (0.4)	274 (100.0)

* 결측값 제외

노인일자리사업이 우리사회 노인소득의 창출, 생계지원에 얼마나 도움이 되는지와 노인복지에 어느 정도 도움이 되는지를 5점 척도인 '매우 도움이 되는 편', '대체로 도움이 되는 편', '그저 그렇다', '별로 도움이 되지 않는 편', '전혀 도움이 되지 않은 편'으로 구분하여 살펴보았다.

우선, 노인 소득 및 생계지원 정도는 '대체로 도움 됨'에 실무자 46.4%(128명)가 응답하여 가장 높은 비율을 나타내고 있었다. 반면에 '별로 도움 안 됨'도 14.1%(39명)의 부정적 의견을 다소 나타내고 있다. '그저 그렇다' 25.0%(69명)를 제외하고 '도움 됨'(59.8%)과 '도움 안 됨'(15.2%)으로 구분하였을 때 실무자들은 노인소득 및 생계지원에 노인일자리사업이 대체로 도움이 되고 있다고 평가함을 알 수 있다.

노인일자리사업이 우리사회 노인복지에 어느 정도 도움이 되는가를 '대체로 도움 됨'에 49.3%(136명)의 실무자가 응답해 가장 높은 비율을 나타내었다. '그저 그렇다' 21.4%(59명)를 제외하고 '도움 됨'(72.1%)과 '도움 안 됨'(6.6%)으로 구분하였을 때 실무자들은 노인일자리사업이 우리사회 노인복지에 대체로 도움이 되고 있다고 평가함을 알 수 있다. 다만 실무자들은 노인일자리사업이 참여노인의 소득 및 생계지원에 비

해 우리사회의 노인복지에 대한 기여 정도를 상대적으로 더 높게 보고 있는 것으로 나타나 크게 노인복지 전반에 도움은 되나 구체적으로 노인의 소득에나 생계의 도움에 상대적으로 다소 부정적인 시각도 반영하고 있다고 하겠다(〈표 4-29〉 참조).

〈표 4-29〉 노인일자리사업의 노인소득 창출 및 노인복지 기여정도

(단위: 명(%))

구 분	매우 도움 됨	대체로 도움 됨	그저 그렇다	별로 도움 안됨	전혀 도움 안됨	합 계
· 노인소득 및 생계지원정도	37 (13.4)	128 (46.4)	69 (25.0)	39 (14.1)	3 (1.1)	276 (100.0)
· 노인복지 기여정도	63 (22.8)	136 (49.3)	59 (21.4)	17 (6.2)	1 (0.4)	276 (100.0)

* 결측값 제외

노인일자리사업 실무자에게 사업수행에 필요한 (재)교육이 무엇인지 살펴보았다. 조사결과, 가장 높은 비율을 보인 것은 '지역사회 연계방법'으로 55.3%(151명)가 응답하였다. 그 다음은 '프로그램 개발 및 평가'가 46.9%(128명), '자원개발'이 37.0%(101명), '일자리관련 제도 및 법' 28.6%(78명) 순으로 응답하였다. 이는 노인일자리사업에서 '지역사회 연계방법'이나 '자원개발'이 중요한 비중을 차지하고 있으며 실무자들은 이와 관련된 지식과 기술을 습득하고자 하는 욕구가 있음을 알 수 있다. 또한 실무자들은 '프로그램 개발 및 평가'나 '일자리 관련 제도나 법'에 대한 (재)교육에 대해서도 필요성을 느끼고 있다고 판단된다. 사례백분율이 249.1%이므로 실무자 1인당 노인일자리사업 수행을 위해 필요한 (재)교육에 대해 평균 2.49개를 응답하였음을 알 수 있다(〈표 4-30〉, 〈그림4-7〉 참조).

〈표 4-30〉 노인일자리사업의 실무자 필요 (재)교육 (다중응답)

(단위: 명, %)

구 분	빈 도	응답백분율	사례백분율
· 상담기법	38	5.6	13.9
· 컴퓨터 관련 교육	11	1.6	4.0
· 프로그램 개발 및 평가	128	18.8	46.9
· 기관행정 운영	31	4.6	11.4
· 조사방법 통계	15	2.2	5.5
· 슈퍼비전 교육	37	5.4	13.6
· 자원개발	101	14.9	37.0
· 사업계획서 작성	35	5.1	12.8
· 홍보전략	50	7.4	18.3
· 일자리 관련 제도 및 법	78	11.5	28.6
· 지역사회 연계방법	151	22.2	55.3
· 기 타	5	0.7	1.8
합 계	680	100.0	249.1

* 무응답: 5명, * 총 응답자: 273명

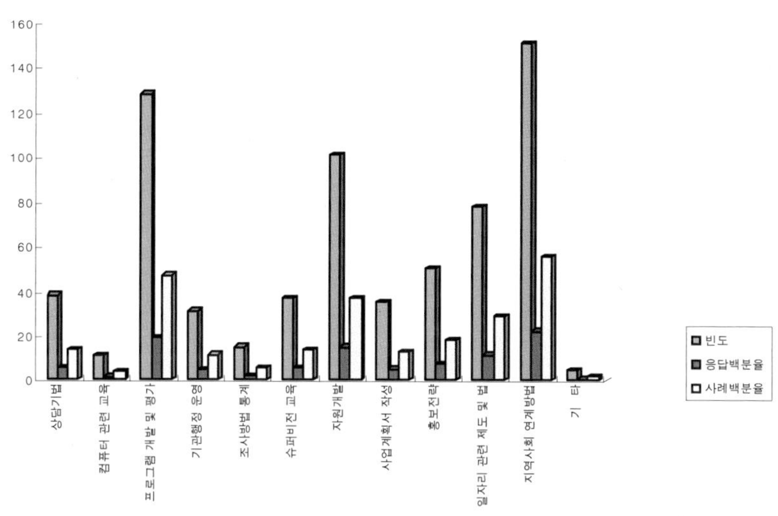

<그림 4-7> 노인일자리사업의 실무자 필요 (재)교육 (다중응답)

노인일자리사업에 종사하는 실무자들의 직무만족도를 살펴보기 위하여 '업무지침의 적절성', '직장동료나 선후배와의 관계', '업무관련 대상자와의 관계', '근무시설 환경', '의견수렴 및 의사결정과정의 합리성', '자기개발 및 교육기회 제공', '슈퍼비전, 지도감독', '봉급 및 각종혜택', '업무관련 보람', '전반적 직무만족도'와 같이 10항목으로 구분하여 5점 척도인 '매우 만족', '만족', '보통', '불만족', '매우 불만족'으로 나누어 질문하였다.

첫째, '업무지침의 적절성'은 '보통'이 55.6%(149명)로 가장 높은 비율을 보이고 있고, 그 다음으로 '만족'이 29.1%(78명)로 높은 비율을 나타냈다. 반면에 '매우 만족'과 '매우 불만족'은 각기 1.5%(4명)로 낮은 비율을 나타냈다. '보통'을 제외하고 업무지침의 적절성에 대해 불만족한 경우('불만족' 12.3%, '매우 불만족' 1.5%)는 13.8%인데 반해 만족한 경우('만족' 29.1%, '매우 만족' 1.5%)는 30.6%로서 실무자들은 '업무지침의 적절성'에 대해 대체로 만족하고 있는 편이었다.

둘째, '직장동료나 선후배와의 관계'는 '만족'이 50.7%(137명)로 실무자가 응답을 가장 많이 하였고, 그 다음으로 '보통'이 41.1%(111명)로 나타났다. '보통'을 제외하고 직장동료나 선후배와의 관계에 대해 불만족한 경우('불만족' 1.9%, '매우 불만족' 0.7%)는 2.6%인데 반해 만족한 경우('만족' 50.7%, '매우 만족' 5.6%)는 56.3%로 실무자들은 '직장동료나 선후배와의 관계'를 대체로 만족하게 생각하는 편이었다.

셋째, '업무관련 대상자와의 관계'는 '만족' 45.1%(121명)로 가장 많은 분포를 이루고 있고 그 다음으로는 '보통'이 44.8%(120명)로 나타났다. '보통'을 제외하고 업무관련 대상자와의 관계에 대해 불만족한 경우('불만족' 4.1%, '매우 불만족' 0.4%)는 4.5%인데 반해 만족한 경우('만족' 45.1%, '매우 만족' 5.6%)는 60.7%로 실무자들이 '업무관련 대상자와의 관계'에 대체로 만족하고 있는 편이었다.

넷째, '근무시설 환경'은 '보통'이 46.5%(126명)로 가장 높은 응답률을 보였고, 그 다음으로 '만족'이 34.7%(94명)을 차지하고 있다. '보통'을 제외하고 근무시설 환경에 불만족한 경우는 15.9%('불만족' 14.4%, '매우 불만족' 1.5%)인데 반해 만족한 경우는 37.7%('만족' 34.7%, '매우 만족' 3.0%)로 실무자들은 '근무시설 환경'에 대체로 만족하고 있는 편이었다.

다섯째, '의견수렴 및 의사결정과정의 합리성'은 '보통'에 54.3%(145명)로 가장 높은 응답을 하였고, 그 다음으로는 '만족'이 31.8%(85명)로 높은 비율을 보였다. '보통'을 제외하고 의견수렴 및 의사결정과정의 합리성에 대해 불만족한 경우('불만족' 11.2%, '매우 불만족' 1.1%)는 12.3%인데 반해 만족한 경우('만족' 31.8%, '매우 만족' 1.5%)는 33.3%로 실무자들은 '의견수렴 및 의사결정과정의 합리성'을 대체로 만족하게 생각하는 편이었다.

여섯째, '자기개발 및 교육기회 제공'은 '보통'에 47.4%(128명)로 가장 높은 분포를 보였고, 그 다음으로는 '불만족'이 30.0%(81명)로 높은 비율을 보였다. '보통'을 제외하고 자기개발 및 교육기회 제공에 대해 불만족한 경우('불만족' 30.0%, '매우 불만족' 1.9%)는 31.9%인데 반해 만족한 경우('만족' 18.5%, '매우 만족' 2.2%)는 20.7%로 실무자들은 '자기개발 및 교육기회 제공'에 대해 대체로 불만족하게 생각하는 편이었다.

일곱째, '슈퍼비전, 지도감독'은 '보통'이 54.9%(147명)로 가장 높은 비율을 나타내고 있고 그 다음으로 '불만족'이 22.8%(61명)로 높은 비율을 보였다. '보통'을 제외하고 슈퍼비전, 지도감독에 대해 불만족한 경우('불만족' 22.8%, '매우 불만족' 0.7%)는 23.5%인데 반해 만족한 경우('만족' 19.8%, '매우 만족' 1.9%)는 21.7%로 실무자들은 '슈퍼비전, 지도감독'에 대해 다소 불만족하게 생각하는 편이었다.

여덟째, '봉급 및 각종 혜택'은 '보통'이 49.8%(133명)로 가장 높은 응답률을 보이고 있고, 그 다음으로는 '불만족'에 30.7%(82명)가 답하였다. '보통'을 제외하고 봉급 및 각종 혜택에 불만족한 경우('불만족' 30.7%, '매우 불만족' 7.1%)는 37.8%인데 반해 만족한 경우('만족' 11.6%, '매우 만족' 0.7%)는 12.3%에 지나지 않았다. 실무자들은 '봉급 및 각종 혜택'에 대해 불만족하게 생각하고 있어 이에 대한 보완이 필요함을 알 수 있다.

아홉째, '업무관련 보람'은 '만족'이 41.1%(111명)로 가장 많이 응답하였고, 그 다음으로는 '보통'이 38.9%(105명)로 높은 비율을 보였다. '보통'을 제외하고 업무관련 보람에 불만족한 경우('불만족' 11.1%, '매우 불만족' 1.1%)는 12.2%인데 비해 만족한 경우('만족' 41.1%, '매우 만족' 7.8%,)는 48.9%로 실무자들은 '업무관련 보람'에 있어서는 비교적 만족하고 있는 편이었다.

열 번째, '전반적 직무만족도'는 '보통'이 52.2%(141명)로 가장 많은 분포를 보였고, 그 다음으로 '만족'이 37.8%(102명)로 높은 비율을 보였다. '보통'을 제외하고 전반적 직무만족도에 불만족한 경우('불만족' 7.4%, '매우 불만족' 0.7%)는 8.1%인데 반해 만족한 경우('만족' 37.8%, '매우 만족' 1.9%)는 39.7%로 실무자의 '전반적 직무만족도'는 만족하는 편이었다.

다만 '자기개발 및 교육기회 제공', '슈퍼비전, 지도감독', '봉급 및 각종혜택' 등 확연하게 불만족에 치우친 영역과 비록 만족하는 경향을 보이지만 불만족하다고 응답한 실무자가 많은 영역에 대해서는 관심을 가지고 대처하여 실무자들이 자신의 일에 만족할 수 있는 근무환경을 조성해 주는 것이 노인일자리사업이 발전할 수 있는 중요한 요인이라고 생각된다(〈표 4-31〉 참조).

〈표 4-31〉 노인일자리사업 실무자 직무만족도 Ⅰ

(단위: 명, %)

구 분	매우 불만족	불만족	보통	만족	매우 만족	합 계
· 업무지침의 적절성	4(1.5)	33(12.3)	149(55.6)	78(29.1)	4(1.5)	268(100.0)
· 직장동료나 선후배와의 관계	2(0.7)	5(1.9)	111(41.1)	137(50.7)	15(5.6)	270(100.0)
· 업무관련 대상자와의 관계	1(0.4)	11(4.1)	120(44.8)	121(45.1)	15(5.6)	268(100.0)
· 근무시설 환경	4(1.5)	39(14.4)	126(46.5)	94(34.7)	8(3.0)	271(100.0)
· 의견수렴 및 의사 결정과정의 합리성	3(1.1)	30(11.2)	145(54.3)	85(31.8)	4(1.5)	267(100.0)
· 자기개발 및 교육기회 제공	5(1.9)	81(30.0)	128(47.4)	50(18.5)	6(2.2)	270(100.0)
· 슈퍼비전, 지도감독	2(0.7)	61(22.8)	147(54.9)	53(19.8)	5(1.9)	268(100.0)
· 봉급 및 각종혜택 (상여금, 수당, 보험 등)	19(7.1)	82(30.7)	133(49.8)	31(11.6)	2(0.7)	267(100.0)
· 업무관련 보람	3(1.1)	30(11.1)	105(38.9)	111(41.1)	21(7.8)	270(100.0)
· 전반적 직무만족도	2(0.7)	20(7.4)	141(52.2)	102(37.8)	5(1.9)	270(100.0)

* 결측값 제외

위의 분석과 해석에 대한 이해를 돕기 위하여 노인일자리사업 실무자의 직무만족도에 대한 평균을 산출해 보았다(〈표 4-32〉 참조). 직무만족도를 각 항목별로 나누고 5점 척도인 '매우 만족(5점)', '만족(4점)', '보통(3점)', '불만족(2점)', '매우 불만족 (1점)'으로 구분하여 질문하였다.

설문결과 전반적 직무만족도는 3.33점(s.d.=.672)으로 나타나 만족의 경향을 보이고 있다. 각 항목별로 만족하는 순위를 살펴보면, 직장동료나 선후배와의 관계(M=3.59, s.d.=.661), 업무관련 대상자와의 관계(M=3.51, s.d.=.684), 업무관련 보람(M=3.43, s.d.=.832) 순이었다. 반면 불만족하는 영역은 봉급 및 각종혜택(M=2.68, s.d.=.799), 자기개발 및 교육기회 제공(M=2.89, s.d.=.799), 슈퍼비전, 지도감독(M=2.99, s.d.=.729) 순으로 나타났다.

이와 같은 결과는 위의 〈표 4-31〉의 분석결과를 보완하여 직무영역별로 실무자의 만족 정도의 순위를 제시하고 있어 향후 노인일자리사업의 발전을 위해 반영되어야 할 것으로 생각된다.

〈표 4-32〉 노인일자리사업 실무자 직무만족도 Ⅱ

구 분	사례수	평 균	표준편차
· 업무지침의 적절성	268	3.17	.712
· 직장동료나 선후배와의 관계	270	3.59	.661
· 업무관련 대상자와의 관계	268	3.51	.684
· 근무시설 환경	271	3.23	.785
· 의견수렴 및 의사 결정과정의 합리성	267	3.21	.701
· 자기개발 및 교육기회 제공	270	2.89	.799
· 슈퍼비전, 지도감독	268	2.99	.729
· 봉급 및 각종혜택 (상여금, 수당, 보험 등)	267	2.68	.799
· 업무관련 보람	270	3.43	.832
· 전반적 직무만족도	270	3.33	.672

4) 사업수행기관별 노인일자리사업 분석

(1) 일반적 특성

노인일자리사업 사업수행기관별(지방자치단체, 대한노인회, 노인복지회관/종합사회복지관, 시니어클럽)로 일반적 특성을 비교하였다. 조사에 응한 실무자 274명 중 지방자치단체의 경우 남성은 53.9%(69명)이고 여성은 46.1%(59명)로 나타나 남성이 여성보다 약간 많은 편이었다. 대한노인회의 경우 남성 78.7%(48명), 여성 21.3%(13명)으로 실무자 중 남성비율이 여성의 거의 4배에 이르고 있었다. 노인복지회관/종합사회복지관의 경우, 남성이 37.7%(26명), 여성이 62.3%(43명)로 남성보다 여성의 비율이 높게 나타났다. 또한 시니어클럽의 경우 남성이 56.3%(9명), 여성이 43.8%(7명)로 남성이 여성보다 약간 많은 것으로 조사되었다. 이러한 결과로부터 노인일자리사업 실무자들의 성별 분포는 대한노인회처럼 남성의 비율이 두드러지게 높게 나타나거나 노인복지회관/종합사회복지관처럼 여성의 비율이 높게 나타나는 등 뚜렷한 특징을 발견할 수 있다. 사업수행기관별 실무자의 성별분포는 차이가 있었으며 이의 차이는 통계적으로 유의미한 것($p<.001$)으로 나타났다(〈표 4-33〉 참조).

〈표 4-33〉 사업수행기관별 성별

(단위: 명, %)

구 분	지방자치단체	대한노인회	노인복지회관/종합사회복지관	시니어클럽	합 계
남 성	69(53.9%)	48(78.7%)	26(37.7%)	9(56.3%)	152(55.5%)
여 성	59(46.1%)	13(21.3%)	43(62.3%)	7(43.8%)	122(44.5%)
합 계	128(46.7%)	61(22.3%)	69(25.2%)	16(5.8%)	274(100.0%)

$\chi^2=22.284$, $df=3$, *** $p< .001$

노인일자리사업 실무자들의 평균연령은 38.96세(s.d.=11.34)였는데 이를 사업수행기관별로 살펴보았다. 그 결과 대한노인회 소속 실무자들의 평균연령이 54.30세(s.d.= 8.80)로 다른 기관의 실무자에 비해 현저히 높았고, 지방자치단체에 근무하는 실무자들의 평균연령은 38.04세(s.d.=6.58)였다. 한편, 노인복지회관/종합사회복지관 소속 실무자들의 평균연령은 29.10세(s.d.=5.00)였고, 시니어클럽 실무자들의 평균연령은 28.94세(s.d.=3.99)로 가장 낮은 것으로 분석되었다. 이러한 사업수행기관별 평균연령의 차이는 통계적으로 유의미한 것(F=168.448, p〈.001)으로 나타났다(〈표 4-34〉 참조).

〈표 4-34〉 사업수행기관별 평균연령

(단위: 명, %)

구 분	사례수	평 균	표준편차	F 값
· 지방자치단체	127	38.04	6.58	
· 대한노인회	61	54.30	8.80	
· 노인복지회관/종합사회복지관	68	29.10	5.00	168.448***
· 시니어클럽	16	28.94	3.99	
합 계	272	38.92	11.31	

*** p 〈 .001

사업수행기관별 연령의 차이를 구체적으로 살펴보기 위해 10년 구간의 연령구간으로 비교해 보았다. 지방자치단체의 경우, '30세 이상~40세 미만'이 44.1%로 가장 많았고, '40세 이상~50세 미만'이 39.4%로 그 뒤를 이었다. 대한노인회의 경우, '50세 이상'이 75.4%를 차지해 가장 높은 분포를 보였고 '20세 이상~30세 미만'은 없었으며, 연령대가 높아질수록 실무자의 분포가 많은 것으로 조사되었다. 또한 노인복지회관과

종합사회복지관에 근무하는 조사대상자들의 연령은 '20세 이상~30세 미만'이 64.7%로 가장 높았고 50세 이상은 없는 것으로 나타났다. 그리고 시니어클럽의 경우, '20세 이상~30세 미만'이 56.3%로 가장 많은 연령분포를 이루고 있었으며, 40세 이상의 응답자는 없는 것으로 조사되었다. 이러한 결과는 소속기관 특성별로 실무자의 연령분포는 차이가 있으며 이의 차이는 통계적으로 유의미함(p〈.001)을 알 수 있다(〈표 4-35〉 참조).

〈표 4-35〉 사업수행기관별 연령분포

(단위: 명, %)

구 분	지방자치단체	대한노인회	노인복지회관/ 종합사회복지관	시니어클럽	합 계
· 20세 이상 ~30세 미만	17(13.4%)	0(0%)	44(64.7%)	9(56.3%)	70(25.7%)
· 30세 이상 ~ 40세 미만	56(44.1%)	5(8.2%)	21(30.9%)	7(43.8%)	89(32.7%)
· 40세 이상 ~ 50세 미만	50(39.4%)	10(16.4%)	3(4.4%)	0(0%)	63(23.2%)
· 50세 이상	4(3.1%)	46(75.4%)	0(0%)	0(0%)	50(18.4%)
합 계	127(46.7%)	61(22.4%)	68(25.0%)	16(5.9%)	272(100.0%)

$\chi^2=255.070$, df=9, *** $p < .001$

사업수행기관별 학력분포를 살펴보면, 지방자치단체의 경우 대졸/중퇴가 66.4%(85명)로 절반을 넘게 차지하고 있으며, 그 다음으로 전문대졸/중퇴가 15.6%(20명)으로 나타났고, 대학원 이상은 5.5%(7명)로 조사되어 약 88%가 전문대졸/중퇴 이상의 학력임을 알 수 있다. 대한노인회의 경우 고졸/중퇴가 57.4%(35명)로 가장 높게 나타난 반면, 대학원 이상은 6.6%(4명)로 가장 낮은 분포를 이루고 있었다. 또한 노인복지회관/종합사회복지관은 대졸/중퇴가 69.6%(48명)로 가장 높은 비율을 차지하고 있었고 대학원 이상은 21.7%(15명)에 해당되었다. 시니어클럽도 대졸/중퇴가 62.5%(10명)로 가장 높은 비율로 나타났으며, 고졸/중퇴가 6.3%(1명)로 가장 낮게 나타났다. 이러한 결과로부터 사업수행기관별 노인일자리사업 실무자들의 학력차이가 존재하며 이의 차이는 통계적으로 유의미한 것(p〈 .001)으로 나타났다(〈표 4-36〉 참조).

〈표 4-36〉 사업수행기관별 학력분포

(단위: 명, %)

구 분	지방자치단체	대한노인회	노인복지회관/종합사회복지관	시니어클럽	합 계
· 고졸/중퇴	16(12.5%)	35(57.4%)	0(0%)	1(6.3%)	52(19.0%)
· 전문대졸/중퇴	20(15.6%)	8(13.1%)	6(8.7%)	2(12.5%)	36(13.1%)
· 대졸/중퇴	85(66.4%)	14(23.0%)	48(69.6%)	10(62.5%)	157(57.3%)
· 대학원 이상	7(5.5%)	4(6.6%)	15(21.7%)	3(18.8%)	29(10.6%)
합 계	128(46.7%)	61(22.3%)	69(25.2%)	16(5.8%)	274(100.0%)

$\chi^2=95.848$, df=9, p 〈 .001

조사에 참여한 실무자들의 사업수행기관별 직위분포를 '일반사회복지사', '주임(대리)', '과장(팀장)', '부장', '공무원', '센터장'으로 구분하여 살펴보았다. 지방자치단체의 경우, 공무원이 45.2%(56명)로 거의 절반에 가깝게 나타났다. 또한 일반사회복지사라고 응답한 실무자도 42.1%(51명)로 거의 비슷한 분포를 보였다. 대한노인회의 경우, 센터장으로 응답한 비율이 41.9%(26명)로 가장 높게 나타났고 과장(팀장)이 30.6%(19명)로 그 다음 분포를 보였다. 또한 노인복지회관/종합사회복지관의 경우, 일반사회복지사가 75.0%(51명)로 가장 많은 분포를 이루고 있었고 과장(팀장)이 16.2%(11명)로 그 뒤를 이었다. 시니어클럽의 경우 일반사회복지사라고 응답한 실무자가 56.3%(9명)로 절반 이상을 차지하였고 과장(팀장)이 25.0%(4명)로 그 다음 순이었다. 이러한 결과는 조직의 특성에 따라 실무자의 직위분포에 차이가 있음을 보여준다(〈표 4-37〉 참조).

〈표 4-37〉 사업수행기관별 직위분포

(단위: 명, %)

구 분	지방자치단체	대한노인회	노인복지회관/종합사회복지관	시니어클럽	합 계
· 일반사회복지사	51(41.1%)	1(1.6%)	51(75.0%)	9(56.3%)	112(41.5%)
· 주임(대리)	17(13.7%)	0(0%)	3(4.4%)	1(6.3%)	21(7.8%)
· 과장(팀장)	0(0%)	19(30.6%)	11(16.2%)	4(25.0%)	34(12.6%)
· 부 장	0(0%)	14(22.6%)	1(1.5%)	0(0%)	15(5.6%)
· 공무원	56(45.2%)	2(3.2%)	1(1.5%)	1(6.3%)	60(22.2%)
· 센터장	0(0%)	26(41.9%)	1(1.5%)	1(6.3%)	28(10.4%)
합 계	124(45.9%)	62(23.0%)	68(25.2%)	16(5.9%)	270(100.0%)

사업수행기관별 고용형태를 '정규직'과 '계약직'으로 구분하여 살펴보면, 지방자치단체와 시니어클럽 소속 실무자들은 모두 정규직이라고 응답하였다. 대한노인회의 경우, 정규직이 12.9%(8명), 계약직이 87.1%(54명)로 정규직보다 계약직이 현저히 높게 나타났다. 반면에 노인복지회관/종합사회복지관은 정규직이 95.7%(66명), 계약직이 4.3%(3명)로 거의 정규직인 것으로 조사되었다. 이러한 결과는 소속기관의 특성별로 고용형태의 차이가 있으며 이의 차이는 통계적으로 유의미($p< .001$)함을 알 수 있다(〈표 4-38〉 참조).

〈표 4-38〉 사업수행기관별 고용형태

(단위: 명, %)

구 분	지방자치단체	대한노인회	노인복지회관/종합사회복지관	시니어클럽	합 계
정규직	128(100.0%)	8(12.9%)	66(95.7%)	16(100.0%)	218(79.3%)
계약직	0(0%)	54(87.1%)	3(4.3%)	0(0%)	57(20.7%)
합 계	128(46.5%)	62(22.5%)	69(25.1%)	16(5.8%)	275(100.0%)

χ^2=215.130, df =3, p〈 .001

조사에 참여한 실무자 전체의 사회복지분야 평균경력은 5년 6개월(65개월, s.d.=67.91)이었는데 이를 다시 사업수행기관별로 살펴보면, 지방자치단체 소속 실무자가 약 81개월(s.d.=71.29)로 가장 높았으며, 대한노인회의 실무자는 평균경력이 72개월(s.d.=96.25)로 나타나 지방자치단체에 근무하는 실무자들보다 다소 낮게 조사되었다. 그리고 노인복지회관/종합사회복지관의 실무자들의 사회복지분야 평균경력은 39.69개월(s.d.=32.43)로 시니어클럽에 소속되어 있는 실무자들의 38.64개월(s.d.=29.93)보다 약간 높음을 알 수 있다. 이러한 사업수행기관별 사회복지분야 평균경력의 차이는 통계적으로 유의미한 것(F= 6.484, p〈.001)으로 나타났다(〈표 4-39〉 참조).

〈표 4-39〉 사업수행기관별 사회복지분야 평균경력

(단위: 명, %)

구 분	사례수	평 균	표준편차	F 값
· 지방자치단체	121	80.89	71.29	6.484***
· 대한노인회	38	72.37	96.25	
· 노인복지회관/종합사회복지관	67	39.69	32.43	
· 시니어클럽	14	38.64	29.93	
합 계	240	65.58	68.42	

*** $p < .001$

사업수행기관별 실무자의 사회복지분야 경력을 4개의 구간으로 나누어 살펴보았다. 지방자치단체의 경우 '6년 이상'이 40.5%(49명)로 가장 높은 비율을 차지하는 것으로 조사되었다. 반면에 '1년 미만'은 14.9%(18명)로 가장 낮은 비율로 나타났다. 대한노인회의 경우, '3년 이상~6년 미만'이 34.2%(13명)로 가장 많은 분포를 보였으며, '1년 미만'은 10.5%(4명)로 가장 낮은 분포를 보였다. 노인복지회관/종합사회복지관은 '1년 이상~3년 미만'이 53.7%(36명)로 가장 높게 나타났으며, 그 다음으로 '6년 이상'이 20.9%(14명), '3년 이상~ 6년 미만'이 16.4%(11명) 순으로 조사되었다. 시니어클럽의 경우 '1년 이상~3년 미만'이 50.0%(7명)로 가장 높은 비율을 차지하고 있는 반면에 '1년 미만'은 7.1%(1명)에 그쳐 가장 낮은 분포를 보였다(〈표 4-40〉 참조).

〈표 4-40〉 사업수행기관별 사회복지분야 근무경력

(단위: 명, %)

구 분	지방자치단체	대한노인회	노인복지회관/종합사회복지관	시니어클럽	합 계
· 1년 미만	18(14.9%)	4(10.5%)	6(9.0%)	1(7.1%)	29(12.1%)
· 1년 이상~3년 미만	31(25.6%)	12(31.6%)	36(53.7%)	7(50.0%)	86(35.8%)
· 3년 이상~6년 미만	23(19.0%)	13(34.2%)	11(16.4%)	3(21.4%)	50(20.8%)
· 6년 이상	49(40.5%)	9(23.7%)	14(20.9%)	3(21.4%)	75(31.3%)
합 계	121(50.4%)	38(15.8%)	67(27.9%)	14(5.8%)	240(100.0%)

노인일자리사업 실무자들의 노인복지분야 평균경력은 3년에 조금 못 미치는 것으로 나타났는데(32개월, s.d.=38.38), 이를 다시 사업수행기관별로 살펴보면, 대한노인회 소속 실무자가 약 36개월(s.d.=42.82)로 가장 높은 편이었고, 시니어클럽 실무자는 평균경력이 약 33개월(s.d.=22.13)로 나타나 대한노인회에 근무하는 실무자들보다 3개월 정도 낮게 조사되었다. 그리고 지방자치단체에 소속되어 있는 조사대상자들의 노인복지분야 평균경력은 약 32개월(s.d.=44.33)로 시니어클럽 실무자와 1개월 차로 거의 유사하였다. 반면, 노인복지회관/종합사회복지관의 실무자들의 노인복지분야 경력은 약 30개월(s.d.=24.84)로 가장 낮았다. 그러나 이러한 사업수행기관별 노인복지분야 평균경력의 차이는 통계적으로 유의미하지 않았다(〈표 4-41〉 참조).

〈표 4-41〉 사업수행기관별 노인복지분야 평균경력

(단위: 명, %)

구 분	사례수	평 균	표준편차	F 값
· 지방자치단체	123	32.02	44.33	.214
· 대한노인회	39	36.46	42.81	
· 노인복지회관/종합사회복지관	67	30.28	24.84	
· 시니어클럽	14	32.57	22.13	
합 계	243	32.28	38.43	

이어서 사업수행기관별 실무자의 노인복지분야 경력을 '1년 미만', '1년 이상~2년 미만', '2년 이상~3년 미만', '3년 이상'으로 구분하여 살펴보았다. 지방자치단체는 '1년 미만'이 35.8%(44명)로 가장 높은 비율로 조사되었으며, '2년 이상~3년 미만'이 15.4%(19명)로 가장 적게 나타났다. 그리고 대한노인회의 경우 가장 많은 근무경력으로 '1년 이상~2년 미만'에 53.8%(21명)가 차지하였다. 반면에 '1년 미만'은 5.1%(2명)에 그쳐 가장 낮은 비율을 차지하였다. 노인복지회관/종합사회복지관은 '1년 이상~2년 미만'이 44.8%(30명)로서 가장 높은 비율을 차지하였고 '1년 미만'은 11.9%(8명)로 가장 낮은 비율로 나타났다. 시니어클럽의 경우, 가장 많은 근무경력구간은 '1년 이상~2년 미만'으로 나타났다(42.9%, 6명). 반면에 '2년 이상~3년 미만'은 7.1%(1명)로 가장 낮은 비율로 나타났다. 앞서 살펴본 노인복지분야 평균경력 비교와는 다르게 경력을 구간별로 나눈 비교에서는 사업수행기관별 차이를 보이며 이의 차이는 통계적으로 유의미한 것($p < .001$)으로 나타났다(〈표 4-42〉 참조).

〈표 4-42〉 사업수행기관별 노인복지분야 근무경력

(단위: 명, %)

구 분	지방자치단체	대한노인회	노인복지회관/종합사회복지관	시니어클럽	합 계
·1년 미만	44(35.8%)	2(5.1%)	8(11.9%)	2(14.3%)	56(23.0%)
·1년 이상~2년 미만	30(24.4%)	21(53.8%)	30(44.8%)	6(42.9%)	87(35.8%)
·2년 이상~3년 미만	19(15.4%)	3(7.7%)	11(16.4%)	1(7.1%)	34(14.0%)
·3년 이상	30(24.4%)	13(33.3%)	18(26.9%)	5(35.7%)	66(27.2%)
합 계	123(50.6%)	39(16.0%)	67(27.6%)	14(5.8%)	243(100.0%)

χ^2=31.169, df=9, p 〈 .001

실무자들의 노인일자리사업 평균경력은 1년 3개월(15개월, s.d.=11.47)로 조사되었는데 이를 사업수행기관별로 살펴보면, 시니어클럽 소속 실무자들이 20.46개월(s.d.=11.83)로 가장 많았으며, 대한노인회가 17.89개월(s.d.=17.49)로 그 다음으로 나타났다. 그리고 노인복지회관/종합사회복지관 실무자의 평균 근무경력은 14.19개월(s.d.=6.26)이고, 지방자치단체는 13.24개월(s.d.=9.55)로 나타나 노인복지회관/사회복지관에 근무하는 실무자들이 지방자치단체에 근무하는 실무자보다 약간 높게 나타났다. 그리고 이러한 사업수행기관별 노인일자리사업 평균경력의 차이는 통계적으로 유의미한 것(F=3.407, p 〈.05)으로 나타났다(〈표 4-43〉 참조).

〈표 4-43〉 사업수행기관별 노인일자리사업 평균 근무경력

(단위: 명, %)

구 분	사례수	평 균	표준편차	F 값
· 지방자치단체	126	13.24	9.55	3.407*
· 대한노인회	57	17.89	17.49	
· 노인복지회관/종합사회복지관	67	14.19	6.26	
· 시니어클럽	13	20.46	11.83	
합 계	263	14.85	11.41	

* $p < .05$

이어서 사업수행기관별 실무자의 노인일자리사업 근무경력을 '6개월 미만', '6개월 이상~1년 미만', '1년 이상~2년 미만', '2년 이상'으로 구분하여 살펴보았다. 지방자치단체의 경우 '1년 이상~2년 미만'이 27.8%(35명)로 가장 높은 비율을 차지하는 것으로 조사되었다. 그 다음으로 '6개월 미만'이 25.4%(32명), '6개월 이상~1년 미만'이 24.6%(31명), '2년 이상'이 22.2%(28명) 순이었다. 대한노인회의 경우, '1년 이상~2년 미만'이 80.7%(46명)로 가장 많은 분포를 이루고 있었다. 반면에 '6개월 미만'은 응답자가 없는 것으로 조사되었다. 노인복지회관/종합사회복지관은 '1년 이상~2년 미만'이 53.7%(36명)로 가장 높은 비율을 차지하고 있었으며, '6개월 미만'은 11.9%(8명)로 가장 적게 나타났다. 시니어클럽은 '1년 이상~2년 미만'이 61.5%(8명)로 노인일자리 근무경력이 가장 높게 나타났으며, '6개월 미만'은 응답자가 없었다. 이러한 결과는 소속기관에 따라 실무자의 노인일자리사업 근무경력에 차이가 있으며 이의 차이는 통계적으로 유의미한 것($p < .001$)으로 나타났다(〈표 4-44〉 참조).

〈표 4-44〉 사업수행기관별 노인일자리사업 근무경력

(단위: 명, %)

구 분	지방자치단체	대한노인회	노인복지회관/종합사회복지관	시니어클럽	합 계
· 6개월 미만	32(25.4%)	0(0%)	8(11.9%)	0(0%)	40(15.2%)
· 6개월 이상~1년 미만	31(24.6%)	6(10.5%)	14(20.9%)	2(15.4%)	53(20.2%)
· 1년 이상~2년 미만	35(27.8%)	46(80.7%)	36(53.7%)	8(61.5%)	125(47.5%)
· 2년 이상	28(22.2%)	5(8.8%)	9(13.4%)	3(23.1%)	45(17.1%)
합 계	126(47.9%)	57(21.7%)	67(25.5%)	13(4.9%)	263(100.0%)

χ^2=53.399, df=9, p 〈 .001

사업수행기관별 노인복지 관련교육 이수여부를 살펴본 결과, 지방자치단체(71.9%, 92명)나 대한노인회(85.5%, 53명)의 경우는 '받지 않음'이 매우 높은 편으로 조사되었다. 반면에 노인복지회관/종합사회복지관은 '받지 않음'이 43.5%(30명), '받음'이 56.5%(39명)로 나타나 '받지 않음'보다 '받음'의 비율이 높게 나타났다. 그리고 시니어클럽의 경우에는 '받지 않음'과 '받음'이 각기 50.0%로 비율이 같게 나타났다. 이러한 결과는 소속기관에 따라 노인복지 관련교육 이수여부의 차이가 있으며 이의 차이는 통계적으로 유의미한 것(p〈 .001)으로 나타났다(〈표 4-45〉 참조).

〈표 4-45〉 사업수행기관별 노인복지 관련교육 이수

(단위: 명, %)

구 분	지방자치단체	대한노인회	노인복지회관/종합사회복지관	시니어클럽	합 계
받지 않음	92(71.9%)	53(85.5%)	30(43.5%)	8(50.0%)	183(66.5%)
받 음	36(28.1%)	9(14.5%)	39(56.5%)	8(50.0%)	92(33.5%)
합 계	128(46.5%)	62(22.5%)	69(25.1%)	16(5.8%)	275(100.0%)

χ^2=30.081, df=3, p 〈 .001

사업수행기관별 노인일자리사업 관련교육 이수여부를 살펴보면, 지방자치단체 경우 '받지 않음'이 53.9%(69명)로 '받음' 46.1%(59명)에 비해 높았다. 또한 대한노인회의 경우는 '받음'이 79.0%(49명)로 높게 조사되었고 노인복지회관/종합사회복지관도 '받음'이 76.8%(53명), 시니어클럽의 경우 이의 비율이 75.0%(12명)로 나타났다. 즉, 지방자치단체의 경우를 제외하고 다수의 실무자들은 노인일자리사업 관련교육을 이수하였다고 응답하였다. 이러한 결과는 소속기관에 따라 노인일자리사업 관련교육 이수여부에 차이가 있으며 이의 차이는 통계적으로 유의미한 것(p〈 .001)으로 나타났다(〈표 4-46〉 참조). 그러나 이의 결과는 노인일자리사업 관련교육에 대한 실무자들의 인식차이가 반영될 수 있으므로 해석에 주의가 요구된다.

〈표 4-46〉 사업수행기관별 노인일자리사업 관련교육 이수여부

(단위: 명, %)

구 분	지방자치단체	대한노인회	노인복지회관/종합사회복지관	시니어클럽	합 계
받지 않음	69(53.9%)	13(21.0%)	16(23.2%)	4(25.0%)	102(37.1%)
받 음	59(46.1%)	49(79.0%)	53(76.8%)	12(75.0%)	173(62.9%)
합 계	128(46.5%)	62(22.5%)	69(25.1%)	16(5.8%)	275(100.0%)

χ^2=29.136, df=3, p 〈 .001

사업수행기관별 다른 업무병행 여부를 '그렇다'와 '아니다'로 구분하여 살펴보면, 지방자치단체의 경우 '그렇다'가 97.7%(125명)로 '아니다'보다 높은 비율을 나타냈다. 반면, 대한노인회의 경우는 '아니다'가 62.9%(39명)로 '그렇다'에 비해 높은 편으로 조사되었다. 그리고 노인복지회관/종합사회복지관은 '그렇다'가 76.5%(52명), '아니다'는 23.5%(16명)로 나타났고 시니어클럽의 경우도 '그렇다' 비율이 68.8%로 조사되었다. 전체적으로 볼 때 대한노인회 소속 실무자들만 노인일자리사업을 전담하는 비율이 다른 소속 실무자들보다 높은 편으로 나타났다. 이러한 결과는 소속기관에 따라 실무자들이 노인일자리사업 외에 다른 업무 병행하는 정도에 차이가 있으며 이의 차이는 통계적으로 유의미한 것($p<.001$)으로 나타났다(〈표 4-47〉 참조).

〈표 4-47〉 사업수행기관별 다른 업무병행 여부

(단위: 명, %)

구 분	지방자치단체	대한노인회	노인복지회관/종합사회복지관	시니어클럽	합 계
그렇다	125(97.7%)	23(37.1%)	52(76.5%)	11(68.8%)	211(77.0%)
아니다	3(2.3%)	39(62.9%)	16(23.5%)	5(31.3%)	63(23.0%)
합 계	128(46.7%)	62(22.6%)	68(24.8%)	16(5.8%)	274(100.0%)

$\chi^2=87.227$, $df=3$, $p < .001$

소속기관에 따라 전체업무 중 노인일자리사업 비율을 살펴보면, 대한노인회가 76.59%(s.d.=25.14)로 가장 높게 나타났으며, 그 다음으로 시니어클럽이 53.18%(s.d.=19.53)로 나타났다. 그리고 노인복지회관/종합사회복지관은 50.98%(s.d.=25.10)의 비율로 나타나 시니어클럽보다 다소 낮은 편으로 조사되었다. 전체업무 중 노인일자리사업 업무의 평균

비율이 가장 낮게 나타난 것은 지방자치단체로, 23.44%(s.d.=19.31)를 차지하였다. 상대적으로 대한노인회 소속 실무자들에 비해 다른 소속기관의 실무자들은 노인일자리 업무와 다른 업무를 병행하는 비율이 높아 업무수행에 어려움을 겪을 수 있음을 알 수 있다. 이러한 사업수행기관별 전체업무 중 노인일자리업무 비율의 차이는 통계적으로 유의미한 것(F=49.698, p〈.001)으로 나타났다(〈표 4-48〉 참조).

〈표 4-48〉 사업수행기관별 노인일자리업무 평균비율

(단위: 명, %)

구 분	사례수	평균 %	표준편차	F 값
· 지방자치단체	120	23.44	19.31	49.698***
· 대한노인회	22	76.59	25.14	
· 노인복지회관/종합사회복지관	51	50.98	25.10	
· 시니어클럽	11	53.18	19.53	
합 계	204	37.66	28.27	

*** p 〈 .001

(2) 노인일자리사업 운영관련 특성 비교

사업수행기관별 노인일자리사업 참여노인 모집방법을 살펴보면, 지방자치단체의 경우 '관련기관 홍보게시판'이 21.0%(86명), '기관 소식지 등 유인물'이 18.8%(77명)로 가장 많이 사용되는 방법들로 조사되었다. 대한노인회의 경우, '유관기관의 의뢰' 13.6%(29명), '관련기관 홍보게시판' 13.1%(28명), '기관 소식지 등 유인물' 12.7%(27명) 순으로 참여노인을 모집하는 것으로 나타났다. 또한 노인복지회관/종합사회복지관은 '관련기관 홍보게시판' 15.8%(54명)과 '기관 소식지 등 유인물' 13.7%(47명)

순으로, 그리고 시니어클럽은 '지역신문' 16.9%(14명), '관련기관 홍보게시판' 14.5%(12명)를 사용하여 노인일자리사업을 모집하고 있는 것으로 조사되었다. 이러한 결과는 노인일자리사업 참여노인 모집방법에 대한 다중응답 분석에서 '관련기관 홍보게시판'과 '기관소식지 등 유인물'이 가장 많이 사용된다는 결과와 어느 정도 일치하고 있다. 그러나 대한노인회의 경우 '유관기관의 의뢰' 방법을, 시니어클럽의 경우 '지역신문' 활용방법을 가장 많이 사용한다고 응답하여 기관의 성격에 따라 참여노인의 모집방법이 다름을 알 수 있다(〈표 4-49〉 참조).

〈표 4-49〉 사업수행기관별 노인일자리사업 참여노인 모집방법 (다중응답)

(단위: 명, %)

구 분	지방자치단체	대한노인회	노인복지회관/종합사회복지관	시니어클럽	합 계
· 대중매체 홍보	25(6.1%)	23(10.8%)	38(11.1%)	8(9.6%)	94(9.0%)
· 관련기관 홍보게시판	86(21.0%)	28(13.1%)	54(15.8%)	12(14.5%)	180(17.2%)
· 기관소식지 등 유인물	77(18.8%)	27(12.7%)	47(13.7%)	10(12.0%)	161(15.4%)
· 프로그램 이용자 혹은 봉사자들을 통한 홍보	33(8.0%)	15(7.0%)	37(10.8%)	11(13.3%)	96(9.2%)
· 인터넷 홍보	56(13.7%)	14(6.6%)	30(8.8%)	6(7.2%)	106(10.1%)
· 플랜카드	32(7.8%)	19(8.9%)	33(9.6%)	8(9.6%)	92(8.8%)
· 개인 권유	10(2.4%)	25(11.7%)	23(6.7%)	5(6.0%)	63(6.0%)
· 지역 신문	36(8.8%)	21(9.9%)	44(12.9%)	14(16.9%)	115(11.0%)
· 유료 광고	0(.0%)	0(.0%)	2(.6%)	1(1.2%)	3(.3%)
· 유관기관의의뢰	34(8.3%)	29(13.6%)	26(7.6%)	8(9.6%)	97(9.3%)
· 기 타	21(5.1%)	12(5.6%)	8(2.3%)	0(.0%)	41(3.9%)
합 계	410(39.1%)	213(20.3%)	342(32.6%)	83(7.9%)	1048(100.0%)

사업수행기관별 참여자 교육실시의 어려움을 살펴보면, 지방자치단체의 경우 '교육프로그램의 부재'가 25.2%(60명)로 가장 높은 비율로 나타났으며, 그 다음으로 '교육중요성에 대한 인식결여'가 18.1%(43명), '예산의 부족'이 16.0%(38명)를 차지하였다. 대한노인회의 경우, '예산의 부족'이 29.5%(44명)로 가장 높은 응답률을 보였으며, 그 다음으로 '교육 프로그램의 부재' 17.4%(26명), '노인들의 참여율 저조' 15.4%(23명)로 나타났다. 또한 노인복지회관/종합사회복지관은 '교육 프로그램의 부재'가 24.2%(38명), '교육 중요성에 대한 인식 결여'가 17.8%(28명)를 차지하였다. 시니어클럽은 '강사섭외의 어려움'과 '예산의 부족'에 동일하게 20.6%(7명)가 응답해 이 두 가지가 참여자 교육실시의 어려움으로 지적되었다. 그 다음으로 '기자재 확보'가 14.7%(5명)로 조사되었다. 소속기관을 구분하지 않고 질문했을 때와 마찬가지로 '교육프로그램의 부재'나 '예산의 부족', '교육중요성에 대한 인식결여'가 교육실시의 어려움이라고 응답한 반면 '노인들의 참여율 저조'나 '기자재 확보'도 소속기관에 따라 어려움이 많다고 응답하고 있어 사업수행기관별 차이를 나타내고 있다(〈표 4-50〉 참조).

〈표 4-50〉 사업수행기관별 참여자 교육실시의 어려움 (다중응답)

(단위: 명, %)

구 분	지방자치단체	대한노인회	노인복지회관/종합사회복지관	시니어클럽	합 계
· 강사섭외의 어려움	34(14.3%)	7(4.7%)	26(16.6%)	7(20.6%)	74(12.8%)
· 예산의 부족	38(16.0%)	44(29.5%)	20(12.7%)	7(20.6%)	109(18.9%)
· 교육 프로그램의 부재	60(25.2%)	26(17.4%)	38(24.2%)	4(11.8%)	128(22.1%)
· 교육 중요성에 대한 인식결여	43(18.1%)	20(13.4%)	28(17.8%)	3(8.8%)	94(16.3%)
· 노인들의 참여율 저조	27(11.3%)	23(15.4%)	11(7.0%)	1(2.9%)	62(10.7%)
· 장소 확보	7(2.9%)	6(4.0%)	10(6.4%)	4(11.8%)	27(4.7%)
· 기자재 확보	4(1.7%)	5(3.4%)	7(4.5%)	5(14.7%)	21(3.6%)
· 인력 부족	19(8.0%)	11(7.4%)	13(8.3%)	3(8.8%)	46(8.0%)
· 기 타	6(2.5%)	7(4.7%)	4(2.5%)	0(.0%)	17(2.9%)
합 계	238(41.2%)	149(25.8%)	157(27.2%)	34(5.9%)	578(100.0%)

사업수행기관별 노인일자리사업의 평가방법을 살펴보면, 지방자치단체의 경우, '담당자에 의한 평가서 작성'이 40.2%(78명)로 가장 높은 비율을 나타냈으며, '참여자 설문조사'가 17.0%(33명)로 조사되었다. 그리고 대한노인회의 경우, '담당자에 의한 평가서 작성'이 25.8%(24명)로 가장 높은 비율을 나타냈으며, 그 다음으로 '간담회, 월례회'가 17.2%(16명)로 가장 많이 사용하는 평가방법으로 조사되었다. 또한 노인복지회관/종합사회복지관은 '간담회, 월례회'가 28.0%(58명)로 가장 높은 비율로 나타났고 '참여자 설문조사'가 24.6%(51명)로 그 뒤를 이었다. 시니어클럽은 '간담회, 월례회'가 22.9%(11명), '참여자 설문조사'가 18.8%(9명)로 이 두 가지 방법을 우선적으로 사용하는 것으로 나타났다. 소속기관의 차이

를 고려하지 않았을 때에는 '담당자에 의한 평가서 작성'을 가장 광범위하게 활용하는 편이었고 '간담회, 월례회'나 '참여자 설문조사'를 많이 사용한 것으로 나타났다. 사업수행기관별로 살펴본 결과 지방자치단체와 대한노인회는 '담당자에 의한 평가서 작성'을, 노인복지회관/종합사회복지관과 시니어클럽은 '간담회, 월례회'를 가장 많이 활용하는 것으로 나타나는 등 차이를 보이고 있다(〈표 4-51〉 참조).

〈표 4-51〉 사업수행기관별 노인일자리사업의 평가방법 (다중응답)

(단위: 명, %)

구 분	지방자치단체	대한노인회	노인복지회관/종합사회복지관	시니어클럽	합 계
· 사례발표 혹은 토론	9(4.6%)	11(11.8%)	20(9.7%)	7(14.6%)	47(8.7%)
· 참여자 설문조사	33(17.0%)	8(8.6%)	51(24.6%)	9(18.8%)	101(18.6%)
· 담당자에 의한 평가서 작성	78(40.2%)	24(25.8%)	40(19.3%)	8(16.7%)	150(27.7%)
· 서비스 수혜대상자들을 통한 평가	15(7.7%)	8(8.6%)	20(9.7%)	4(8.3%)	47(8.7%)
· 간담회, 월례회	23(11.9%)	16(17.2%)	58(28.0%)	11(22.9%)	108(19.9%)
· 담당부서 회의를 통한 평가	16(8.2%)	6(6.5%)	14(6.8%)	7(14.6%)	43(7.9%)
· 기 타	7(3.6%)	10(10.8%)	4(1.9%)	1(2.1%)	22(4.1%)
· 하고 있지 않다	13(6.7%)	10(10.8%)	0(.0%)	1(2.1%)	24(4.4%)
합 계	194(35.8%)	93(17.2%)	207(38.2%)	48(8.9%)	542(100.0%)

사업수행기관별 노인일자리사업의 운영상 개선사항을 살펴보면, 지방자치단체의 경우, '사업수행기간'이 22.5%(84명)로 가장 높은 비율을 나타냈으며, '인건비'가 18.8%(70명)로 조사되었다. 대한노인회의 경우, '인

건비'가 15.4%(40명)로 운영상 가장 많은 개선사항이 필요하다고 조사되었으며, 그 다음으로 '사업수행기간'이 15.0%(39명)로 나타났다. 또한 노인복지회관/종합사회복지관은 '사업수행기간'이 21.1%(59명)로 가장 높은 비율로 나타났으며 '예산배정 시기'를 15.7%(44명)의 실무자가 이의 조정이 필요하다고 응답하였다. 그리고 시니어클럽은 '사업수행기간'에 19.7%(14명)의 실무자가 가장 많은 응답을 보였다. 이어서 '인건비'와 '예산배정 시기'를 15.5%(11명)의 실무자가 동일하게 응답해 이의 개선이 필요하다고 하였다. 결론적으로 사업수행기관별 차이는 다소 있지만 노인일자리사업 실무자들은 공통적으로 사업수행기간, 인건비, 예산배정 시기 등이 개선되어야 하는 것으로 인식하고 있다(〈표 4-52〉 참조).

〈표 4-52〉 사업수행기관별 노인일자리사업의 운영상 개선사항 (다중응답)

(단위: 명, %)

구 분	지방자치단체	대한노인회	노인복지회관/종합사회복지관	시니어클럽	합 계
· 인건비 (1인당 월20만원 이내)	70(18.8%)	40(15.4%)	43(15.4%)	11(15.5%)	164(16.7%)
· 사업수행 기간	84(22.5%)	39(15.0%)	59(21.1%)	14(19.7%)	196(19.9%)
· 근무시간 (1일 3~4 시간, 주 3~4 일)	35(9.4%)	32(12.3%)	27(9.6%)	9(12.7%)	103(10.5%)
· 예산배정 시기	48(12.9%)	31(11.9%)	44(15.7%)	11(15.5%)	134(13.6%)
· 기관별 수행 프로그램 수 제한	27(7.2%)	21(8.1%)	24(8.6%)	7(9.9%)	79(8.0%)
· 평가 방법	26(7.0%)	23(8.8%)	25(8.9%)	7(9.9%)	81(8.2%)
· 기관별 사업유형의 지정	24(6.4%)	28(10.8%)	25(8.9%)	3(4.2%)	80(8.1%)
· 참여노인의 수	38(10.2%)	31(11.9%)	16(5.7%)	8(11.3%)	93(9.6%)
· 기 타	21(5.6%)	15(5.8%)	17(6.1%)	1(1.4%)	54(5.5%)
합 계	373(37.9%)	260(26.4%)	280(28.5%)	71(7.2%)	984(100.0%)

사업수행기관별 중도탈락자 여부를 '있음'과 '없음'으로 구분하여 살펴볼 때, 지방자치단체, 대한노인회, 노인복지회관/종합사회복지관, 시니어클럽 모두 '없음'보다 '있음'의 비율이 현저하게 높았다. 특히, 노인복지회관/종합사회복지관은 다른 조직보다 중도탈락자 비율이 95.7%로 높게 조사되었고 상대적으로 대한노인회는 75.9%로 낮은 편이었다. 이러한 결과는 사업수행기관별로 노인일자리사업의 중도탈락자 여부에 있으며, 이의 차이는 통계적으로 유의미한 것($p < .01$)으로 나타났다(〈표 4-53〉 참조). 그러나 앞에서 설명한 바와 같이 중도탈락 비율이 높은 이유가 실무자에게 특정조건을 제시하지 않고 단순히 사업수행기간 중 한번이라도 중도탈락자가 있었는지의 여부를 물은 것이어서 해석상 주의가 요구된다.

〈표 4-53〉 사업수행기관별 중도탈락자 여부

(단위: 명, %)

구 분	지방자치단체	대한노인회	노인복지회관/종합사회복지관	시니어클럽	합 계
있 음	113(89.0%)	44(75.9%)	66(95.7%)	14(87.5%)	237(87.8%)
없 음	14(11.0%)	14(24.1%)	3(4.3%)	2(12.5%)	33(12.2%)
합 계	127(47.0%)	58(21.5%)	69(25.6%)	16(5.9%)	270(100.0%)

χ^2=11.835, df=3, $p < .01$

사업수행기관별 노인일자리사업의 중도탈락 이유는 지방자치단체의 경우, '건강상 문제'가 43.5%(90명)로 가장 높은 비율을 나타냈으며, '급여가 적어서'가 18.4%(38명)로 조사되었다. 대한노인회의 경우, '급여가 적어서'가 21.7%(23명)로 가장 높은 중도탈락 이유로 지적되었으며, 그 다음으로 '건강상 문제'가 19.8%(21명)로 조사되었다. 또한 노인복지회관/종합사회복지관은 '건강상 문제'가 35.4%(46명)로 가장 높은 비율로 나타냈고 '취업'이 13.1%(17명)로 그 뒤를 이었다. 시니어클럽은 '건강상 문제'가 36.7%(11명), '급여가 적어서'가 20%(6명)로 노인들이 일자리사업에서 중도탈락하는 것으로 나타났다. 사업수행기관별로 다소 차이는 있으나 '건강상 문제'나 '급여가 적어서'가 중도탈락의 주된 이유로 지적되고 있어 중도탈락 방지를 위해 이의 요인이 고려되어야 함을 알 수 있다(〈표 4-54〉 참조).

〈표 4-54〉 사업수행기관별 노인일자리사업의 중도탈락 이유 (다중응답)

(단위: 명, %)

구 분	지방자치단체	대한노인회	노인복지회관/종합사회복지관	시니어클럽	합 계
· 건강상 문제	90(43.5%)	21(19.8%)	46(35.4%)	11(36.7%)	168(35.5%)
· 책임감 부족	15(7.2%)	12(11.3%)	12(9.2%)	2(6.7%)	41(8.7%)
· 대인관계가 안 좋아서	7(3.4%)	6(5.7%)	4(3.1%)	1(3.3%)	18(3.8%)
· 전문성 부족	3(1.4%)	6(5.7%)	8(6.2%)	1(3.3%)	18(3.8%)
· 일에 대한 만족을 못 느껴서	12(5.8%)	11(10.4%)	7(5.4%)	4(13.3%)	34(7.2%)
· 일이 힘들어서	5(2.4%)	16(15.1%)	5(3.8%)	0(.0%)	26(5.5%)
· 가족의 반대	7(3.4%)	8(7.5%)	5(3.8%)	0(.0%)	20(4.2%)
· 급여가 적어서	38(18.4%)	23(21.7%)	15(11.5%)	6(20.0%)	82(17.3%)
· 취 업	15(7.2%)	2(1.9%)	17(13.1%)	3(10.0%)	37(7.8%)
· 기관에 대한 불만	0(.0%)	1(.9%)	1(.8%)	0(.0%(	2(.4%)
· 기 타	15(7.2%)	0(.0%)	10(7.7%)	2(6.7%)	27(5.7%)
합 계	207(43.8%)	106(22.4%)	130(27.5%)	30(6.3%)	473(100.0%)

사업수행기관별 노인일자리 사업 운영상 애로사항을 살펴보면, 지방자치단체의 경우 '사업아이템 선정'이 23.4%(70명)로 가장 높은 비율을

보였고 그 다음으로 '실무자 인력부족'에 14.2%(48명)가 응답하였다. 대한노인회의 경우, 가장 큰 애로사항이 '예산관리 및 집행'으로 18.9%(20명)가 응답했으며, 14.2%(15명)의 실무자가 '사업아이템 선정'을 그 다음으로 들었다. 노인복지회관/종합사회복지관은 '실무자 인력부족'에 18.3%(32명), '참여자 선발모집'에 13.7%(24명)의 실무자가 답변하여 이 두 가지 요인을 운영상 주요 애로사항으로 지적하였다. 한편, 시니어클럽은 '실무자 인력부족(19.1%, 9명)'과 '사업아이템 선정(17.0%, 8명)'이 노인일자리사업 운영의 애로사항으로 지적되었다. 종합해 보면 '노인복지회관/종합사회복지관'과 '시니어클럽' 실무자들은 '인력부족'을 가장 큰 애로사항으로 지적하였고, 대한노인회 실무자들은 '예산관리 및 집행'을, 그리고 '노인복지회관/종합사회복지관' 실무자들은 '참여자 선발모집'을 운영상 두 번째 애로사항으로 응답하는 등 사업수행기관별 차이를 드러내고 있어 각 기관별로 차별화된 대응방안이 요구된다고 하겠다(〈표 4-55〉 참조).

〈표 4-55〉 사업수행기관별 노인일자리사업 운영의 애로사항 (다중응답)

(단위: 명, %)

구 분	지방자치단체	대한노인회	노인복지회관/종합사회복지관	시니어클럽	합 계
· 사업아이템선정	79(23.4%)	15(14.2%)	19(10.9%)	8(17.0%)	121(18.2%)
· 사업계획서 작성 / 제출	20(5.9%)	1(.9%)	4(2.3%)	0(.0%)	25(3.8%)
· 참여자 선발 모집	27(8.0%)	11(10.4%)	24(13.7%)	3(6.4%)	65(9.8%)
· 서비스 대상자 확정	12(3.6%)	2(1.9%)	8(4.6%)	3(6.4%)	25(3.8%)
· 교육 및 보수교육	24(7.1%)	12(11.3%)	17(9.7%)	5(10.6%)	58(8.7%)
· 서비스 대상자, 참여자 연계	19(5.6%)	5(4.7%)	15(8.6%)	2(4.3%)	41(6.2%)
· 행정업무 수행	20(5.9%)	6(5.7%)	8(4.6%)	4(8.5%)	38(5.7%)
· 관련 공무원과의 관계	2(.6%)	3(2.8%)	5(2.9%)	1(2.1%)	11(1.7%)
· 예산관리 및 집행	18(5.3%)	20(18.9%)	15(8.6%)	3(6.4%)	56(8.4%)
· 실무자 인력부족	48(14.2%)	12(11.3%)	32(18.3%)	9(19.1%)	101(15.2%)
· 목표달성	9(2.7%)	8(7.5%)	8(4.6%)	3(6.4%)	28(4.2%)
· 참여자 관리	27(8.0%)	6(5.7%)	6(3.4%)	0(.0%)	39(5.9%)
· 사후관리	18(5.3%)	4(3.8%)	9(5.1%)	4(8.5%)	35(5.3%)
· 평 가	15(4.4%)	1(.9%)	5(2.9%)	2(4.3%)	23(3.5%)
합 계	338(50.8%)	106(15.9%)	175(26.3%)	47(7.1%)	666(100.0%)

사업수행기관별 기관의 사업수행 관심정도와 기관장의 수행의지를 '매우 많은 편', '대체로 많은 편', '그저 그렇다', '대체로 적은 편', '매우 적은 편'으로 구분하여 살펴보면, 지방자치단체(48.0%), 대한노인회(43.5%), 노인복지회관/종합사회복지관(45.6%)의 실무자들은 유사한 비율로 '대체로 많은 편'에 가장 높은 응답률을 보였다. 또한, 세 기관 실무자 모두 소속기관의 사업수행의 관심과 기관장의 사업수행의지를

'매우 많은 편'이라고 응답해 대체로 긍정적 평가를 하는 것으로 나타났다. 반면 시니어클럽의 경우, '매우 많은 편'이 75.0%(12명)를 차지해 다른 세 형태의 기관에 비해 가장 긍정적으로 인식하고 있는 것으로 나타났다(〈표 4-56〉 참조).

〈표 4-56〉 사업수행기관별 기관의 사업수행 관심정도와 기관장의 수행의지

(단위: 명, %)

구 분	지방자치단체	대한노인회	노인복지회관/종합사회복지관	시니어클럽	합 계
· 매우 많은 편	37(29.1%)	18(29.0%)	29(42.6%)	12(75.0%)	96(35.2%)
· 대체로 많은 편	61(48.0%)	27(43.5%)	31(45.6%)	3(18.8%)	122(44.7%)
· 그저 그렇다	25(19.7%)	12(19.4%)	7(10.3%)	0(.0%)	44(16.1%)
· 대체로 적은 편	4(3.1%)	2(3.2%)	1(1.5%)	0(.0%)	7(2.6%)
· 매우 적은 편	0(.0%)	3(4.8%)	0(.0%)	1(6.3%)	4(1.5%)
합 계	127(46.5%)	62(22.7%)	68(24.9%)	16(5.9%)	273(100.0%)

사업수행기관별 노인일자리사업을 위한 지역연계 정도를 '매우 많은 편', '대체로 많은 편', '그저 그렇다', '대체로 적은 편', '매우 적은 편'으로 구분하여 살펴보면, 지방자치단체는 '그저 그렇다'가 42.5%(54명)로 가장 높은 비율로 나타났다. 반면에 '매우 적은 편'은 1.6%(2명)로 가장 낮은 비율로 조사되었다. 그리고 대한노인회(35.5%), 노인복지회관/종합사회복지관(57.4%), 시니어클럽(56.3%) 실무자는 정도의 차이는 있지만 '대체로 많은 편'에 가장 많은 응답을 보였다. 그러나 대한노인회(30.6%)와 노인복지회관/종합사회복지관(25.0%) 실무자들은 '그저 그렇다'를 두 번째 순으로 응답했지만 시니어클럽의 경우 두 번째로 25.0%(4명)가 응답 소속기관의 지역연계 정도를 다른 소속기관의 실무

자들에 비해 더욱 긍정적으로 인식하고 있음을 알 수 있다(〈표 4-57〉 참조).

〈표 4-57〉 사업수행기관별 지역연계 정도

(단위: 명, %)

구 분	지방자치단체	대한노인회	노인복지회관/종합사회복지관	시니어클럽	합 계
· 매우 많은 편	11(8.7%)	5(8.1%)	12(17.6%)	4(25.0%)	32(11.7%)
· 대체로 많은 편	42(33.1%)	22(35.5%)	39(57.4%)	9(56.3%)	112(41.0%)
· 그저 그렇다	54(42.5%)	19(30.6%)	17(25.0%)	2(12.5%)	92(33.7%)
· 대체로 적은 편	18(14.2%)	12(19.4%)	0(.0%)	1(6.3%)	31(11.4%)
· 매우 적은 편	2(1.6%)	4(6.5%)	0(.0%)	0(.0%)	6(2.2%)
합 계	127(46.5%)	62(22.7%)	68(24.9%)	16(5.9%)	273(100.0%)

사업수행기관별 일자리사업에 대한 중앙정부 및 지방자치단체의 지원정도를 '매우 많은 편', '대체로 많은 편', '그저 그렇다', '대체로 적은 편', '매우 적은 편'으로 구분하여 살펴보았다. 지방자치단체는 '대체로 많은 편'에 실무자의 37.8%(48명)가 응답해 가장 높은 비율을 나타냈고 33.9%(43명)가 '그저 그렇다'로 응답하였다. 그리고 대한노인회는 '그저 그렇다'에 34.4%(21명)가 가장 많은 응답을 보였고, '매우 적은 편'에 27.9%(17명)가 두 번째로 높은 응답률을 보였다. 또한 노인복지회관/종합사회복지관 실무자는 '그저 그렇다'가 47.1%(32명)로 가장 많은 응답을 보였고, '대체로 많은 편'이 36.8%(25명)로 두 번째 응답률을 나타냈다. 시니어클럽의 경우는 '대체로 많은 편'에 50%(8명), '그저 그렇다'에 43.8%(7명)가 응답하였다. 소속기관에 따라 정도의 차이는 있지만 중앙정부나 지방자치단체의 지원정도에 대해 '그저 그렇다'나 '대체로 많은

편'에 응답하고 있는데 대한노인회 소속 실무자의 경우 지원정도가 '매우 적은 편'에 약 28% 정도가 응답하여 다른 소속기관 실무자와 차이를 보이고 있다(<표 4-58 참조>).

〈표 4-58〉 사업수행기관별 중앙정부 및 지방자치단체의 지원정도

(단위: 명, %)

구 분	지방자치단체	대한노인회	노인복지회관/종합사회복지관	시니어클럽	합 계
· 매우 많은 편	14(11.0%)	3(4.9%)	3(4.4%)	0(.0%)	20(7.4%)
· 대체로 많은 편	48(37.8%)	8(13.1%)	25(36.8%)	8(50.0%)	89(32.7%)
· 그저 그렇다	43(33.9%)	21(34.4%)	32(47.1%)	7(43.8%)	103(37.9%)
· 대체로 적은 편	18(14.2%)	12(19.7%)	5(7.4%)	1(6.3%)	36(13.2%)
· 매우 적은 편	4(3.1%)	17(27.9%)	3(4.4%)	0(.0%)	24(8.8%)
합 계	127(46.7%)	61(22.4%)	68(25.0%)	16(5.9%)	272(100.0%)

χ^2=54.138, df=12, p 〈 .001

(3) 노인일자리사업 만족도 및 직무만족도 비교

사업수행기관별 실무자들이 생각하는 노인일자리사업 참여노인들의 만족도를 '매우 만족하는 편', '대체로 만족하는 편', '그저 그렇다', '대체로 불만족 하는 편', '매우 불만족 하는 편'으로 구분하여 살펴보았다. 지방자치단체의 경우 '대체로 만족하는 편'에 68.0%(87명)가 가장 높은 비율을 보였고 '그저 그렇다'를 21.9%(28명)가 두 번째로 들었다. 그리고 대한노인회(56.7%), 노인복지회관/종합사회복지관(63.8%), 시니어클럽(81.3%)의 실무자들도 지방자치단체의 실무자와 마찬가지로 '대체로 만족하는 편'에 가장 많은 응답을 보였고, '매우 불만족 하는 편'에 가장 낮은 응답률을 보였다. 지방자치단체와 대한노인회 실무자들은 '대체로

만족하는 편'과 '그저 그렇다'를 주로 응답한 반면, 노인복지회관/종합사회복지관과 시니어클럽 실무자들은 '대체로 만족하는 편'과 '매우 만족하는 편'에 응답하여 실무자들이 생각하는 참여노인의 만족 정도가 사업수행기관별로 차이를 보이고 있음을 알 수 있다(〈표 4-59〉 참조).

〈표 4-59〉 사업수행기관별 실무자의 노인일자리사업 참여노인 만족도

(단위: 명, %)

구 분	지방자치단체	대한노인회	노인복지회관/종합사회복지관	시니어클럽	합 계
·매우 만족하는 편	8(6.3%)	6(10.0%)	19(27.5%)	2(12.5%)	35(12.8%)
·대체로 만족하는 편	87(68.0%)	34(56.7%)	44(63.8%)	13(81.3%)	178(65.2%)
·그저 그렇다	28(21.9%)	12(20.0%)	6(8.7%)	1(6.3%)	47(17.2%)
·대체로 불만족 하는 편	3(2.3%)	7(11.7%)	0(.0%)	0(.0%)	10(3.7%)
·매우 불만족 하는 편	2(1.6%)	1(1.7%)	0(.0%)	0(.0%)	3(1.1%)
합 계	128(46.9%)	60(22.0%)	69(25.3%)	16(5.9%)	273(100.0%)

소속기관에 따라 실무자들이 생각하는 참여노인의 서비스 대상 기관이나 대상자의 서비스에 대한 만족도를 '매우 만족하는 편', '대체로 만족하는 편', '그저 그렇다', '대체로 불만족 하는 편', '매우 불만족 하는 편'으로 구분하여 살펴보았다. 지방자치단체는 '대체로 만족하는 편'에 59.8%(76명)의 실무자가 응답하여 가장 높은 비율을 나타냈고 그 다음으로 '그저 그렇다'에 30.7%(39명)가 응답하였다. 대한노인회(57.6%), 노인복지회관/종합사회복지관(72.5%), 시니어클럽(81.3%)의 실무자들도 지방자치단체의 실무자와 마찬가지로 '대체로 만족하는 편'에 가장 많은 응답을 보였고, '매우 불만족 하는 편'에 가장 적은 응답을 나타냈다. 앞서 사업수행기관별 실무자들이 생각하는 노인일자리사업 참여노

인들의 만족도(〈표 4-58〉 참조)와 마찬가지로 참여노인의 서비스 대상 기관이나 대상자의 서비스에 대한 만족도에서도 지방자치단체와 대한노인회 실무자들은 '대체로 만족하는 편'과 '그저 그렇다'의 순으로 응답한 반면, 노인복지회관/종합사회복지관과 시니어클럽 실무자들은 '대체로 만족하는 편'과 '매우 만족하는 편' 순으로 응답하여 사업수행기관별 차이가 있음을 보여주고 있다(〈표 4-60〉 참조).

〈표 4-60〉 사업수행기관별 실무자의 서비스 대상 기관 및 대상자 만족도

(단위: 명, %)

구 분	지방자치단체	대한노인회	노인복지회관/종합사회복지관	시니어클럽	합 계
· 매우 만족하는 편	6(4.7%)	1(1.7%)	15(21.7%)	2(12.5%)	24(8.9%)
· 대체로 만족하는 편	76(59.8%)	34(57.6%)	50(72.5%)	13(81.3%)	173(63.8%)
· 그저 그렇다	39(30.7%)	20(33.9%)	3(4.3%)	1(6.3%)	63(23.2%)
· 대체로 불만족하는 편	5(3.9%)	4(6.8%)	1(1.4%)	0(.0%)	10(3.7%)
· 매우 불만족하는 편	1(.8%)	0(.0%)	0(.0%)	0(.0%)	1(.4%)
합 계	127(46.9%)	59(21.8%)	69(25.5%)	16(5.9%)	271(100.0%)

사업수행기관별 실무자들이 생각하는 노인일자리사업의 소득 및 생계지원 정도를 '매우 도움이 되는 편', '대체로 도움이 되는 편', '그저 그렇다', '별로 도움이 되지 않는 편', '전혀 도움이 되지 않는 편'으로 구분하여 살펴보았다. 지방자치단체의 경우 '대체로 도움이 되는 편'에 47.7%(61명)가 가장 높은 비율을 나타냈다. 반면에 '전혀 도움이 되지 않는 편'은 1.6%(2명)에 그쳤다. 대한노인회는 '대체로 도움이 되는 편'에 51.7%(31명)가 응답하였고, 노인복지회관/종합사회복지관 소속의 실

무자는 '대체로 도움이 되는 편' 40.6%(28명)과 '그저 그렇다' 36.2%(25명) 순으로 응답하였다. 시니어클럽의 경우 '대체로 도움이 되는 편'과 '그저 그렇다'에 동일하게 37.5%의 높은 응답을 보였다(〈표 4-61〉 참조).

〈표 4-61〉 사업수행기관별 노인소득 및 생계지원 정도

(단위: 명, %)

구 분	지방자치단체	대한노인회	노인복지회관/종합사회복지관	시니어클럽	합 계
· 매우 도움이 되는 편	16(12.5%)	10(16.7%)	7(10.1%)	3(18.8%)	36(13.2%)
· 대체로 도움이 되는 편	61(47.7%)	31(51.7%)	28(40.6%)	6(37.5%)	126(46.2%)
· 그저 그렇다	28(21.9%)	10(16.7%)	25(36.2%)	6(37.5%)	69(25.3%)
· 별로 도움이 되지 않는 편	21(16.4%)	9(15.0%)	8(11.6%)	1(6.3%)	39(14.3%)
· 전혀 도움이 되지 않는 편	2(1.6%)	0(.0%)	1(1.4%)	0(.0%)	3(1.1%)
합 계	128(46.9%)	60(22.0%)	69(25.3%)	16(5.9%)	273(100.0%)

노인일자리사업에 종사하는 실무자를 대상으로 노인일자리사업이 노인복지에 얼마나 기여한다고 생각하는가를 질문하였다. 노인복지의 기여 정도를 '매우 도움이 되는 편', '대체로 도움이 되는 편', '그저 그렇다', '별로 도움이 되지 않는 편', '전혀 도움이 되지 않는 편'으로 구분하여 살펴본 결과 지방자치단체(51.6%), 대한노인회(49.2%), 노인복지회관/종합사회복지관(47.1%) 소속 실무자들은 공통적으로 '대체로 도움이 되는 편'에 가장 높은 응답을 보였다. 그리고 시니어클럽은 '매우 도움이 되는 편'에 43.8%(7명)가 응답하였고 '대체로 도움이 되는 편'에 37.5%(6명)의 실무자가 응답하였다. 종합해 보면 '대체로 도움이 되는 편'과 '매우 도움이 되는 편'에 많은 실무자가 응답한 가운데 노인일자

리사업의 노인복지 기여정도에 대해 상대적으로 시니어클럽 실무자들은 긍정적으로, 지방자치단체 실무자들은 다른 기관 실무자들에 비해 상대적으로 다소 긍정적이지 않게 평가하는 등의 차이를 보이고 있다(〈표 4-62〉 참조).

〈표 4-62〉 사업수행기관별 노인복지 기여정도

(단위: 명, %)

구 분	지방자치단체	대한노인회	노인복지회관/종합사회복지관	시니어클럽	합 계
· 매우 도움이 되는 편	17(27.4%)	19(30.6%)	19(30.6%)	7(43.8%)	62(22.7%)
· 대체로 도움이 되는 편	66(51.6%)	30(49.2%)	32(47.1%)	6(37.5%)	134(49.1%)
· 그저 그렇다	34(26.6%)	11(18.0%)	12(17.6%)	2(12.5%)	59(21.6%)
· 별로 도움이 되지 않는 편	10(7.8%)	1(1.6%)	5(7.4%)	1(6.3%)	17(6.2%)
· 전혀 도움이 되지 않는 편	1(.8%)	0(.0%)	0(.0%)	0(.0%)	1(.4%)
합 계	128(46.9%)	61(22.3%)	68(24.9%)	16(5.9%)	273(100.0%)

소속기관에 따라 노인일자리사업 실무자에게 사업수행을 위한 교육과 재교육이 필요한 영역을 '상담기법', '컴퓨터 관련교육', '프로그램 개발 및 평가', '기관 행정 운영', '조사방법 통계', '슈퍼비전 교육', '자원개발', '사업계획서 작성', '홍보 전략', '일자리 관련 제도 및 법', '지역사회 연계방법', '기타'로 구분하여 살펴보았다. 지방자치단체의 경우 '프로그램 개발 및 평가' 25.5%(74명), '지역사회 연계방법' 24.8%(72명) 순으로 응답하였다. 대한노인회는 '지역사회 연계방법'이 23.4%(32명), '일자리 관련 제도 및 법'이 17.5%(24명) 순으로 높게 나타났다. 또한 노인복지회관/종합사회복지관은 '지역사회 연계방법'이 19.4%(40명)로 가장 높

게 나타났으며, 그 다음으로 '자원개발'이 17.0%(35명)로 조사되었다. 시니어클럽의 경우 '홍보전략'이 18.2%(8명)로 가장 높게 나타났으며, 그 다음으로 '지역사회 연계방법' 15.2%(7명) 순이었다.

대체적으로 노인일자리사업 실무자들은 '지역사회 연계방법', '프로그램 개발과 평가', '자원개발' 등에 대하여 (재)교육이 필요하다고 생각하고 있었지만 시니어클럽 실무자처럼 '홍보전략'을 첫 번째로 필요한 교육이라고 응답하는 것으로 나타나 사업수행기관별로 희망하는 교육 및 재교육 내용이 차이를 보이고 있어 기관의 성격과 실무자의 특성에 맞는 교육프로그램의 개발 및 실시가 필요하다고 본다(〈표 4-63〉 참조).

〈표 4-63〉 사업수행기관별 실무자 필요 (재)교육 (다중응답)

(단위: 명, %)

구 분	지방자치단체	대한노인회	노인복지회관/ 종합사회복지관	시니어클럽	합 계
· 상담기법	5(1.7%)	13(9.5%)	16(7.8%)	4(9.1%)	38(5.6%)
· 컴퓨터 관련교육	3(1.0%)	4(2.9%)	3(1.5%)	1(2.3%)	11(1.6%)
· 프로그램 개발 및 평가	74(25.5%)	17(12.4%)	33(16.0%)	3(6.8%)	127(18.8%)
· 기관 행정 운영	14(4.8%)	9(6.6%)	3(1.5%)	5(11.4%)	31(4.6%)
· 조사방법 통계	4(1.4%)	1(.7%)	8(3.9%)	2(4.5%)	15(2.2%)
· 슈퍼비전 교육	9(3.1%)	5(3.6%)	18(8.7%)	5(11.4%)	37(5.5%)
· 자원 개발	47(16.2%)	15(10.9%)	35(17.0%)	3(6.8%)	100(14.8%)
· 사업계획서 작성	20(6.9%)	8(5.8%)	6(2.9%)	1(2.3%)	35(5.2%)
· 홍보 전략	16(5.5%)	8(5.8%)	18(8.7%)	8(18.2%)	50(7.4%)
· 일자리 관련 제도 및 법	25(8.6%)	24(17.5%)	23(11.2%)	5(11.4%)	77(11.4%)
· 지역사회 연계방법	72(24.8%)	32(23.4%)	40(19.4%)	7(15.2%)	151(22.3%)
· 기 타	1(.3%)	1(.7%)	3(1.5%)	0(.0%)	5(.7%)
합 계	290(42.8%)	137(20.2%)	206(30.4%)	44(6.5%)	677(100.0%)

사업수행기관별로 노인일자리사업에 종사하는 실무자들의 직무만족도를 살펴보기 위하여 '업무지침의 적절성', '직장동료나 선후배와의 관계', '업무관련 대상자와의 관계', '근무시설 환경', '의견수렴 및 의사결정과정의 합리성', '자기개발 및 교육기회 제공', '슈퍼비전, 지도감독', '봉급 및 각종혜택', '업무관련 보람', 그리고 '전반적 직무만족도'와 같이 10개 항목으로 구분하여 살펴보았다. 각 직무만족의 영역과 소속에 따른 실무자의 직무만족도의 비교를 위해 교차분석과 분산분석을 활용하

였다. 비교를 위한 첫 번째 방법으로 사업수행기관별 실무자의 직무만족도의 각 영역을 '불만족', '보통', '만족'으로 구분하여 교차분석을 통하여 살펴보았다. 두 번째 방법으로는 직무만족의 각 영역을 소속기관별 평균치로 비교하기 위해 5점 척도인 '매우 만족(5점)', '만족(4점)', '보통(3점)', '불만족(2점)', 그리고 '매우 불만족(1점)'으로 구분하여 분산분석을 통해 살펴보았다. 그 결과, '업무지침의 적절성'을 제외한 모든 영역 즉, '직장동료나 선후배와의 관계', '업무관련 대상자와의 관계', '근무시설환경', '의견수렴 및 의사결정과정의 합리성', '자기개발 및 교육기회 제공', '슈퍼비전, 지도감독', '봉급 및 각종혜택', '업무관련 보람', 그리고 '전반적 직무만족도'에 있어서 실무자의 사업수행기관별 차이가 통계적으로 유의미한 것으로 나타났다. 다음은 두 가지 방법에 의한 각 영역별 실무자의 직무만족도를 사업수행기관별로 비교한 결과이다.

사업수행기관별 직무만족도의 첫 번째 영역인 업무지침의 적절성을 보면, 네 가지 소속기관 실무자 모두 '보통'에 50% 내외로 대답해 가장 높은 응답을 보였고 '만족'과 '불만족' 순으로 업무지침의 적절성을 평가하고 있었다. 업무지침의 적절성에 대한 직무만족도에 있어 사업수행기관별로 실무자간 다소 차이를 보이긴 하지만 이의 차이는 통계적으로 유의미하지 않은 것으로 나타났다(〈표 4-64〉 참조).

〈표 4-64〉 사업수행기관별 직무만족: 업무지침의 적절성 Ⅰ

(단위: 명, %)

구 분	지방자치단체	대한노인회	노인복지회관/종합사회복지관	시니어클럽	합 계
불 만 족	13(10.6%)	7(11.5%)	13(20.0%)	3(18.8%)	36(13.6%)
보 통	76(61.8%)	32(52.5%)	31(47.7%)	8(50.0%)	147(55.5%)
만 족	34(27.6%)	22(36.1%)	21(32.3%)	5(31.3%)	82(30.9%)
합 계	123(46.4%)	61(23.0%)	65(24.5%)	16(6.0%)	265(100.0%)

χ^2=6.077, df=6, p=.415

다음으로는 노인일자리사업 '업무지침의 적절성'에 대한 직무만족도를 소속기관에 따라 평균치를 살펴보았다. 그 결과 대한노인회 소속 실무자의 만족도가 가장 높았으며(M=3.25, s.d.=.72), 노인복지회관/종합사회복지관에 소속 실무자의 만족도가 가장 낮은 편으로 조사되었다(M=3.08, s.d.=.82). 그리고 소속 기관별 업무지침의 적절성에 대한 직무만족도는 다소 차이를 보이나 이의 차이는 통계적으로 유의미하지 않은 것으로 나타났다(〈표 4-65〉 참조).

〈표 4-65〉 사업수행기관별 직무만족: 업무지침의 적절성 Ⅱ

(단위: 명, %)

구 분	사례수	평 균	표준편차	F 값
· 지방자치단체	123	3.20	.65	.668
· 대한노인회	61	3.25	.73	
· 노인복지회관/종합사회복지관	65	3.08	.82	
· 시니어클럽	16	3.13	.72	
합 계	265	3.17	.71	

* p = .572

사업수행기관별 직무만족도의 두 번째 영역으로 '직장동료나 선후배와의 관계'를 살펴본 결과 지방자치단체의 경우, '보통'이 52.0%(64명)로 가장 높았고 그 다음이 '만족'으로 46.3%(57명)의 실무자가 응답하였다. 대한노인회의 경우, '만족'이 52.5%(32명)로 가장 높았고 특히 노인복지회관/종합사회복지관과 시니어클럽은 '만족'이 각각 74.6%, 81.3%를 차지해 직장동료나 선후배와의 관계에 대한 직무만족도가 다른 소속기관에 비해 상대적으로 높은 편으로 나타났다. 이러한 사업수행기관별 실무자의 만족도의 차이는 통계적으로 유의미($p < .01$)한 것으로 나타났다(〈표 4-66〉 참조).

〈표 4-66〉 사업수행기관별 직무만족: 직장동료나 선후배와의 관계 Ⅰ

(단위: 명, %)

구 분	지방자치단체	대한노인회	노인복지회관/종합사회복지관	시니어클럽	합 계
불 만 족	2(1.6%)	3(4.9%)	1(1.5%)	0(0%)	6(2.2%)
보 통	64(52.0%)	26(42.6%)	16(23.9%)	3(18.8%)	109(40.8%)
만 족	57(46.3%)	32(52.5%)	50(74.6%)	13(81.3%)	152(56.9%)
합 계	123(46.1%)	61(22.8%)	67(25.1%)	16(6.0%)	267(100.0%)

$\chi^2=21.116$, $df=6$, $p < .01$

이어서 노인일자리사업 '직장동료나 선후배와의 관계'에 대한 직무만족도를 소속기관에 따라 평균치를 산출해 보았다. 그 결과 시니어클럽 소속 실무자가 가장 높았으며(M=4.00, s.d.=.63), 그 뒤를 노인복지회관/종합사회복지관 소속 실무자가 차지하였다(M=3.82, s.d.=.60). 그리고 대한노인회나 지방자치단체 소속 실무자의 직무만족도는 전술한 두 기관보다 다소 낮은 편이었다. 그리고 이러한 '직장동료와 선후배와의 관계'에 대한 직무만족도의 차이는 통계적으로 유의미(F=7.103, p 〈 .001)한 것으로 나타났다(〈표 4-67〉 참조).

〈표 4-67〉 사업수행기관별 직무만족: 직장동료나 선후배와의 관계 II

(단위: 명, %)

구 분	사례수	평 균	표준편차	F 값
· 지방자치단체	123	3.47	.58	7.103***
· 대한노인회	61	3.49	.77	
· 노인복지회관/종합사회복지관	67	3.82	.60	
· 시니어클럽	16	4.00	.63	
합 계	265	3.60	.66	

*** p 〈 .001

사업수행기관별 직무만족도의 세 번째 영역으로 '업무관련 대상자와의 관계'를 살펴보았다. 노인일자리사업 실무자로서 참여노인이나 수혜기관, 대상자와의 관계 등을 '불만족', '보통', '만족'의 3가지로 구분하여 살펴보았다. 그 결과 지방자치단체의 경우, '보통'이 57.7%(71명)로 가장 높았고 그 다음이 '만족'으로 39.0%(48명)의 실무자가 응답하였다. 대한노인회의 경우도 지방자치단체와 유사하게 '보통'이 47.5%(28명)로 가장 높았고 '만족'이 40.7%(24명)로 그 뒤를 이었다. 반면 노인복지회관/종합사회복지관과 시니어클럽은 '만족'이 각각 74.6%(50명), 75.0%(12명)를 차지하였고 '보통'이 그 다음을 차지해 노인일자리사업 업무관련 대상자와의 관계영역의 직무만족도에 있어서 지방자치단체나 대한노인회에 비해 높은 편으로 나타났다. 이러한 사업수행기관별 실무자의 직무만족도의 차이는 통계적으로 유의미(p 〈 .001)한 것으로 나타났다(〈표 4-68〉 참조).

〈표 4-68〉 사업수행기관별 직무만족: 업무관련 대상자와의 관계 Ⅰ

(단위: 명, %)

구 분	지방자치단체	대한노인회	노인복지회관/종합사회복지관	시니어클럽	합 계
불 만 족	4(3.3%)	7(11.9%)	0(0%)	0(0%)	11(4.2%)
보 통	71(57.7%)	28(47.5%)	17(25.4%)	4(25.0%)	120(45.3%)
만 족	48(39.0%)	24(40.7%)	50(74.6%)	12(75.0%)	134(50.6%)
합 계	123(46.4%)	59(22.3%)	67(25.3%)	16(6.0%)	265(100.0%)

χ^2=37.667, df=6, p 〈 .001

다음으로는 노인일자리사업 '업무관련 대상자와의 관계'에 대한 직무만족도의 정도를 사업수행기관별 만족도의 평균치로 산출해 보았다. 그 결과 이전 영역인 '직장동료와 선후배와의 관계'와 마찬가지로 시니어클럽 소속 실무자의 직무만족도가 가장 높았으며(M=3.94, s.d.=.68), 그 뒤를 노인복지회관/종합사회복지관에 소속 실무자가 차지하였다(M=3.88, s.d.=.62). 그리고 대한노인회나 지방자치단체 소속 실무자의 직무만족도는 두 기관보다 낮게 나타났다. 그리고 이러한 '업무관련 대상자와의 관계'에 대한 직무만족도의 차이는 통계적으로 유의미(F=14.345, p 〈 .001)한 것으로 나타났다(〈표 4-69〉 참조).

〈표 4-69〉 사업수행기관별 직무만족: 업무관련 대상자와의 관계 Ⅱ

(단위: 명, %)

구 분	사례수	평 균	표준편차	F 값
· 지방자치단체	123	3.37	.58	
· 대한노인회	59	3.29	.74	
· 노인복지회관/종합사회복지관	67	3.88	.62	14.345***
· 시니어클럽	16	3.94	.68	
합 계	265	3.52	.68	

*** $p < .001$

사업수행기관별 직무만족도의 네 번째 영역으로 '근무시설환경'을 보면, 지방자치단체의 경우, '보통'이 58.9%(73명)로 가장 높았고 그 다음이 '만족'으로 25.0%(31명)의 실무자가 응답하였다. 대한노인회의 경우도 지방자치단체와 유사하게 '보통'이 39.3%(24명)로 가장 높고 '만족'이 34.4%(21명)로 그 뒤를 이었다. 반면 노인복지회관/종합사회복지관과 시니어클럽은 '만족'이 각각 59.7%(40명), 56.3%(9명)를 차지하고 '보통'이 그 다음을 차지해 노인일자리사업 근무시설환경영역의 직무만족도에 있어서 지방자치단체나 대한노인회에 비해 높은 편이었다. 이러한 사업수행기관별 실무자의 직무만족도의 차이는 통계적으로 유의미($p < .001$)한 것으로 나타났다(〈표 4-70〉 참조).

〈표 4-70〉 사업수행기관별 직무만족: 근무시설 환경 Ⅰ

(단위: 명, %)

구 분	지방자치단체	대한노인회	노인복지회관/종합사회복지관	시니어클럽	합 계
불 만 족	20(16.1%)	16(26.2%)	4(6.0%)	2(12.5%)	42(15.7%)
보 통	73(58.9%)	24(39.3%)	23(34.3%)	5(31.3%)	125(46.6%)
만 족	31(25.0%)	21(34.4%)	40(59.7%)	9(56.3%)	101(37.7%)
합 계	124(46.3%)	61(22.8%)	67(25.0%)	16(6.0%)	268(100.0%)

$\chi^2=31.692$, df=6, $p < .001$

다음으로는 노인일자리사업 '근무시설환경'에 대한 직무만족도의 이해를 돕기 위하여 사업수행기관별 만족도의 평균치를 산출해 보았다. 그 결과 노인복지회관/종합사회복지관 소속 실무자의 직무만족도가 가장 높았으며(M=3.63, s.d.=.74), 그 뒤를 시니어클럽 소속 실무자가 차지하였다(M=3.38, s.d.=.89). 그리고 지방자치단체나 대한노인회 소속 실무자의 직무만족도는 두 기관보다 낮게 조사되었다. 그리고 이러한 '근무시설 환경'에 대한 직무만족도의 차이는 통계적으로 유의미(F=8.852, $p < .001$)한 것으로 나타났다(〈표 4-71〉 참조).

〈표 4-71〉 사업수행기관별 직무만족: 근무시설 환경 Ⅱ

(단위: 명, %)

구 분	사례수	평 균	표준편차	F 값
· 지방자치단체	124	3.09	.68	8.852***
· 대한노인회	61	3.07	.87	
· 노인복지회관/종합사회복지관	67	3.63	.74	
· 시니어클럽	16	3.38	.89	
합 계	268	3.24	.78	

*** p 〈 .001

사업수행기관별 직무만족도의 다섯 번째 영역인 '의견수렴 및 의사결정과정의 합리성'을 살펴보면, 지방자치단체의 경우, '보통'이 66.4%(81명)로 매우 높았고 그 다음이 '만족'으로 19.7%(24명)의 실무자가 응답하였다. 대한노인회의 경우도 지방자치단체와 유사하게 '보통'이 53.3%(32명)로 가장 높고 '만족'이 30.0%(18명)로 그 뒤를 이었다. 반면 노인복지회관/종합사회복지관과 시니어클럽은 '만족'이 각각 54.5%(36명), 62.5%(10명)를 차지하고 '보통'이 그 다음을 차지해 지방자치단체나 대한노인회에 비해 만족도가 높은 편이었다. 이러한 '의견수렴 및 의사결정과정의 합리성'에 대한 사업수행기관별 실무자의 직무만족도의 차이는 통계적으로 유의미(p 〈 .001)한 것으로 나타났다(〈표 4-72〉 참조).

〈표 4-72〉 사업수행기관별 직무만족: 의견수렴 및 의사결정과정의 합리성 Ⅰ

(단위: 명, %)

구 분	지방자치단체	대한노인회	노인복지회관/종합사회복지관	시니어클럽	합 계
불 만 족	17(13.9%)	10(16.7%)	4(6.1%)	1(6.3%)	32(12.1%)
보 통	81(66.4%)	32(53.3%)	26(39.4%)	5(31.3%)	144(54.5%)
만 족	24(19.7%)	18(30.0%)	36(54.5%)	10(62.5%)	88(33.3%)
합 계	122(46.2%)	60(22.7%)	66(25.0%)	16(6.1%)	264(100.0%)

χ^2=31.357, df=6, p 〈 .001

이어서 노인일자리사업 '의견수렴 및 의사결정과정의 합리성'에 대한 직무만족도의 이해를 돕기 위하여 사업수행기관별 만족도의 평균치를 산출해 보았다. 그 결과 시니어클럽 소속 실무자의 직무만족도가 가장 높았으며(M=3.63, s.d.=.72), 그 뒤를 노인복지회관/종합사회복지관 소속 실무자가 차지하였다(M=3.52, s.d.=.66). 그리고 대한노인회(M=3.12, s.d.=.72)나 지방자치단체(M=3.05, s.d.=.64) 소속 실무자의 직무만족도는 두 기관보다 낮은 것으로 조사되었다. 그리고 이러한 '의견수렴 및 의사결정과정의 합리성'에 대한 직무만족도의 차이는 통계적으로 유의미(F=9.381, p 〈 .001)한 것으로 나타났다(〈표 4-73〉 참조).

〈표 4-73〉 사업수행기관별 직무만족: 의견수렴 및 의사결정과정의 합리성 Ⅱ

(단위: 명, %)

구 분	사례수	평 균	표준편차	F 값
· 지방자치단체	122	3.05	.64	
· 대한노인회	60	3.12	.72	
· 노인복지회관/종합사회복지관	66	3.52	.66	9.381***
· 시니어클럽	16	3.63	.72	
합 계	264	3.22	.70	

*** p 〈 .001

사업수행기관별 직무만족도의 여섯 번째 영역으로 '자기개발 및 교육기회의 제공'을 보면, 지방자치단체의 경우, '보통'이 50.4%(62명)로 가장 높았고 그 다음은 '불만족'으로 41.5%(51명)의 실무자가 응답하였다. 대한노인회의 경우도 지방자치단체와 유사하게 '보통'이 45.9%(28명)로 가장 높고 '불만족'이 31.1%(19명)로 그 뒤를 이었다. 반면 노인복지회관/종합사회복지관은 '보통'이 46.3%(31명)로 가장 높았고, '만족'이 37.3%(25명)로 그 뒤를 이었다. 시니어클럽 실무자의 경우 '보통'과 '만족'이 37.5%로 동일하게 응답하였다. 전반적으로 볼 때 이전에 살펴본 직무만족도의 다른 영역에 비해 상대적으로 '불만족'으로 응답한 비중이 높았고 특히 지방자치단체나 대한노인회 소속 실무자들의 이 영역에 대한 직무만족도가 다른 기관 실무자들에 비해 낮은 경향을 보여 이 영역에 대한 보완이 필요하다 하겠다. 그리고 이러한 '자기개발 및 교육기회 제공'에 대한 사업수행기관별 실무자의 직무만족도의 차이는 통계적으로 유의미(p 〈 .001)한 것으로 나타났다(〈표 4-74〉 참조).

〈표 4-74〉 사업수행기관별 직무만족: 자기개발 및 교육기회 제공 Ⅰ

(단위: 명, %)

구 분	지방자치단체	대한노인회	노인복지회관/종합사회복지관	시니어클럽	합 계
불 만 족	51(41.5%)	19(31.1%)	11(16.4%)	4(25.0%)	85(31.8%)
보 통	62(50.4%)	28(45.9%)	31(46.3%)	6(37.5%)	127(47.6%)
만 족	10(8.1%)	14(23.0%)	25(37.3%)	6(37.5%)	55(20.6%)
합 계	123(46.1%)	61(22.8%)	67(25.1%)	16(6.0%)	267(100.0%)

χ^2=30.189, df=6, p 〈 .001

다음으로는 노인일자리사업 '자기개발 및 교육기회 제공'에 대한 실무자의 직무만족도를 다른 방법으로 이해하기 위하여 사업수행기관별 만족도의 평균치를 산출해 보았다. 그 결과 노인복지회관/종합사회복지관 소속 실무자의 직무만족도가 가장 높았으며(M=3.25, s.d.=.79), 그 뒤를 시니어클럽 소속 실무자가 차지하였다(M=3.19, s.d.=.91). 그리고 대한노인회(M=2.89, s.d.=.92)나 지방자치단체(M=2.66, s.d.=.64) 소속 실무자의 직무만족도는 두 기관보다 낮은 편으로 조사되었다. 앞에서 살펴본 바와 마찬가지로 '자기개발 및 교육기회 제공'에 대한 직무만족도는 이전의 다른 영역에 비해 낮은 경향을 보였고, 사업수행기관별 차이를 보이고 있으며 이의 차이는 통계적으로 유의미(F=9.668, p 〈 .001)한 것으로 나타났다(〈표 4-75〉 참조).

〈표 4-75〉 사업수행기관별 직무만족: 자기개발 및 교육기회 제공 II

(단위: 명, %)

구 분	사례수	평 균	표준편차	F 값
· 지방자치단체	123	2.66	.64	9.668***
· 대한노인회	61	2.89	.92	
· 노인복지회관/종합사회복지관	67	3.25	.79	
· 시니어클럽	16	3.19	.91	
합 계	267	2.89	.80	

*** p 〈 .001

사업수행기관별 직무만족도의 일곱 번째 영역으로 '슈퍼비전, 지도감독'을 살펴 본 결과 지방자치단체의 경우, '보통'이 67.2%(82명)로 가장 높았고 그 다음은 '불만족'으로 25.4%(31명)의 실무자가 응답하였다. 대한노인회의 경우도 '보통'이 46.7%(28명)로 가장 높았고 '불만족'이 31.7%(19명)로 그 뒤를 이었다. 반면 노인복지회관/종합사회복지관은 '보통'이 43.3%(29명)로 가장 높았고, '만족'이 40.3%(27명)로 유사하게 나타났다. 한편 시니어클럽 실무자의 경우는 '만족'이 56.3%로 나타나 다른 소속기관에 비해 이 영역에 대한 직무만족도가 가장 높았다. 전반적으로 볼 때 이 영역에 대한 지방자치단체나 대한노인회 소속 실무자들의 직무만족도가 다른 기관 실무자들에 비해 낮은 경향을 보이고 있고 여타 직무만족도 영역에 비해 '보통'이나 '불만족' 경향이 나타나고 있어 이에 대한 보완이 필요하다고 본다. 그리고 이러한 '슈퍼비전, 자기개발'에 대한 사업수행기관별 실무자의 직무만족도의 차이는 통계적으로 유의미(p 〈 .001)한 것으로 나타났다(〈표 4-76〉 참조).

〈표 4-76〉 사업수행기관별 직무만족: 슈퍼비전, 지도감독 Ⅰ

(단위: 명, %)

구 분	지방자치단체	대한노인회	노인복지회관/종합사회복지관	시니어클럽	합 계
불 만 족	31(25.4%)	19(31.7%)	11(16.4%)	1(6.3%)	62(23.4%)
보 통	82(67.2%)	28(46.7%)	29(43.3%)	6(37.5%)	145(54.7%)
만 족	9(7.4%)	13(21.7%)	27(40.3%)	9(56.3%)	58(21.9%)
합 계	122(46.0%)	60(22.6%)	67(25.3%)	16(6.0%)	265(100.0%)

χ^2 =42.777, df=6, p 〈 .001

다음으로는 노인일자리사업 '슈퍼비전, 지도감독'에 대한 실무자의 직무만족도를 사업수행기관별 만족도의 평균치를 통해 살펴보았다. 그 결과 시니어클럽 소속 실무자의 직무만족도가 가장 높았으며(M=3.56, s.d.=.73), 그 뒤를 노인복지회관/종합사회복지관 소속 실무자가 차지하였다(M=3.28, s.d.=.79). 그리고 대한노인회(M=2.90, s.d.=.80)나 지방자치단체(M=2.81, s.d.=.57) 소속 실무자의 직무만족도는 두 기관보다 낮은 편으로 조사되었다. 앞에서 살펴본 바와 마찬가지로 '슈퍼비전, 지도감독'에 대한 직무만족도는 이전의 다른 영역에 비해 상대적으로 낮은 경향을 보였고, 사업수행기관별 차이를 보이고 있으며 이의 차이는 통계적으로 유의미(F=10.654, p 〈 .001)한 것으로 나타났다(〈표 4-77〉 참조).

〈표 4-77〉 사업수행기관별 직무만족: 슈퍼비전, 지도 감독 Ⅱ

(단위: 명, %)

구 분	사례수	평 균	표준편차	F 값
· 지방자치단체	122	2.81	.57	10.654***
· 대한노인회	60	2.90	.80	
· 노인복지회관/종합사회복지관	67	3.28	.79	
· 시니어클럽	16	3.56	.73	
합 계	265	3.00	.73	

*** $p < .001$

사업수행기관별 직무만족도의 여덟 번째 영역으로 '봉급 및 상여금, 수당, 보험 등을 포함한 각종 혜택'을 '불만족', '보통', '만족'의 3가지로 구분하여 살펴보았다. 그 결과 지방자치단체의 경우, '보통'이 58.7%(71명)로 가장 높았고 그 다음은 '불만족'으로 26.4%(32명)의 실무자가 응답하였다. 대한노인회의 경우는 '불만족'이 46.7%(28명)로 가장 높았고 '보통'이 43.3%(26명)로 그 뒤를 이었다. 반면 노인복지회관/종합사회복지관은 '보통'이 49.3%(33명)로 가장 높았고, '불만족'이 38.8%(26명)로 나타났다. 시니어클럽 실무자의 경우는 대부분인 87.5%가 '불만족'이라고 응답해 다른 소속기관에 비해 이 영역에 대한 직무만족도가 가장 낮았다. 전반적으로 이해할 때 다른 어떤 영역보다도 이 영역에 대한 직무만족도가 정도에 차이는 있지만 부족하다고 생각하고 있는 것으로 나타나 이에 대한 보완이 필요하리라 본다. 그리고 이러한 '봉급 및 각종혜택'에 대한 사업수행기관별 실무자의 직무만족도의 차이는 통계적으로 유의미($p < .001$)한 것으로 나타났다(〈표 4-78〉 참조).

〈표 4-78〉 사업수행기관별 직무만족: 봉급 및 각종 혜택 I

(단위: 명, %)

구 분	지방자치단체	대한노인회	노인복지회관/종합사회복지관	시니어클럽	합 계
불 만 족	32(26.4%)	28(46.7%)	26(38.8%)	14(87.5%)	100(37.9%)
보 통	71(58.7%)	26(43.3%)	33(49.3%)	1(6.3%)	131(49.6%)
만 족	18(14.9%)	6(10.0%)	8(11.9%)	1(6.3%)	33(12.5%)
합 계	121(45.8%)	60(22.7%)	67(25.4%)	16(6.1%)	264(100.0%)

χ^2=25.723, df=6, p 〈 .001

다음으로는 노인일자리사업 '봉급 및 상여금, 수당, 보험 등을 포함한 각종 혜택'에 대한 실무자의 직무만족도를 다른 방법으로 이해하기 위하여 사업수행기관별 만족도의 평균치를 산출해 보았다. 그 결과 지방자치단체 소속 실무자의 직무만족도가 가장 높았으며(M=2.87, s.d.=.67), 그 뒤를 노인복지회관/종합사회복지관 소속 실무자가 차지하였다(M=2.67, s.d.=.82). 그리고 대한노인회(M=2.50, s.d.=.91)나 시니어클럽(M=2.00, s.d.=.73) 소속 실무자의 직무만족도는 전술한 두 기관보다 낮은 편으로 나타났다. 앞에서 살펴본 바와 마찬가지로 '봉급 및 각종혜택'에 대한 직무만족도는 이전의 다른 어떤 영역에 비해서도 낮았고, 특히 시니어클럽 종사자들은 매우 낮은 것으로 조사되었으며 사업수행기관별 차이도 보이고 있었다. 그리고 이러한 차이는 통계적으로 유의미(F=7.579, p 〈 .001)한 것으로 나타났다(〈표 4-79〉 참조).

〈표 4-79〉 사업수행기관별 직무만족: 봉급 및 각종 혜택 Ⅱ

(단위: 명, %)

구 분	사례수	평 균	표준편차	F 값
· 지방자치단체	121	2.87	.67	7.579***
· 대한노인회	60	2.50	.91	
· 노인복지회관/종합사회복지관	67	2.67	.82	
· 시니어클럽	16	2.00	.73	
합 계	264	2.68	.80	

*** p 〈 .001

사업수행기관별 직무만족도의 아홉 번째 영역으로 노인일자리사업에 대한 '업무관련 보람'을 살펴본 결과 지방자치단체의 경우, '보통'이 57.7%(71명)로 가장 높았고 그 다음이 '만족'으로 28.5%(35명)의 실무자가 응답하였다. 대한노인회의 경우는 '만족'이 62.3%(38명)로 가장 높고 '보통'이 24.6%(15명)로 그 뒤를 이었다. 노인복지회관/종합사회복지관도 '만족'이 73.1%(49명)로 가장 높았고, '보통'이 17.9%(12명)로 나타났다. 시니어클럽 실무자의 경우도 56.3%가 '만족', 37.5%가 '보통'이라고 응답하였다. 전반적으로 볼 때 사업수행기관별 차이는 있지만 다른 영역에 비해 이 영역에 대한 직무만족도는 대체로 높았는데 지방자치단체는 '보통'에 약 58%가 응답하여 상대적으로 다른 기관에 비해 차이를 보이고 있음을 알 수 있다. 그리고 이러한 '업무관련 보람'에 대한 사업수행기관별 실무자의 직무만족도의 차이는 통계적으로 유의미(p 〈 .001)한 것으로 나타났다(〈표 4-80〉 참조).

〈표 4-80〉 사업수행기관별 직무만족: 업무관련 보람 Ⅰ

(단위: 명, %)

구 분	지방자치단체	대한노인회	노인복지회관/종합사회복지관	시니어클럽	합 계
불 만 족	17(13.8%)	8(13.1%)	6(9.0%)	1(6.3%)	32(12.0%)
보 통	71(57.7%)	15(24.6%)	12(17.9%)	6(37.5%)	104(39.0%)
만 족	35(28.5%)	38(62.3%)	49(73.1%)	9(56.3%)	131(49.1%)
합 계	123(46.1%)	61(22.8%)	67(25.1%)	16(6.0%)	267(100.0%)

χ^2=44.249, df = 6, p 〈 .001

다음으로는 노인일자리사업 '업무관련 보람'에 대한 실무자의 직무만족도를 사업수행기관별 평균만족도를 통해 살펴보았다. 그 결과 노인복지회관/종합사회복지관 소속 실무자의 직무만족도가 가장 높았으며(M=3.79, s.d.=.81), 그 뒤를 시니어클럽 실무자(M=3.69, s.d.=.87)와 대한노인회 실무자(M=3.56, s.d.=.87)가 이었다. 반면 지방자치단체 실무자의 경우(M=3.25, s.d.=.73) 만족도가 상대적으로 낮아 다소 차이를 보이고 있다. 앞에서 살펴본 바와 마찬가지로 '업무관련 보람'에 대한 직무만족도는 다른 영역에 비해 비교적 높지만 사업수행기관별 차이를 보이며 이의 차이는 통계적으로 유의미(F=10.771, p 〈 .001)한 것으로 나타났다(〈표 4-81〉 참조).

〈표 4-81〉 사업수행기관별 직무만족: 업무관련 보람 Ⅱ

(단위: 명, %)

구 분	사례수	평 균	표준편차	F 값
· 지방자치단체	123	3.25	.73	10.771***
· 대한노인회	61	3.56	.87	
· 노인복지회관/종합사회복지관	67	3.79	.81	
· 시니어클럽	16	3.69	.87	
합 계	267	3.44	.83	

*** p 〈 .001

사업수행기관별 전반적 직무만족도를 '불만족', '보통', '만족'의 3가지로 구분하여 살펴보았다. 그 결과 지방자치단체의 경우, '보통'이 61.8%(76명)로 가장 높았고 그 다음이 '만족'으로 29.3%(36명)의 실무자가 응답하였다. 대한노인회의 경우도 '보통'이 45.9%(28명), '만족'이 44.3%(27명) 순이었지만 유사하게 나타났다. 반면, 노인복지회관/종합사회복지관의 경우는 절반이 넘는 실무자가 '만족'에 응답하였고(52.2%, 35명), '보통'에는 41.8%(28명)가 응답하였다. 시니어클럽 실무자의 경우는 실무자의 50%가 '보통'에 나머지 50%는 '만족'에 응답한 것으로 조사되었다. 전반적으로 볼 때 노인복지회관/종합사회복지관과 시니어클럽에 근무하는 실무자들의 전반적 직무만족도가 지방자치단체나 대한노인회 소속 실무자보다 높은 경향을 보이고 있고, 특히 지방자치단체 소속 실무자들의 만족도가 상대적으로 낮은데 이는 지방자치단체의 실무자가 다른 업무를 병행하는 비율이 높은 이유(〈표 4-46 및 4-47 참조〉 참조) 등 어려움이 있을 것으로 사료되어 대응이 필요하다고 본다. 그리고 이러한 '전반적 직무만족도'에 대한 사업수행기관별 실무자의 차이는 통계적으로 유의미(p 〈 .05)한 것으로 나타났다(〈표 4-82〉 참조).

〈표 4-82〉 사업수행기관별 노인일자리사업 실무자 직무만족도 Ⅰ

(단위: 명, %)

구 분	지방자치단체	대한노인회	노인복지회관/종합사회복지관	시니어클럽	합 계
불 만 족	11(8.9%)	6(9.8%)	4(6.0%)	0(.0%)	21(7.9%)
보 통	76(61.8%)	28(45.9%)	28(41.8%)	8(50.0%)	140(52.4%)
만 족	36(29.3%)	27(44.3%)	35(52.2%)	8(50.0%)	106(39.7%)
합 계	123(46.1%)	61(22.8%)	67(25.1%)	16(6.0%)	267(100.0%)

χ^2=12.834, df=6, p 〈 .05

마지막으로 노인일자리사업 실무자의 전반적 직무만족도를 사업수행기관별 만족도의 평균치를 통해 살펴보았다. 기존 방식대로 직무만족도를 다섯 개 항목으로 나누고 5점 척도인 '매우 만족(5점)', '만족(4점)', '보통(3점)', '불만족(2점)', 그리고 '매우 불만족(1점)'으로 구분하여 질문하여 보았다. 그 결과 전반적 직무만족도에 있어서 시니어클럽 소속 실무자가 가장 높았으며(M=3.63, s.d.=.72), 노인복지회관/종합사회복지관 실무자(M=3.51, s.d.=.68), 대한노인회 실무자(M=3.33, s.d.=.70) 등의 순이었다. 반면 지방자치단체 실무자의 경우 전반적 직무만족도가 상대적으로 낮은 편(M=3.20, s.d.=.61)으로 나타났다. 이러한 사업수행기관별 전반적 직무만족도의 차이는 통계적으로 유의미(F=4.443, p 〈 .01)한 것으로 나타났다(〈표 4-83〉 참조).

〈표 4-83〉 사업수행기관별 노인일자리사업 실무자 직무만족도 Ⅱ

(단위: 명, %)

구 분	사례수	평 균	표준편차	F 값
· 지방자치단체	123	3.20	.61	4.443**
· 대한노인회	61	3.33	.70	
· 노인복지회관/종합사회복지관	67	3.51	.68	
· 시니어클럽	16	3.63	.72	
합 계	267	3.33	.67	

** $p < .01$

5) 결과의 요약 및 함의

본 조사연구는 노인일자리사업 실무자를 대상으로 현장에서의 문제점, 업무현황 및 활성화 방안 등을 살펴봄으로써 향후 우리나라 노인일자리사업의 정책 및 실천방향을 마련하는데 도움이 될 수 있는 기초자료를 제시하고자 시도되었다. 위의 연구목적을 위해 노인일자리사업 실무자들을 대상으로 설문조사를 실시하여 그 조사결과를 실무자의 일반적 사항, 노인일자리사업 운영관련사항, 노인일자리사업 만족도 및 직무만족도, 사업수행기관별 노인일자리사업 분석의 순으로 제시하였다.

첫 번째, 실무자의 일반적 사항에 대한 분석결과를 보면, 남성이 여성보다 10% 정도 많았으며, 연령은 23세부터 67세까지 분포되어 있었고 평균연령은 38.96세였다. 연령대는 30대가 32.7%로 가장 많았고 60세 이상도 8.1% 분포하고 있었다. 실무자의 교육정도를 보면 대졸/중퇴가 57.3%로 가장 많았고, 고졸/중퇴, 전문대졸/중퇴, 대학원 이상 순이었다. 사업수행기관별로 보면 지방자치단체소속 실무자가 46.5%로 가장 많았으며 시니어클럽은 5.8%로 가장 적게 참여했었다. 실무자들의 소속기관의 소재지역은 서울(14.5%), 경기(13.8%), 부산(8.4%), 경북(8.0%) 순이었으며, 실무자의 직위/직급은 일반사회복지사(41.5%), 공무원(22.2%)이라고 응답한 경우가 많았고 79.3%가 정규직이라고 답하였다. 실무자의 사회복지경력은 2개월부터 34년까지 다양하였고 평균근무경력은 5년 6개월이었으며 1년 이상 3년 미만이 35.8%로 가장 높은 비율을 보였고 77%는 10년 미만의 경력을 가지고 있었다. 노인복지분야 경력은 1개월에서 19년에 이르며 평균 3년에 조금 못 미쳤고 1년 이상 2년 미만이 35.8%로 가장 많은 분포를 보이고 73%는 3년 미만으로 조사되었다. 한편 노인일자리사업 경력은 1개월부터 8년 6개월까지 다양했으며 평균 1년 3개월 정도였고 47.5%가 1년 이상 2년 미만이었고 3년 이상은 3.8%에 그쳤다. 실무자의 66.5%가 노인복지 관련교육을 받지 않았으나 노인일자리사업관련교육의 경우 62.9%가 받았다고 응답하였다. 그리고 실무자의 77%가 노인일자리사업 외에 다른 업무를 병행하고 있었고 전체업무 중 노인일자리사업 업무비율을 보면 20% 미만이 30.4%로 가장 높았고 40%미만은 60%로 나타났다.

살펴본 것처럼 전반적으로 실무자들의 사회복지 경력이나 노인일자리사업 경력이 그렇게 많지 않은 편이며 노인복지나 노인일자리사업 관련교육을 제대로 받지 않은 경우도 많으며, 실무자의 다수가 일자리 업무와 다른 업무를 병행하고 있는 것으로 나타나 업무의 전문성부족과 업무과중으로 사업수행에 제약을 가질 수 있음을 알 수 있다.

두 번째, 노인일자리사업 운영관련 사항에 대한 결과이다. 실무자들은 노인일자리사업 참여노인 모집방법으로 '관련기관 홍보게시판'을 가장 많이 활용하고 있으며 '기관소식지 및 유인물', '지역신문', '인터넷 홍보' 등을 주로 사용하고 있었다. 참여자 교육의 어려움으로는 '교육프로그램의 부재', '예산의 부족', '교육중요성에 대한 인식결여', '강사섭외의 어려움' 등을 들었다. 평가방법으로는 '담당자에 의한 평가서 작성', '간담회 · 월례회', '참여자 설문조사' 등을 주로 활용하고 있었고 평가를 하지 않고 있다는 응답도 8.8%였다. 운영관련 개선해야할 사항으로는 '사업수행기간', '인건비', '예산배정 시기', '근무시간' 순이었다. 중도탈락을 한번이라도 경험했다는 비율이 실무자의 88%로 나타났고 그 이유로는 '건강상의 문제', '급여가 적어서', '책임감 부족' 등을 들었다. 운영상 애로사항으로는 '사업아이템 선정', '실무자 인력부족', '참여자 선발 및 모집', '교육 및 보수교육', '예산관리 및 집행' 등이었다. 노인일자리 참여노인이 갖추어야할 자질로는 '일에 대한 자부심', '건강', '책임감', '성실성' 등인 반면 관리자는 '프로그램 추진능력', '지역사회 자원활용능력', '책임감' 등을 들었다. 소속기관의 사업수행 관심정도와 기관장의 의지, 지역연계 정도, 중앙정부 및 지방자치단체의 지원정도에 대해서는 긍정적 평가를 보이는 편이나 중앙정부나 지자체의 지원정도에 대해서는 '그저 그렇다'라는 응답도 많아 상대적으로 부정적인 생각도 가지고 있음을 알 수 있다.

전반적으로 볼 때 노인일자리사업 홍보는 게시판, 유인물, 지역신문 활용 등 전통적인 방법 외에 인터넷 홍보가 중요시되고 있음을 알 수 있고, 참여자 교육 실시에 있어 프로그램의 부재나 교육 중요성 인식의 결여에 대한 어려움을 지적하고 있어 교육프로그램 개발이나 교육이 실제 사업수행에 도움이 된다는 홍보 등이 필요하리라 본다. 또한 특정 평가방법을 활용하지 않는다는 응답도 있어 보완이 필요하리라 보며, 사업수행기간을 늘리는 문제, 인건비의 현실화, 예산배정 시기의 조정, 근무시간의 확대 등 운영과 관련하여 꾸준히 제기되어 오는 사항에 대한 전반적인 조정이 필요하리라 본다. 그리고 중도탈락을 최소화하기 위한 건강유지나 적정한 급여보장 등에 관심을 가져야 하고 참여노인에게는 일에 대한 자부심, 건강, 책임감을, 실무자에게는 프로그램 추진

능력이나 지역사회 자원활용능력 등을 제고할 수 있는 방안연구와 운영상 애로사항으로 지적된 사업아이템 선정이나 실무자 인력부족에 대한 대책 등이 요망된다.

세 번째는 노인일자리사업 만족도 및 직무만족도에 관한 것이다. 실무자들은 일자리사업에 참여하는 노인들이나 참여노인에게 서비스를 받는 기관이나 대상자의 서비스 만족도에 대해 '대체로 만족'에 가장 많이 응답하여 긍정적으로 평가하고 있다. 다만 참여노인의 서비스대상 기관과 대상자 만족도에 비해 참여노인의 만족도를 상대적으로 더 높게 보고 있다. 실무자들은 또한 노인일자리사업이 노인소득 및 생계지원이나 노인복지에 대체로 도움이 되고 있다고 평가하고 있다. 그리고 노인일자리사업의 노인복지에 기여정도를 노인소득 및 생계지원 정도에 비해 상대적으로 높게 평가하고 있다. 실무자가 사업수행에 필요한 (재)교육으로는 '지역사회 연계방법', '프로그램 개발 및 평가', '자원개발', '일자리관련 제도 및 법' 등을 선호하는 것으로 조사되었다. 실무자의 전반적 직무만족도는 5점 척도를 기준으로 3.33점으로 나타나 만족하는 편이었고 만족하는 순위는 '직장동료나 선후배와의 관계', '업무관련 대상자와의 관계', '업무관련 보람' 순이었다. 반면 '봉급 및 각종 혜택'이 가장 불만족이었고 '자기개발 및 교육기회의 제공', '슈퍼비전·지도감독'에 대해서도 불만족의 정도가 강했다.

특징적인 사항은 노인일자리사업의 참여노인의 만족도를 참여노인의 서비스대상 기관과 대상자 만족도에 비해 상대적으로 높게 평가된 것이다. 이는 실무자들의 입장에서 참여노인이 제공하는 서비스의 수준이 상대적으로 미흡하다고 느끼는 것이라 할 수 있으며, 이에 대해 어떻게 대처해 나갈 것인지 관심이 요구된다. 또한 참여노인의 소득 및 생계지원에 비해 노인복지에의 기여정도를 상대적으로 높이 평가하고 있어 노인일자리사업이 노인복지 전반에는 도움이 되지만 구체적으로 노인

소득이나 생계지원에 다소 부정적인 시각도 반영하고 있어 이에 대한 관심도 필요하다. 실무자에게 사업수행에 필요한 지역사회 연계방법, 프로그램개발과 평가, 자원개발, 일자리 관련 제도 및 법 등에 대한 교육이 요망되고 직무만족도에서 확연하게 불만족하다고 한 봉급 및 각종 혜택, 자기개발 및 교육기회 제공, 슈퍼비전·지도감독 등의 영역에 대해서는 적극적으로 대처하여 실무자들이 자신의 일에 만족할 수 있는 여건을 조성해 주는 것이 노인일자리사업발전의 주요요인이라고 본다.

네 번째로는 노인일자리사업의 사업수행기관별(지방자치단체, 대한노인회, 노인복지회관/종합사회복지관, 시니어클럽) 일반적 특성, 운영관련특성, 만족도 및 직무만족도 비교에 관한 것이다. 사업수행기관별 일반적 특성을 비교한 결과 성별, 연령별, 학력별, 고용형태별, 평균경력(사회복지분야, 노인복지분야, 노인일자리사업분야), 노인복지 및 노인일자리사업교육 이수여부, 다른 업무 병행여부 등 거의 전 분야에 걸쳐 유의미한 결과를 보였다. 사업수행기관별 노인일자리사업 운영관련 특성에서는 사업수행기관별 중도탈락여부, 사업수행기관별 중앙정부나 지방자치단체의 지원정도 등이 유의미한 결과를 나타냈고 여타 참여노인 모집방법, 참여자 교육실시의 어려움, 평가방법, 운영상개선사항, 중도탈락이유, 운영 애로사항, 기관의 사업수행 관심정도와 기관장의 사업수행 의지에 있어서도 비록 수행기관별 각 영역의 항목수가 많은 관계로 교차분석 결과의 한계가 있으므로 유의도를 제시하지는 않았으나 상당한 기관별 차이가 나타났다. 사업수행기관별 노인일자리사업 만족도 및 직무만족도 비교에서는 실무자가 생각하는 참여노인의 만족도나 참여노인의 서비스를 받는 대상기관 및 대상자 만족도의 경우 노인복지회관/종합사회복지관과 시니어클럽 실무자들이 지방자치단체와 대한노인회 소속 실무자에 비해 만족도가 높은 편이었다. 또한 사업수행기관별 비교에서도 대체적으로 노인일자리사업의 노인복지 기여정도가 노인소득 및 생계지원 정도보다 높게 인식하고 있는 것으로 나타났다. 사업수행별 실무자의 직무만족도의 경우 '업무지침의 적절성'을 제외한 전 영역 즉, '직장동료나 선후배와의 관계', '업무관련 대상자와의 관계', '근무시설환경', '의견수렴 및 의사결정과정의 합리성', '자기개발 및 교육기회제공', '슈퍼비전, 지도감독', '봉급 및 각종혜택', '업무관련 보람', 그리고 '전반적 직무만족도'에 있어서 실무자 사업수행기관별 차이가 통계적으로 유의미한 것으로 나타났다.

선행연구가 부재한 상황에서 사업수행기관별 노인일자리사업의 일반적 특성, 운영관련 특성, 만족도 및 직무만족도에 대한 비교는 각 사업수행기관의 노인일자리사업과 관련된 강점과 제한점을 제시하여 주므로 각 기관별로 노인일자리사업의 보다 나은 발전을 위한 대책을 마련하는데 유용하게 활용될 수 있을 것이다.

Ⅴ. 노인일자리사업의 정책과제

노인일자리사업은 노인 개인 및 가족에게 일정 부분 보충적 소득보장을 제공할 뿐만 아니라 의료비, 연금 등 노인에게 소요되는 사회복지 비용을 절감시키는데 도움을 주고 유용한 인적 자원의 활용으로 국가적 생산력을 증진시킬 수 있다는 점에서 앞으로 다가올 고령사회에 대비한 적절한 사회적 대응책이라 할 수 있다.

본 연구에서는 노인일자리사업을 담당하는 실무자를 대상으로 노인일자리사업과 관련한 현장에서의 문제점, 실무자 업무현황, 그리고 앞으로 노인일자리사업 활성화를 위한 방안 등을 살펴보고 이를 통해 우리나라 노인일자리사업을 위한 보다 실제적이고 실천적 방향을 제시하고자 하였다.

본 조사결과 실무자들은 노인일자리사업에 있어서 긍정적 평가를 하고 있는 편으로 나타났다. 예를 들어 참여노인의 만족도에 있어서 78.3%의 실무자가 '대체로 만족(65.6%)'내지 '매우 만족(12.7%)'하였고 참여노인으로부터 서비스를 받는 기관이나 대상자의 서비스 만족도에 대해 72.7%의 실무자가 '대체로 만족(63.9%)'내지 '매우 만족(8.8%)'하는 것으로 평가하였다. 또한 노인일자리사업이 노인 소득 및 생계지원 정도에 있어서 약 60%의 실무자가 '대체로 도움(46.4%)' 또는 '매우 도움(13.4%)'이 된다고 하였고, 72.1%의 실무자가 노인일자리사업이 우리사회 노인복지 기여 정도에 있어서 '대체로 도움(49.3%)'이 되거나 '매우 도움(22.8%)'이 되는 것으로 평가하였다. 또한 노인일자리사업 업무관련 보람에 있어서 48.9%의 실무자들이 '만족(41.1%)'하거나 '매우 만족(7.8%)'한 것으로 대답하였다.

그러나 이러한 노인일자리사업에 대한 긍정적 평가에도 불구하고 실무자로서 노인복지 현장에 있어서 여러 애로사항을 갖고 있으며 사업 수행에 있어서 개선사항이 많음을 지적하였다. 또한 실무자들은 노인일자리사업과 관련해 자기개발 및 교육 기회 제공, 슈퍼비전, 지도감독, 봉급 및 각종 혜택 등 영역의 직무만족도에 있어서는 부정적 평가를 내리고 있는 것으로 나타났다. 이와 같은 사항들은 앞으로 우리나라 노인일자리사업의 정착 및 이의 내실화 등에 있어서 중요한 정책 방향으로 제시될 수 있을 것으로 생각된다.

향후 노인일자리사업의 활성화를 위해서 노인일자리사업의 관련 교육 강화, 노인일자리사업 운영의 개선안 마련 및 실시, 노인일자리 프로그램 개발(노인적합형 일자리 점검 및 확대), 노인일자리사업 연계방안을 통한 효과적 사업추진, 노인일자리사업의 제도적 지원(재원 확보 및 법적 측면), 노인일자리 관련 유사사업과의 관계성 정립, 노인일자리사업에 대한 정책 지향, 그리고 노인 및 노인일자리에 대한 사회적 인식 전환 등이 제안될 수 있다.

1. 노인일자리사업의 관련 교육 강화

1) 실무자 교육

노인일자리사업의 성공적 수행을 위해서는 노인일자리사업 관계자 및 서비스 대상자에 대한 체계적인 교육훈련이 필요하다. 본 연구에서는 노인일자리사업 실무자들이 노인일자리사업 관련교육을 이수한 경우는 62.9%에 해당되었고, 노인복지 관련교육을 이수한 경우가 33.5%,

노인관련 기타 교육을 받은 경우는 6.5%에 불과하였다. 노인일자리사업의 발전을 위해서는 교육을 통한 실무자의 역량강화가 중요한 요인이고 본 연구에서도 많은 실무자들이 교육의 중요성을 피력하였다. 노인일자리사업 실무자 교육은 노인일자리사업과 직접적으로 관련된 교육과 더불어 노인 및 노인복지에 대한 기본적 이해를 돕고 노인에게 적절한 서비스를 제공할 수 있도록 돕는 교육이 되어야 할 것이다.

또한 노인일자리사업 관련교육에 대한 보다 실제적 시행이 필요하다. 현행 노인일자리사업 실무자 교육은 형식적인 면이 있다는 지적이 나오고 있다. 즉, 실무자 교육프로그램이 일자리사업 유형 설명 내지 사례소개에 치우친 면이 많다는 것이다. 따라서 노인일자리 사업 실무자에 대한 교육프로그램이 개발·실시됨으로써 노인일자리사업의 효율적 시행이 이루어지도록 하여야 할 것이다. 일자리사업과 관련한 정기적인 세미나, 워크샵이 이루어지도록 하고 실무자들이 함께 만나 좋은 프로그램을 소개하고 서로의 경험을 나눌 수 있는 간담회 등 기회를 마련하는 것이 필요하다. 특히 일선에서 일하는 실무자의 경우 노인일자리사업 담당 공무원과의 관련성에서 어려움을 호소하기도 하는데, 노인일자리사업 담당 공무원이 노인일자리사업에 대한 충분한 이해가 없어서 관련 업무를 수행하기 어렵다는 점이 지적되었다. 따라서 노인일자리사업 담당공무원들에게 노인일자리사업 관련교육이 반드시 이루어지도록 하여야 할 것으로 생각된다.

한편, 본 조사에서는 노인일자리사업 관리자가 갖추어야 할 가장 중요한 자질에 대해 '프로그램 추진능력'이 35.3%로 가장 높은 비율을 차지하였고, 그 다음으로 '지역사회 자원 활용 능력'이 31.5%의 비율을 나타내었다. 실무자들은 노인일자리사업과 관련하여 필요한 교육으로 '지역사회 연계방법(55.3%)', '프로그램개발과 평가(46.9%)', '자원개발(37.0%)', '일자리관련 제도 및 법(28.6%)'등을 들었다.

또한 직무만족도 조사결과 '자기개발 및 교육기회의 제공(31.9%)'과 '슈퍼비전과 지도감독(23.5%)'에 대해 불만족하거나 매우 불만족하는 것으로 나타났다. 이러한 결과는 다수의 실무자들이 교육을 통한 직무능력 향상을 원하고 있음을 보여주는 것이라 할 수 있다. 특히 노인일자리사업의 초기 단계인 만큼 프로그램 개발 및 경영마인드 교육, 그리고 지역사회 자원의 활용능력 등 보다 창의성과 실천성을 이끌어낼 수 있는 교육 프로그램의 실시가 요구된다.

2) 노인일자리사업 참여자 교육

노인일자리사업 참여자에 대한 교육은 사업수행의 성공을 위한 중요한 관건이다. 본 조사에서 실무자들에게 노인일자리사업의 애로사항을 질문한 결과 '교육 및 보수교육(24.2%)'에 있어 어려움을 나타냈고 교육관련 애로사항으로 '교육 프로그램의 부재(47.8%)'를 가장 큰 어려움으로 인식하고 있었다. 따라서 노인일자리사업 참여자에 대한 보다 실제적이고 효과적인 교육을 위해 노인일자리 교육훈련 프로그램 개발 및 보급, 기본교육, 신규교육, 재교육 등 교육수준별 교육 내용의 정비, 교육 강사 풀 제도마련, 교육장소 마련, 인터넷을 활용한 사이버 교육체계 구축 및 DB 구축 방안 등이 모색되어야 할 것이다.

한편, 본 조사에서는 실무자들이 판단하는 노인 일자리사업 참여노인들이 갖추어야 할 가장 중요한 자질로 '일에 대한 자부심(21.8%)'과 '책임감(19.0%)' 등을 들었다. 따라서 노인일자리사업 참여노인 교육에서는 일에 대한 자부심 및 책임감을 북돋아줄 수 있는 내용이 포함되어야 할 것이다.

이외에도 지적될 수 있는 사항은 전문적이고 다양한 취업교육이 실시되기 위해 취업알선 사업과 교육사업의 체계적 연계성이 모색되어야 할 것이다. 참여자 교육은 유형별로 내용이 다를 수 있으나 소양교육은 개별 관련 기관에서 이루어지기보다 권역별로 함께 실시되어야 교육, 시간, 에너지의 낭비를 방지할 수 있을 것이다. 한편으로 관련 기간별 노인일자리사업 교육을 특화함으로써 필요시 공동강의식 특화교육이 실시되도록 협조체계가 이루어져야 할 것이다.

2. 노인일자리사업 운영의 개선안 마련 및 실시

1) 사업수행 기간의 연장

2005년 현재 노인일자리사업의 사업수행 기간은 공익형은 6개월 이내이며 교육형, 복지형, 시장형은 5개월 이내로 제한되어 실시되었다. 본 조사결과 실무자의 78.8%(197명)가 노인일자리사업 운영과 관련하여 개선해야할 사항으로 '사업수행 기간'을 우선적으로 지적하여 향후 노인일자리사업의 사업수행 기간에 대한 고려가 구체적으로 이루어져야 할 것으로 생각된다.

일자리참여노인 실태조사(보건복지부・국민연금관리공단, 2005b)에 따르면 노인일자리 희망 참여기간에 대해 '11～12개월'(41.3%)이 가장 높은 비율을 차지하였고, '9～10개월'(12.6%), '7～8개월'(11%), '5～6개월'(20.6%), '4개월 이하'(14.5%) 순으로 나타났다. 현재 노인일자리사업 참여기간이 공익형 6개월, 교육복지형 및 자립지원형 5개월이라는 점에서 희망 참여기간과 현재의 참여기간 상 차이를 보이므로 앞으로 참여기간 확대에 대한 고려가 필요하다. 본 조사에서도 서비스의 지속성, 안정성,

실제적 도움 등의 이유로 노인일자리사업 실무자들이 제안하는 사업수행기간은 10개월 혹은 1년이 가장 많은 편으로 나타났다. 한편으로는 실제 사업기간 외 사업 준비, 사후관리 등의 기간을 포함하여 사업수행기간을 산정해야 할 필요성도 제기하고 있다. 따라서 향후 노인일자리사업의 기간 연장에 대한 현실적 고려가 이루어져야 할 것으로 생각된다.

특히, 노인일자리사업 중 대인서비스가 이루어지는 경우 수행기간과 관련하여 지속성의 문제가 심각한 것으로 지적될 수 있다. 대인관계가 중요시될 수 있는 교육형이나 복지형의 경우는 수혜자의 입장을 고려하여 기간의 융통성을 발휘해야 할 것이다. 예를 들어 1·3세대형의 경우 사업시행 기간을 학기제를 기준으로 교육기간을 포함하여 적어도 6개월 이상 지속될 수 있도록 하여야 할 것이다. 복지형의 경우도 복지간병인을 예로 들면 수혜자 입장에서 5개월 단기 서비스로 안정적 서비스가 제공되기에는 부족하다는 점에서 이의 기간을 늘리는 방안이 모색되어야 한다. 현장에서는 양적인 측면만 고려하지 말고 질적 서비스를 염두에 두어 간병인 수를 줄여서라도 기간을 적어도 1년 연장으로 해 줄 것이 제안되기도 하였다.

2) 근로시간 및 근로일수 조정

본 조사결과 노인일자리사업의 애로사항으로 현행 '근무시간'의 문제를 실무자 41.6%(104명)가 지적하였다. 일자리사업 참여노인 실태조사(2005)에 따르면 희망 일일근로시간에 있어 '4시간'(44.0%)이 가장 높은 비율을 보이며, '2~3시간'(32.8%), '5시간'(13.6%), '6~7시간'(6.3%), '8시간 이상'(3.4%)의 순으로 나타났다. 교육형의 경우 '2~3시간' 희망비율이 58.9%로 상대적으로 가장 높게 나타났는데 노인의 신체적 특성을 고려하여 일일 근로시간은 사업유형별로 탄력적으로 운영하는 방안이 모색되어야 할 것이다.

근로시간과 더불어 근로일수에 대한 조정이 필요하다. 현재 노인일자리사업 근로일수는 노인일자리사업 지침상 주 3~4일로 되어 있는데, 근로일수에 대한 조정도 사업유형별 특성에 따라 운영되는 방안이 검토되어야 할 것이다. 일자리사업 참여노인 실태조사(2005)에 따르면 참여노인의 희망 근로일수는 '주 5일 근무'(43.1%)가 가장 높게 나타났고 매일 근무의 경우도 9.1%로 나타나 주 5일 이상 근무를 희망하는 비율이 과반수가 넘게 나타났다(52.2%). 근로형은 '주 5일 근무'가 47.1%로 나타났고, '교육형'(64.1%), '시장참여형'(58.5%), '인력파견형'(38.8%)에서는 주 2~3일 근무 희망비율이 높은 편이었다. 주 희망 근로일수는 현재 일자리사업 지침 상 근로일수(3~4일)와 비슷하나 사업유형에 따라 희망근로일수에 차이를 보이고 있어 향후 사업유형별 탄력적으로 근로일수를 지정·운영하는 방안이 검토되어야 할 것이다.

3) 인건비 조정

본 조사에서 노인일자리사업 운영에 있어서 애로사항으로 '인건비'를 66.4%(166명)의 실무자가 지적하고 있고 이는 사업수행기간 연장과 더불어 운영상 우선적으로 개선할 사항으로 제안되고 있다. 다수의 실무자들이 현실적으로 참여자에게 도움이 되고 안정적으로 프로그램을 발전시키기 위해서는 참여자의 인건비로 최소 30만원은 보장되어야 한다고 응답해 노인일자리사업의 인건비 수준의 상향조정이 검토되어야 할 것이다. 또한 노인일자리 참여자 조사자료(노인인력운영센터, 2004)에서도 희망 임금수준이 30~40만원 미만(26.4%)이 가장 높은 비율을 보였고, 20~30만원 미만의 경우는 25.7%였다. 현재 노인일자리사업 참여자 임금지원 수준은 월 20만원이라는 점에서 희망 임금수준과 상당한 차이를 보여 향후 임금수준 상향의 논의가 필요하다. 이에 있어서 참여노인의 경제수준 및 참여하는 사업유형별로 인건비가 차별화하는 것도 고려될 수 있을 것이다. 한정된 재원을 고려할 때 적어도 경제적으로 어려운 노인들을 대상으로 일자리사업의 근무시간을 늘리는 등의 방법으로 적어도 보수수준을 현행 20만원에서 30만원 이상의 수준으로 상향 조정하는 것을 고려해 보아야 할 것이다.

4) 예산배정 시기의 조정

본 연구에서 노인일자리사업 운영에 있어서 애로사항으로 '예산배정 시기'를 54.4%(136명)의 실무자가 지적하였다. 이는 예산배정 시기가 항상 본예산 이후에 추가예산이 배정되어 추경예산 편성시기와 맞지 않고 이로 인해 사업수행이 지체된다는 문제점에 근거한다. 따라서 본 예산에 전액 반영될 수 있도록 전년도말에 가내시(假內示)해 줄 것이 요구되며, 예산배정 시기가 연초로 설정되어 조기에 노인일자리사업이 무리 없이 실시되도록 하는 것이 바람직하다.

5) 업무부담 감소 및 업무지원을 위한 인력지원

현재 노인일자리사업은 사업진행에 대한 인건비가 지원되지 않고 있는 실정이다. 이러한 상황에서 각 노인일자리사업 실행기관은 업무 담당자로 기존 기관 내 인력을 활용하는 경우가 많으며, 다른 업무와 병행하여 노인일자리사업을 맡고 있는 경우가 대부분이다.

본 조사결과, 실무자가 노인일자리 사업 업무 외에 다른 업무도 병행하고 있는 경우가 77.0%로 실무자 4명중 3명이 노인일자리사업과 다른 업무를 병행하고 있는 것으로 나타났다. 전체 업무 중 노인 일자리 업무 비율은 '20% 미만'이 30.4%(62명)로 가장 높은 비율을 차지하였고, '20% 이상~40% 미만'은 28.9%(59명)로 20% 미만과 비슷한 비율로 나타났다. 이러한 결과를 통해 알 수 있는 바는 노인일자리사업 수행기관의 대부분이 노인일자리사업을 독립적으로 운영하기보다는 다른 사업과 병행하고 있어 실무자들이 노인일자리사업에 전적으로 주력할 수 없는 상황이며 일의 과중으로 인한 업무추진성의 저하와 같은 문제점을 나타낼 수 있다. 이러한 결과 다수의 실무자들은 사업수행의 애로사항으로 '실무자 인력부족'(42.1%)을 지적하고 있다. 따라서 노인일자리 사업의 보다 원활한 추진을 위해서는 정부 차원에서의 전문인력 보강을 위한 재정적 지원이 시급하다고 하겠다.

6) 중도탈락 방지를 위한 방안

본 조사 결과, 노인일자리사업의 중도탈락 경험이 87.9%(240명)에 해당되어 상당히 중도탈락률이 높은 편으로 나타났다. 중도탈락의 이유로서 '건강상의 문제'가 69.7%(168명)로 가장 높은 비율을 보이며 '급여가 적어서'가 34.4%(83명), '책임감 부족'이 17.4%(42명), '취업'이 15.4%(37명), '일에 대한 만족감을 못 느껴서'가 14.5%(35명) 순으로 나타났다. 이러한 결과로부터 노인일자리사업을 추진함에 있어서 노인의 건강상 특징을 고려한 일자리개발 및 선택이 필요하며, 동시에 노인의 건강유지를 위한 도움과 적정한 급여보장, 일에 대한 책임감과 만족감을 제고하기 위한 교육 등을 통해 중도탈락을 최소화하여야 할 것이다.

3. 노인일자리 프로그램 개발: 노인적합형 일자리 점검 및 확대

본 연구에서 노인일자리사업 운영의 애로사항으로 50.8%의 실무자가 '사업아이템 선정'을 지적하였다. 또한, 노인일자리사업 사업수행에 필요한 (재)교육으로 46.9%의 실무자가 '프로그램 개발 및 평가'를 지적한 점으로 미루어 노인일자리 프로그램에 있어서 다양한 지원이 이루어져야 할 것이다.

이를 위해 노인일자리 창출에 있어서 사회적 일자리 창출과의 연계는 매우 중요하다. 복지나 환경영역 등에서 사회적 요구가 매우 큼에도 불구하고 기업이 활동하고 있지 못한 분야에서 노인일자리사업을 개발하고 안정적인 발전이 될 수 있도록 제도화가 모색되어야 할 것이다. 보호된 시장(cared-market)의 개발·확대 및 지역사회 내에서의 사회적 일자리의 개발·보급을 통한 사회적 일자리 사업의 실질적 확대·강화도 필요하다(변재관, 2005).

보건복지부에서는 8대 전략사업(어르신 거리환경 개선사업, 숲 생태해설가 사업, 시니어 문화유산 해설사업, 1·3세대 통합 프로그램, 급식지도원, 어린이집 보조교사, 가사 도우미, 지역 지킴이)을 선정하고 이에 주력하고 있는데, 현재 개발된 노인 일자리에 대한 지역 현장에서의 검증, 파급효과 및 관련기관과의 연계·협조가능성 등이 고려되어야 한다. 정부는 자립지원형 일자리의 확보를 위해 노인시험감독관, 무선페이징 관리사업 등 노인적합형 일자리 개발을 추진하고 민간기업과의 연계를 통해 인력파견형 일자리를 계속 확보하여야 할 것이다.

한편, 노인일자리사업에 있어서 주력사업과 더불어 이의 내용이 지역사회의 필요와 노인욕구에 부응할 수 있도록 보다 다원화될 필요가 있다. 노인일자리참여자 설문조사(보건복지부・국민연금관리공단, 2005b)에서 일자리사업과 관련된 노인의 희망요구사항과 참여 동기가 개인의 욕구, 능력에 따라 차이가 있었는데, 이에 따라 이들 일자리 역시 다양하게 제시되어야 할 것이다. '맞춤형' 노인일자리가 이루어질 수 있기 위해서는 지역사회 단위로 정보 및 운영 네트워크(network)를 갖추어 나가야 할 것이다.

또한 보호된 시장 형성을 위해 해당 업체와 중앙정부 해당 지방자치단체가 협약을 맺어 노인들이 우선취업이 가능하도록 하고 세제감면 등 제도적 지원이 이루어져야 한다. 지자체 공익형 우수사례인 인천광역시의 〈우리 동네 지킴이 사업〉, 부천시의 〈VIVA 6070〉 등이 대표적 예이다. 〈VIVA 6070〉은 지방자치단체와 적절한 협력관계를 맺고 시행한 대표적 사업으로, 지자체의 적극적인 지원 하에 골목청소 대행을 노인들이 전담하여 시행하고 있다. 이러한 경우 이전 공공형 사업의 임금분배식 임금지급 문제가 극복된 좋은 사례라 볼 수 있다. 한편, 사업수행이 부진한 경우 사업 철폐를 고려하여 노인복지관이나 시니어클럽과 같은 다른 민간 전달체계로 이관할 필요가 있다. 이의 여건조성이 여의치 않는 경우 지방자치단체의 공익형 우수사례의 벤치마킹을 통해 사업수행방법의 개선을 도모해야 할 것이다(이인재, 2005b).

교육형 사업은 지역사회의 관련 기관과 사회적 일자리 협약이 잘 맺어지도록 지원하여 임금보조금이 중단된다고 하더라도 독립적인 사업 유지가 가능할 수 있도록, 걸림돌이 될 수 있는 관련 법령을 확인하고 정비하여 지속 가능한 사업이 되도록 지원할 필요가 있다. 인력파견형 사업은 지역 내 노인에게 적합한 일자리를 제공하는 업체를 개발하여 채용 협의를 거친 후 노동인력 수요자 맞춤형 교육을 실시하여 인력풀(pool)을 구축하고 파견하고 있다. 파견 후에도 지속적인 보수교육과 관리를 수행함으로써 공신력을 확보하여 안정적인 일자리로 지역사회에 자리 매김할 수 있도록 중앙정부 차원에서의 지원과 보호된 시장구축이 필요하다. 특히, 전문직업교육을 받은 노인들을 고용하는 업체에 대한 세제혜택 부여 및 임금보조 형태로 인력파견 사업들에 대해 지자체 예산배정이 가능토록 하여야 할 것이다.

한편, 우리나라 노인일자리사업은 사업추진이 가능한 일자리 종류에 있어서 도농간 차이를 고려해야 할 것이다. 지금까지는 노인일자리사업이 도시를 모델로 개발된 측면이 있어 도농간 차이 없이 일률적인 일자리 형태를 제안해 왔는데, 이는 농촌의 지역적 특성상 사업추진이 쉽지 않다는 점을 간과한 것이라 할 수 있다. 2004년 노인일자리사업에 있어서 공공참여형 비율이 80% 이상 높게 나왔고, 정부에서는 2005년도에 이를 조정하여 공익형은 65%로 대폭 낮추고 교육복지형 20%, 자립지원형 비율을 15%로 높였다. 이러한 일률적 조정은 농어촌 지역 위주로 되어있는 지자체의 경우 정부가 정한 자립지원형 비율을 충족시키는데 매우 어려움을 겪게 되었다. 그 이유는 대도시 광역지자체의 경우 지하철택배사업, 아파트 경비원 파견, 주유원 파견 등 시장형이나 인력파견형 일자리가 상대적으로 많지만 농어촌의 경우 농사일을 할 수 있는 경우에는 농사일의 수익이 더 높으므로 굳이 노인일자리사업에 참여할 필요가 없고 힘든 농사일을 하지 못하는 노인들이 참여할만한 자립지원형 일자리는 거의 없기 때문인 것으로 지적된다. 따라서 농촌 지역 특성에 적합한 노인 일자리 개발(예를 들어, 무공해 콩나물재배, 나물채취, 지역 특산물 제조판매 등)이 필요하며, 이를 위해 학계, 지역 공무원, 일자리현장 담당자 등의 협력이 이루어져야 할 것이다.

4. 노인일자리사업 연계방안을 통한 효과적 사업추진

1) 전달체계구축 및 인프라 재조정

본 연구에서 실무자들은 노인일자리사업에 대한 지역연계 정도와 중앙정부 및 지방자치단체의 지원 정도에 비교적 긍정적인 편으로 인식하고 있지만, 부정적으로 응답한 실무자도 많았다. 노인일자리사업의 정착과 발전을 위해서는 국가, 지방자치단체, 지역사회 및 민간의 상호 역할분담 및 협력체계 구축 등을 통해 고령사회에 효과적으로 대응할 수 있는 사회적 시스템이 제도화되어야 할 것이다. 현재 보건복지부를 중심으로 지방자치단체, 시니어클럽, 노인복지회관, 대한노인회 등 조직의 성격이 각기 다른 기관이 노인 일자리사업을 수행하고 있는데, 따라서 각 수행체계를 연계하는 효율적인 노인일자리사업 추진방안의 마련이 시급하다(변재관 · 김창규, 2005).

노인일자리사업이 발전적인 방향으로 전개되기 위해서는 중앙정부와 지방정부 그리고 민간차원에서 긴밀한 관계망 형성이 필요하다. 정부의 경우 보다 책임 있는 정책수행을 통해 노인일자리사업의 정책목표를 분명히 하고 구체적인 제도적, 행정적, 재정적 지원방안에 관심을 기울여야 한다.(김동배, 2004). 사업수행 기관에 대한 인력 및 재정지원, 지역사회 내 일자리 창출 및 인력관리를 위한 기술지원, 안정된 일자리로서의 정착을 위한 제도적 기반정비 등 중앙정부의 역할은 중요하다.

지방자치단체는 노인일자리 창출사업에 있어 민간의 참여를 유도하고 민간의 역량을 강화시키는 역할을 수행하여야 할 것이다. 또한 지방자치단체는 노인복지 조직을 중심으로 민간의 노인복지회관, 시니어클럽, 대한노인회 등 노인일자리사업 실시기관 및 사회복지관 등 노인일자리사업을 지원할 수 있는 모든 조직을 포함한 지역 노인일자리 서비스 연계체계를 구축하여야 할 것이다.

더불어 민간 비영리기관 및 지역사회의 역량 강화가 필요하다. 노인일자리 창출사업의 주체는 민간 비영리기관으로 지역주민의 삶의 질 향상과 지역사회에서 배제되어 있는 계층의 사회통합을 목적으로 추진되어야 한다. 민간 비영리기관이 적극적으로 참여하고 장기간 안정적으로 운영될 수 있도록 하기 위해 이들 기관에 대한 충분한 재정지원이 필요하다(김동배, 2004).

또한, 중점사업수행기관 육성을 통한 기능조정이 필요하다. 시니어클럽, 노인복지회관, 대한노인회 취업지원센터 등 노인일자리사업 일선 수행기관의 확대는 물론이고 광역단위 지원체계의 구축, 중앙 노인인력운영센터의 재구조화가 필요하다. 그리고 업무의 지속성, 효율성 등을 위하여 사례관리 시스템 구축이 이루어져야 할 것이다.

이와 더불어 노인일자리 정보시스템이 마련되어야 할 것이다. 노인일자리 제공사업의 수요와 공급의 양 측면을 고려한 일자리를 창출·유지·개발 및 훈련·교육·배치의 전 과정을 지속적이고 체계적 관리를 위해서는 노인일자리 정보화 체계 구축이 필수적이다. 노인일자리사업에 대한 각 기관 및 지역을 연계하는 네트워크 구축을 통해 개인별 최적의 서비스제공이 가능해지고 서비스 수급자 및 공급자에 대한 체계적인 관리부재로 인한 문제점을 방지할 수 있다. 지방자치단체, 시니어클럽, 노인복지관, 대한노인회 등에서 제공되는 각종 서비스가 한곳의 DB로 모아져 통합 관리될 수 있고 각 기관별 이용이 가능하도록 하여 분산된 사업 및 자원관리로 인한 낭비를 막고 자원의 효율적인 이용 및 관리를 가능하도록 하여야 한다.

'노인인력운영센터'는 노인인력의 지역단위 네트워크를 중앙센터와 연계하고 민간주도와 정부지원의 민관협동체제로 운영해 나가는 역할이

기대되었지만 2006년부터 국민연금관리공단에서 분리되어 독립 운영될 계획에 있어 2005년 정보화 구축계획 변경으로 정보시스템 구축이 지연되고 있다. 향후 노인인력운영센터의 독립운영 이후에도 사용가능하도록 확장성, 응용성 등을 고려하여 홈페이지 및 홈페이지 내 인트라넷 구축을 추진하도록 하며, 노인일자리관련 정책소개, 홍보, 일자리정보, 질의응답, 의견제시, 자료실 등 노인에게 유익한 다양한 콘텐츠 및 정보가 제공되어야 할 것이다. 또한 참여자관리시스템, 업무보고시스템, 통계관리시스템, 사업수행기관 관리시스템 등으로 구분하여 세부항목이 인트라넷 형식으로 구축되어야 한다. 한편, 노인들의 노인일자리 정보의 접근 용이성을 위해 컴퓨터 활용교육을 필요로 하며 전국의 노인일자리 관련 기관들 간에 네트워크를 통해 노인일자리 관련 정보를 공유할 수 있어야 할 것이다.

2) 노인일자리 관련 부처간 협력체제 구축

그동안 관련 부처간 사업추진에 있어서 연계성이 부족하고 상호 협력체제가 미흡하여 노인일자리사업을 개발하거나 추진하는데 필요한 시너지 효과를 높이기 어려운 점이 많았다. 각 기관 간 유기적 상호협력과 연계가 이루어지지 않으면 노인정책 집행과정에서 중복투자, 소모성 경쟁 등으로 수요자에게 질 높은 서비스를 제공하지 못하고 국가예산의 비효율성이 수반될 수 있다. 따라서 노인일자리 관련 행정업무의 일원화 및 연계협력 체제 구축이 필요하다(황진수, 2004).

관련 부처들 간(보건복지부, 노동부, 교육인적자원부, 문화관광부, 여성부 등) 협력관계의 강화로 중복되고 산재된 노인일자리 정책의 일관성 및 노인일자리 분야의 통합내지 체계적 추진이 필요하다. 각 부처의 정책들이 노인일자리 개발과 활용에 대한 종합적이고 전략적인 비전 아래 서로 연계되고 효과적으로 집행되도록 여러 부처에 산재한 관련 업무를 주관 부처가 효율적이고 주도적으로 총괄·조정하는 기능이 필요하다. 그리고 부처간 특히 노동시장 내 취업중심의 노동부와 지역중심, 사회적 일자리 중심의 보건복지부와의 역할정립 및 협조체계가 구축되어야 할 것이다(변재관·김창규, 2005).

노인일자리사업이 실효성 있게 추진될 수 있도록 관계부처 간 각각의 역할을 논의하고 상호연계 하에 구체적인 정책들을 실행할 수 있도록 하는 체계적인 추진 기구를 구축·운영하는 방안도 고려할 필요가 있다. 노인일자리 관련 정책의 중앙부처간 연계 강화 및 통합 조정 장치가 필요한데 정부의 「저출산·고령사회정책본부」가 설치되어 부처간 업무와 기능을 협의하는 역할을 담당해 줄 수 있을 것으로 기대한다. 또한 출범예정인 한국노인인력개발원(가칭)이 노인일자리사업의 전반적 방향 및 모델 제시 등을 통해 정부 부처 및 개별 사업수행기관의 상호 연계시스템을 강화하고 노인일자리사업을 통합하고 효율적이고 탄력 있는 사업을 추진하는 것이 요망된다.

5. 노인일자리사업의 제도적 지원

노인일자리사업 활성화를 위해서는 안정적인 사업추진을 위한 사업의 지속성 보장이 선행되어야 한다. 이는 노인일자리사업에 대한 재정확보 및 법적, 제도적 측면의 지원을 통해 이루어져야 한다.

1) 재정적 지원 관련

노인일자리사업이 보다 실질적이고 지속적인 일자리 창출을 위한 사업으로 자리매김하기 위해서는 예산지원이 확대될 필요성이 있다. 그동안 노인일자리사업은 5~6개월간 인건비 및 교육비 등에 대한 지원만이 이루어지고 있다. 노인일자리사업이 노후소득보장의 역할을 수행한다고 한다면 1년 내내 일할 수 있으면서 매월 보수를 받아야 생활에 도움이 될 수 있는데, 예산부족으로 일자리 유형별로 최대 6개월만 하고 중단하는 실정이다. 또한 매월 지급되는 보수수준도 최대 월 20만원밖에 안 되므로 근로자 최저임금 수준에도 훨씬 미치지 못하고 있다. 따라서 노인일자리사업에 대한 재정적 지원이 절대적으로 필요하지만, 정부와 지자체의 재정상태 및 노인복지예산의 급격한 증액은 현실적으로 어려운 상황이다.

따라서 앞으로 노인일자리사업의 추진방향은 어느 정도 소득수준이 보장되는 자립지원형 비율을 늘려가되, 신체적 여건 등이 열악하여 손쉬운 공익형 일자리 등에 종사하는 경우에도 사업기간이 최소 10개월은 되어야 하고, 월보수도 최소 30만원~40만원 정도로 높여야 한다고 본다. 본 연구에서도 많은 실무자가 사업수행기간을 10개월 혹은 12개월로 늘려야 하고 월 보수도 30만원 이상이 되어야 한다고 제안하고 있다.

이와 더불어 노인일자리사업의 전문성을 담보하고 궁극적으로 재원의 배분형식이 아니라 자립지원 형식으로 전환될 수 있도록 노력하여야 할 것이다. 즉, 보조금에 의해 추진되는 사업은 시장 내 진입이 어려운 후기노인층을 대상으로 하는 반면, 기금으로 조성된 사업비는 장기적으로 노인일자리사업 활용이 적극적으로 확산될 수 있는 시범사업 지원, 노인일자리 개발 등에 사용하도록 하는 것이다. 또한 지방자치단체가 별도 예산으로 수행하는 노인일자리사업에 대해 적극적 인센티브 정책이 요구된다. 이외에도 공공과 민간을 포함한 다양한 재원확보의 필요성이 제기되고 있다. 중앙정부 중심에서 민간과의 파트너십 형성을 강화하고 보조금 의존사업에서 다양한 재원확보 방안을 시급히 마련하여야 한다. 또한 노인일자리 활용에 대한 사회적 인식 개선으로 민간의 적극적 참여를 유도하여야 할 것이다. 공공과 민간부문에서 기금조성이 제안되는데, 공공차원 관련부처에서 일정 기금을 확보하여 통합적 정책 추진이 가능토록 하고 민간 차원에서는 기업의 사회공헌기금, 사회복지 공동모금회 등을 통해 연차적으로 기금을 확보하는 방안이 모색될 수 있다(변재관, 2005).

2) 법적 측면

노인일자리사업이 시행된 이후 노인일자리사업의 원활한 추진을 위해 법적 근거의 필요성이 계속해서 제기되어 왔다. 최근 노인복지법 개정(법률 제7585호, 2005. 7. 13 개정, 2005. 10. 14 시행)에 의해 노인일자리기관의 설치 운영(제23조의 2)[4], 비용부담(제45조 2항 1)[5]에 대한

4) 제23조의2 (노인일자리전담기관의 설치·운영 등) ①국가 또는 지방자치단체는 노인의 능력과 적성에 맞는 일자리의 개발·보급과 교육훈련 등을 전담할 기관(이하 "노인일자리전담기관"이라 한다)을 설치·운영하거나 그 운영의 전부 또는 일부를 법인·단체 등에 위탁할 수 있다. ②노인일자리전담기관의 설치·운영 또는 위탁에 관하여 필요한 사항은 대통령령으로 정한다. [본조신설 2005.7.13]

5) 제45조 (비용의 부담) ②다음 각 호의 어느 하나에 해당하는 비용은 대통령령이 정하는 바에 따라 국가 또는 지방자치단체가 부담한다. 〈개정 2005.7.13〉
1. 제23조의2제1항의 규정에 따른 노인일자리전담기관의 설치·운영 또는 위탁에 소요되는 비용.

내용이 첨가되었다. 또한 노인복지법 개정안에 따라 노인일자리전담기관의 설치, 운영 등 동법에서 위임된 사항과 시행의 내용[6]을 담은 개정 시행령이 현재 입법예고 중에 있다.

그러나 노인일자리전담조직기관(한국노인인력개발원, 시니어클럽, 노인복지회관 등)에 대한 기능과 역할이 자세히 명시되지는 않아 법적 근거가 미약한 편이다. 또한 노인일자리사업에 대한 민간참여 활성화를 위한 법적 지위 확보 및 금융, 세제혜택 등 인센티브 방안 등의 법적 근거가 마련되어야 할 것이다(변재관·김창규, 2005).

6. 노인일자리 관련 유사 사업과의 관계성 정립

노인일자리사업은 일선 현장에서 정부의 다른 관련 사업과 이익이 상충되는 부분이 적지 않다. 노인일자리사업은 자원봉사활동 또는 공공근로사업과의 관계 등 정책의 대상과 목적이 불분명한 상태로 지속되는 측면이 있다(변재관, 2005).

노인일자리사업이 시작된 이후 기존 노인자원봉사활동 침해에 대한 우려가 지속적으로 제기되어 왔다. 일선 기관에서 이미 활성화된 자원

6) 제17조의3(안) 노인일자리전담기관의 설치·운영 등 (1) 국가 또는 지방자치단체가 노인일자리전담기관을 설치·운영하고자 할 때는 보건복지부장관과 협의하도록 함. (2) 국가 또는 지방자치단체는 노인일자리전담기관의 업무를 일정한 수행능력이 있는 법인·단체 또는 기관에 그 운영의 전부 또는 일부를 위탁할 수 있도록 한다.
제22조(안) 비용부담 (1) 노인일자리전담기관의 설치·운영 또는 위탁에 소요되는 비용을 국가 또는 지방자치단체가 부담하도록 하고, 그 부담비율은 「보조금의 예산 및 관리에 관한 법률 시행령」별표1이 정하는 바에 의하도록 한다.

봉사 영역을 노인일자리사업으로 전환하게 함으로써 자원봉사와 노인 인력 활용의 구분이 애매모호한 측면이 있다. 노인일자리사업의 영역 중에서 '사회적 일자리'에 해당되는 공익형과 교육복지형의 대다수는 기존의 노인자원봉사활동에 대해 인건비가 지급되는 단순한 물리적 전환의 형태에 지나지 않는 경향이 있었다.

이와 같은 형태의 노인일자리사업이 활성화될 경우 기존의 유급 노인자원봉사활동과 중첩되어 노인자원봉사활동을 담당하는 기관이나 관련된 정부 부처에서 정책을 수립하고 예산을 집행하는데 있어서 혼란을 야기할 개연성이 있다. 한편, 노인일자리사업이 기존의 순수한 무급 노인자원봉사활동이나 봉사정신을 위축시킬 수 있다는 점이 우려된다. 이는 본 조사에서도 다수의 실무자들이 관심을 가지고 있었고 일부 참여자들은 노인일자리사업을 자원봉사의 개념으로 생각하고 수행하므로 직무교육이 필요하다고 제안하기도 하였다.

따라서 노인일자리사업이 노인자원봉사활동과 상충되지 않도록 하는 방안이 모색되어야 할 것으로 민간의 노인자원봉사조직과의 역할조정이 요구되며, 노인일자리사업과 노인자원봉사활동의 연계성이 모색되어야 할 것으로 보인다. 또한 노인자원봉사자에 대해 자긍심을 높일 수 있도록 자원봉사활동을 체계적으로 지원하기 위한 '자원봉사활동 기본법'을 근간으로 자원봉사자에 대한 상해보험, 자원봉사활동 적립, 감사카드내지 선물 등 비경제적 지원 및 보상제도가 강화되어야 한다. 노인자원봉사자를 관리하고 지지할 수 있는 행·재정적 뒷받침은, 노인일자리사업의 안정화와 활성화에도 도움이 될 수 있을 것이다.

한편, 노인일자리 사업 중 공익형은 기존의 취로형 자활근로사업과 차이점이 별로 없으며 일부 공익형 일자리의 경우 참여형식에 따르기보다 배분형식으로 이루어지고 있다는 비판이 제기되고 있다. 따라서 공익형 일자리사업이 공공의 이익을 반영할 수 있는 영역에서 실제적 참여가 이루어지도록 사업의 타당성 및 일자리의 질이 고려되어야 할 것이다.

7. 노인일자리사업에 대한 정책 지향

노인에게 일자리를 마련해 주는 것은 노인복지적 차원에서 중요하기도 하지만 국가인력관리 측면에서도 의미가 크다. '저출산 고령화' 사회에서 노인일자리사업은 적절한 곳에 노인인력을 활용하여 국가의 생산력을 높이고 급변하는 사회 환경에 대처하는 중요한 방안이 될 수 있을 것이다. 현재 우리나라는 노동부 및 보건복지부가 노인일자리 관련 사업을 수행하고 있다. 노동부는 50대 후반 고령자에 대해 실직 및 퇴직 후 계속 고용의 문제 및 노동시장에서의 일자리 창출에 관심을 둔다. 반면, 보건복지부는 60대 이상 노인에 대한 삶의 의미와 사회적 유용성 및 노동시장 외에서의 일자리 창출에 보다 관심을 두고 있다. 이러한 의미에서 노인일자리사업에 정책지향은 일을 원하는 노인들에게 일할 기회를 마련할 수 있도록 노동시장 및 노동시장 밖에서 고령친화 일거리 환경을 제공해야 한다는 점이다. 기본적으로 노동시장 안에서는 고용을 유지시키는 사회분위기 및 제반 제도적 지원이 마련되어야 하며, 노동시장에서 일할 수 없는 노인들에게는 사회적 일자리를 마련하여야 할 것이다.

노동시장 내 노인일자리 창출방안으로 노인이 원하는 경우 언제든지 어떠한 차별과 불이익을 당하지 않고 노동시장에 참여할 수 있는 사회적 여건을 마련하는 것이 필요하다. 구체적으로 고령자 고용촉진법의 기준고용제 전환, 기업의 의무고용의무 확대, 노인고용장려금 등 인센티브 현실화, 임금피크제, 점진적 퇴직제도의 도입, 연봉, 업무조정에 다른 일자리 나누기(work-sharing) 확대, 연령차별금지법 제정 등이 제안될 수 있다(변재관 · 김창규, 2005). 한편 65세 이상의 노인을 대상으로 적합 직종 개발과 보급을 위한 시책이 모색되어야 할 것이다. 특히, 인력파견형 일자리가 소득을 창출하는 일자리로 발전되기 위해 노인적합 직종이 개발되고 공공 및 민간기관과 기업이 노인인력을 적극적으로 활용할 수 있도록 하는 방안이 지속적으로 강구되어야 할 것이다.

노동시장 밖 노인일자리 창출방안으로 기존의 임금노동시장에 재취업이 여의치 않은 노인들에게 '사회적 일자리'를 제공하는 방안이 모색되어야 한다. 사회적 일자리는 기존의 노동시장과 충돌하지 않는다는 점에서 새로운 일자리이며 지역사회 주민들의 복지, 문화, 교육, 환경 등 삶의 질을 제고한다는 점에서 사회적이고 공익적인 성격을 갖는다. 따라서 사회적 일자리에 대한 이해를 확대하고 지역사회를 기반으로 지역주민의 욕구를 반영한 사회적 일자리가 창출될 수 있도록 노력하여야 할 것이다.

8. 노인 및 노인일자리에 대한 사회적 인식전환

우리 사회의 노인들이 적합한 일자리를 통하여 사회에 참여할 수 있는 분위기를 조성하기 위해서는 노인 스스로 그리고 사회일반이 노인에 대한 부정적인 이미지를 완화내지 해소하고 연령차별적 사고나 관행으로부터 벗어나게 하려는 제반 사회적 노력이 필요하다. 노인에 대한 올바르고 긍정적 이미지로의 인식전환을 위해 TV기획 방송, 각종 매체 인터뷰 등 매스미디어를 통한 각종 홍보활동이 이루어져야 할 것이다. 또한 노년기 사회활동, 노인일자리 필요성에 대한 사회적 홍보를 통해 노인을 포함한 사회구성원 모두가 함께 미래를 준비해간다는 사회적 분위기를 조성하여 고령사회 공감대 형성 및 사회통합을 도모해 나가야 한다(변재관 · 김창규, 2005).

이와 더불어 노인일자리사업 참여노인들이 스스로 자신이 하고 있는 일자리의 의미와 책임성 등에 대해 충분한 이해를 도모하고 사회적 참여자로서의 책임의식 등 새로운 마인드를 갖도록 교육이 이루어져야 한다. 본 연구에서도 실무자들은 참여노인들이 갖추어야 할 자질로서 일에 대한 자부심, 책임감, 성실성 등을 들고 있어 이를 제고하기 위한 노력이 필요하다. 궁극적으로 노인들이 일자리를 통한 사회적 참여로 자긍심과 자존감을 회복하는 기회로 삼고 이를 통해 노인 스스로 혹은 사회가 가진 부정적 이미지를 탈피하여 '준비된 노인'으로서 인식전환이 이루어지도록 하여야 할 것이다.

우리 사회 노인들은 오늘도 '여생'이 아닌 '제2인생'을 살고 싶어 하지만, 현실은 아직도 그들을 '뒷방 늙은이' 취급을 하는 경향이 있다. 무엇보다도 고령사회에 대비하여 노인문제를 모든 세대가 공감해 나갈 수 있도록 범국가적 차원에서의 캠페인이 필요하다. 일본의 '일하는 노인' 캠페인, 영국의 'Age Positive Champion', '고령자를 위한 캠페인(Getting Out)' 등은 우리 사회에 시사하는 바가 크다(손유미, 2004). '노인(老人)'이 '노인(勞人)'으로서의 기회가 충분히 제공되어 우리 어르신이 일자리를 통한 사회참여로 그들의 삶을 향유하고 유용한 사회 인력으로서 그 역할을 충분히 할 수 있도록 제반 사회적 지원과 노력을 아끼지 말아야 할 것이다. 노인일자리사업이 앞으로 다가올 고령사회를 맞는 우리사회의 모든 세대가 함께 더불어 살아가는 중요한 견인차의 역할을 해 나갈 것을 기대한다.

참고 문헌

김동배 (2004). 고령자취업 적합 직종 발굴 및 수요처 개발방안: 노인일자리 창출과 사회적 일자리 창출. 2004년 제2차 노인일자리사업 포럼 노인일자리사업 활성화 방안. 보건복지부.

노동부 홈페이지 (www.molab.go.kr).

변재관 (2005). 노인일자리사업의 활성화전략(2005. 9).

변재관·김창규 (2005). 30만 노인일자리 창출을 취한 추진전략. 2005년 노인일자리사업 혁신 포럼 자료집. pp.13-27.

보건복지부 (2005a). 고령사회 대비노인인력 활용 실태 및 발전방안. 정책과제 보고자료.

보건복지부 (2005b). 공공부문 일자리 지원사업 자체점검결과(2005. 9).

보건복지부·국민연금관리공단 노인인력운영센터 (2005a). 2005년도 노인일자리사업 종합 안내(2005. 1).

보건복지부·국민연금관리공단 노인인력운영센터 (2005b). 2005년 노인일자리사업 참여자 설문 분석결과(2005. 5).

서양열 (2004). 노인일자리 사업 참여만족에 관한 연구: 전라도지역 노인을 중심으로. 노인복지연구, 24, 31-51.

손유미 (2004). 서울시 노인인력 경제활동 참여정책의 방향. 고령화 사회에 대응하는 서울시 노인복지정책의 방향. 제2회 서울 사회복지정책 포럼 자료집(pp. 91-108).

이인재 (2005a). 노인일자리사업 추진체계 및 조직발전 방안. 2005년 노인일자리사업 혁신 포럼 세미나 자료집.

이인재 (2005b). 노인 일자리사업 현황 및 평가 (2005. 9).

일본 국립사회보장·인구문제연구소 (2003). 인구통계자료집.

정경희 외 (2005). 2004년도 노인생활실태 및 복지욕구조사. 한국보건사회연구원.

통계청 (2005). 2005 고령자 통계.

통계청 홈페이지 (www.nso.go.kr).

황진수 (2004). 노인재취업의 활성화 방안. 보건복지부 세미나 자료.

부록 1

노인일자리사업에 대한 실무자 의견 조사

안녕하십니까? 우리나라 노인복지를 위해 수고해 주심에 진심으로 감사드립니다.

본 조사는 〈노인일자리사업에 대한 실무자 의견 조사〉로 보건복지부 산하 전국 노인복지단체연합회 및 한국노년학회의 의뢰를 받아 실시되고 있습니다.

조사결과는 무기명으로 통계처리되며 연구목적 이외의 다른 목적으로 사용되지 않을 것입니다. 아울러 개인 또는 기관의 개별적 사항이 노출되는 일은 절대로 없을 것입니다.

본 연구의 결과는 우리 사회의 노인일자리사업 활성화 및 노인일자리사업 실무자들의 업무개선을 위한 기초 자료로 활용될 것입니다. 바쁘시고 번거로우시더라도 각 질문에 대해 솔직하고 빠짐없이 응답해 주시길 부탁드립니다.

귀한 시간을 내어 본 조사에 도움을 주셔서 감사드립니다. 가능한 빠른 시일 내에 동봉된 회신봉투를 사용하여 설문지를 보내주시면 진심으로 감사하겠습니다.

귀 기관의 무궁한 발전과 개인적으로 하시는 모든 일들이 잘 이루어지시길 기원드립니다.

2005년 11월

원 영 희 (한국성서대 사회복지학과 교수)
김 욱 (경기대 사회복지학과 교수)

근무기관/단체명	

Ⅰ. 일반적 사항

1. 성 별	① 남자 ② 여자
2. 연 령	만 ________ 세
3. 교육정도	① 고졸/중퇴 ② 전문대졸/중퇴 ③ 대졸/중퇴 ④ 대학원 이상 ⑤ 기타 ( )
4. 소속기관	① 지방자치단체 ② 대한노인회 ③ 노인복지(회)관 ④ 시니어클럽 ⑤ 종합사회복지관 ⑥ 기타 ( )
5. 소재지역	① 서울 ② 부산 ③ 대구 ④ 인천 ⑤ 광주 ⑥ 대전 ⑦ 울산 ⑧ 경기 ⑨ 강원 ⑩ 충북 ⑪ 충남 ⑫ 전북 ⑬ 전남 ⑭ 경북 ⑮ 경남
6. 직위 / 직급	① 일반 사회복지사 ② 주임(대리) ③ 과장(팀장) ④ 부장 ⑤ 기타 ( )
7. 고용형태	① 정규직 ② 계약직 ③ 임시직(전일제) ④ 임시직(파트타임) ⑤ 기타 ( )
8. 사회복지분야 경력	________ 년 ________ 개월
9. 노인복지분야 경력	________ 년 ________ 개월
10. 노인일자리 사업 근무경력	________ 년 ________ 개월
11. 노인관련 교육이수 (해당사항에 표시)	① 노인복지 관련교육 ② 노인일자리사업 관련교육 ③ 기타 ( )
12. 다른 업무 병행 여부	① 그렇다 → 전체업무 중 노인일자리 업무 ________% ② 아니다

II. 노인일자리사업 프로그램

13. 귀 기관의 2005년도 노인일자리사업이 이루어지고 있는 분야 및 프로그램을 모두 기입해 주십시오.

프로그램 명		사업유형: ① 공익형 ② 복지형 ③ 교육형 ④ 인력파견형 ⑤ 시장형 ⑥ 기타	사업수행기간 (개월)	참여자수
1				
2				
3				
4				
5				
6				

III. 노인일자리사업 운영관련 사항

14. 귀 기관에서는 노인일자리사업 참여노인을 어떠한 방법으로 모집하고 계십니까? (**중복응답 가능**)

① 대중매체 홍보 ② 관련기관 홍보게시판

③ 기관소식지 등 유인물

④ 프로그램 이용자 혹은 봉사자들을 통한 홍보
⑤ 인터넷 홍보 ⑥ 플랜카드 ⑦ 개인 권유 ⑧ 지역신문
⑨ 유료광고 ⑩ 유관기관의 의뢰 ⑪ 기타 ( )

15. 노인일자리사업 참여자 교육실시에 있어서 어려운 점은 무엇입니까? (**중복응답 가능**)
① 강사섭외의 어려움 ② 예산의 부족
③ 교육프로그램 부재 ④ 교육 중요성에 대한 인식 결여
⑤ 노인들의 참여율 저조 ⑥ 장소확보
⑦ 기자재 확보 ⑧ 인력부족
⑨ 기타 ( )

16. 귀 기관은 노인일자리사업 평가를 위해 어떤 방법을 사용하고 계십니까? (**중복응답 가능**)
① 사례발표 혹은 토론 ② 참여자 설문조사
③ 담당자에 의한 평가서 작성
④ 서비스 수혜대상자들을 통한 평가
⑤ 간담회, 월례회 ⑥ 담당부서 회의를 통한 평가
⑦ 기타 ( ) ⑧ 하고 있지 않다

17. 다음은 노인일자리사업 운영에 관한 사항들입니다. **개선이 필요한 사항은 무엇이고, 개선이 필요한 경우 개선방안**은 어떠해야 한다고 생각하십니까? **(중복응답 가능)**

운영관련사항	개선방안
1) 인건비(1인당 월 20만원 이내)	
2) 사업수행 기간	
3) 근무시간 (1일 3-4시간, 주 3-4일)	
4) 예산배정 시기	
5) 기관별 수행프로그램 수 제한	
6) 평가방법	
7) 기관별 사업유형의 지정	
8) 참여노인의 수	
9) 기 타	

18. 노인일자리사업의 중도탈락자가 있었습니까?

① 있음 (문 18-1로)　　　② 없음 (문 18-2로)

18-1. 중도탈락자가 있었다면, 그 이유는? **(중복응답 가능)**

① 건강상 문제　② 책임감 부족　③ 대인관계가 안 좋아서

④ 전문성 부족 ⑤ 일에 대한 만족을 못 느껴서
⑥ 일이 힘들어서 ⑦ 가족의 반대 ⑧ 급여가 적어서
⑨ 취업 ⑩ 기관에 대한 불만
⑪ 기타 ( )

18-2. 중도탈락 방지를 위한 방안은 무엇이라 생각하십니까?

____

____

19. 다음은 노인일자리사업 운영에 관한 사항들입니다. 개별 사항에 대한 애로사항이 얼마나 있으신지 말씀해 주십시오.

문 항	전혀 없다	별로 없다	약간 있다	많다	매우 많다
1) 사업아이템 선정					
2) 사업계획서 작성 및 제출					
3) 참여자 선발, 모집					
4) 서비스대상자 확정					
5) 교육 및 보수교육					
6) 서비스대상자, 참여자 연계					
7) 행정업무 수행					
8) 관련공무원과의 관계					
9) 예산관리 및 집행					
10) 실무자 인력 부족					
11) 목표달성					
12) 참여자 관리					
13) 사후관리					
14) 평가					

19-1. 위에서 제시된 노인일자리사업 운영 관련 사항들 중 가장 애로사항이 무엇이라 생각하십니까? 애로사항이 많은 순서대로 3가지를 말씀해 주십시오.

1순위: ____________ 2순위: ____________

3순위: ____________

20. 노인일자리사업 종료 후 참여노인의 인력 활용은 어떻게 하고 계시며 향후 활성화를 위해 어떠한 방안이 모색되어야 하는지 이에 대한 의견을 제시해 주시면 감사하겠습니다.

____

____

____

____

21. 노인일자리사업 참여노인들이 갖추어야 할 가장 중요한 자질은 무엇이라 생각하십니까?

① 건강 ② 업무에 대한 전문성 ③ 사업에 대한 이해
④ 성실성 ⑤ 책임감 ⑥ 일에 대한 자부심
⑦ 원만한 대인관계 ⑧ 기타 ( )

22. 노인일자리사업 관리자들이 갖추어야 할 가장 중요한 자질은 무엇이라 생각하십니까?

① 대인관계기술 ② 창의성 ③ 전문지식 ④ 책임감
⑤ 프로그램 추진능력 ⑥ 스트레스 조절능력
⑦ 지역사회 자원 활용 능력 ⑧ 기타 ( )

23. 귀 기간의 노인일자리사업에 대한 사업수행의 관심정도와 기관장의 사업수행의지는 어떠하다고 생각하십니까?

① 매우 많은 편 ② 대체로 많은 편 ③ 그저 그렇다
④ 대체로 적은 편 ⑤ 매우 적은 편

24. 귀 기관의 노인일자리사업을 위한 지역연계정도는 어떠하다고 생각하십니까?

① 매우 많은 편 ② 대체로 많은 편 ③ 그저 그렇다
④ 대체로 적은 편 ⑤ 매우 적은 편

25. 귀 기관의 노인일자리사업에 대한 중앙정부 및 지방자치단체의 지원정도는 어떠하다고 생각하십니까?

① 매우 많은 편 ② 대체로 많은 편 ③ 그저 그렇다
④ 대체로 적은 편 ⑤ 매우 적은 편

Ⅳ. 노인일자리사업 만족도 및 활성화방안

26. 노인일자리사업에 참여하고 있는 노인들의 만족도는 대체적으로 어느 정도라고 생각하십니까?

① 매우 만족하는 편 ② 대체로 만족하는 편 ③ 그저 그렇다
④ 대체로 불만족하는 편 ⑤ 매우 불만족하는 편

27. 노인일자리사업 참여노인의 서비스를 받는 기관이나 수혜자의 서비스에 대한 만족도는 대체적으로 어느 정도라고 생각하십니까?

① 매우 만족하는 편 ② 대체로 만족하는 편 ③ 그저 그렇다
④ 대체로 불만족하는 편 ⑤ 매우 불만족하는 편

28. 노인일자리사업이 우리 사회 노인소득의 창출, 생계지원에 얼마나 도움이 된다고 생각하십니까?

① 매우 도움이 되는 편 ② 대체로 도움이 되는 편
③ 그저 그렇다 ④ 별로 도움이 되지 않는 편
⑤ 전혀 도움이 되지 않는 편

29. 노인일자리사업이 우리 사회 노인복지에 얼마나 도움이 된다고 생각하십니까?

① 매우 도움이 되는 편 ② 대체로 도움이 되는 편
③ 그저 그렇다 ④ 별로 도움이 되지 않는 편
⑤ 전혀 도움이 되지 않는 편

30. 노인일자리사업 실무자에게 사업수행을 위해 필요한 (재)교육은 무엇이라고 생각하십니까? **(중복응답 가능)**

① 상담기법 ② 컴퓨터관련교육 ③ 프로그램개발평가
④ 기관행정운영 ⑤ 조사방법통계 ⑥ 슈퍼비전 교육
⑦ 자원개발 ⑧ 사업계획서 작성 ⑨ 홍보전략
⑩ 일자리관련 제도 및 법 ⑪ 지역사회 연계방법
⑫ 기타 ( )

31. 노인일자리사업이 현재 정부에서 보조하는 보조금이 대부분을 차지하고 있는데, 장기적으로 비 예산사업으로 전환해야 한다는 의견이 있습니다. 이에 대해 어떻게 생각하시는지 말씀해 주십시오.

____

____

____

32. 노인일자리 사업에 종사하는 실무자로서 아래 영역에 대한 직무만족정도는 어떠하신지요?

문 항	매우만족	만족	보통	불만족	매우 불만족
1) 업무지침의 적절성					
2) 직장동료나 선후배와의 관계					
3) 업무관련 대상자와의관계 (참여노인, 수혜기관, 대상자와의 관계 등)					
4) 근무시설 환경					
5) 의견수렴 및 의사결정과정의 합리성					
6) 자기개발 및 교육기회제공					
7) 슈퍼비전, 지도감독					
8) 봉급 및 각종혜택 (상여금, 수당, 보험 등)					
9) 업무관련 보람					
10) 전반적 직무만족도					

33. 노인일자리사업 활성화 방안에 대한 고견을 듣고자 합니다. 개선하였으면 하는 부분이나 건의하고 싶으신 의견을 자유롭게 말씀해 주시면 감사하겠습니다.

바쁘신 가운데 성심껏 응답해 주셔서 진심으로 감사드립니다.

부록 2

노인일자리사업기관 주소록

1. 지방자치단체

기 관 명	주 소	우편번호	전화번호
서울특별시청 복지여성국 노인복지과	서울시 중구 을지로 1	100-744	02-3707-9177
종로구청 생활복지국 사회복지과	서울 종로구 삼봉길 50 (수송동 146-2)	110-701	02-731-1123
중구청 생활복지국 사회복지과	서울 중구 배오개길 76 (예관동 120-1)	100-701	02-2260-1108
용산구청 생활복지국 사회복지과	서울시 용산구 백범로 78 (원효로1가 25)	140-704	02-710-3450
성동구청 생활복지국 사회복지과	서울특별시 성동구 행당동 7번지	133-701	02-2286-5114
광진구청 생활복지국 사회복지과	서울 광진구 자양로 150 (자양동 777)	143-702	02-450-1475
동대문구청 생활복지국 사회복지과	서울특별시 동대문구 하정로 145 (용두동 39-9)	130-703	02-2127-5000
중랑구청 생활복지국 가정복지과	서울 중랑구 봉화산길 179 (신내동 662)	131-701	02-490-3300
성북구청 생활복지국 가정복지과	서울 성북구 보문로 168 (삼선동5가 411)	136-706	02-920-3114
강북구청 생활복지국 가정복지과	서울 강북구 구청길 12 (수유3동 192-59)	142-701	02-901-6114
도봉구청 생활복지국 사회복지과	서울 도봉구 마들길 656	132-701	02-2289-1606

기 관 명	주 소	우편번호	전화번호
노원구청 생활복지국 가정복지과	서울 노원구 노해길 183 (상계6동 701-1)	139-703	02-860-2114
은평구청 생활복지국 가정복지과	서울시 은평구 은평구청길 8 (녹번동 84)	122-702	02-350-3583
서대문구청 생활복지국 사회복지과	서울특별시 서대문구 연희로 165 (연희 3동 168-6)	120-703	02-330-1319
마포구청 생활복지국 사회복지과	서울특별시 마포구 성산로 557 (성산동 275-3)	121-711	02-330-2114
양천구청 생활복지국 사회복지과	서울 양천구 목동동로 75 (신정동 321-4)	158-072	02-2650-3618
강서구청 생활복지국 가정복지과	서울 강서구 화곡로 153 (화곡동 980-16)	157-701	02-2600-6114
구로구청 생활복지국 가정복지과	서울 구로구 가마산길 340 (구로본동 435)	152-701	02-860 -2114
금천구청 생활복지국 사회복지과	서울 금천구 시흥대로 482 (시흥동 890-4)	153-701	02-890-2114
영등포구청 생활복지국 가정복지과	서울특별시 영등포구 당산동 3가 385-1(당산로 124)	150-723	02-2670-3114
동작구청 생활복지국 사회복지과	서울특별시 동작구 장승배기길 16 (노량진 2동 47-2)	156-701	02-820-1114
관악구청 생활복지국 사회복지과	서울 관악구 관악로 462 (봉천동 1570-1)	151-050	02-880-3119
서초구청 생활복지국 가정복지과	서울시 서초구 남부순환로 2584 (서초2동 1376-3)	137-704	02-570-6114
강남구청 생활복지국 가정복지과	서울 강남구 학동로 426 (삼성동 16-1)	135-705	02-2104-2206
송파구청 생활복지국 사회복지과	서울 송파구 올림픽로 326 (신천동 29-5)	138-702	02-410-3214
강동구청 생활복지국 복지지원과	서울 강동구 성내동길 27 (성내동 540)	134-700	02-480-1817
부산광역시청 보건복지 여성국 사회복지과	부산광역시 연제구 중앙로 2001 (연산5동 1000)	611-735	051-888-2000

기 관 명	주 소	우편번호	전화번호
중구청 사회산업국 사회복지과	부산광역시 중구 대청동1가 1번지	600-091	051-469-0281
서구청 사회산업국 사회복지과	부산광역시 서구 토성동 4가 2-3	602-701	051-240-4305
동구청 사회산업국 사회복지과	부산광역시 동구 수정2동 806-74	601-701	051-466-7191
영도구청 사회산업국 사회복지과	부산광역시 영도구 태종로 1151 (청학2동 48-3)	606-750	051-415-1001
부산진구청 사회산업국 사회복지과	부산광역시 부산진구 구청로 11 (부암1동 666-16)	614-701	051-605-4306
동래구청 사회산업국 사회복지과	부산광역시 동래구 읍내길 77 (복천동 381)	607-701	051-554-8411
남구청 사회산업국 사회복지과	부산광역시 남구 대연6동 1268-1	608-701	051-607-4309
북구청 사회산업국 사회복지과	부산광역시 북구 강변2길 6 (구포2동 1124-1)	616-701	051-309-4301
해운대구청 사회산업국 사회복지과	부산광역시 해운대구 중1동 1378-95	612-701	051-749-4000
사하구청 사회산업국 사회복지과	부산광역시 사하구 사하구청길 30 (당리동 317-16)	604-701	051-207-6041
금정구청 사회산업국 사회복지과	부산광역시 금정구 중앙로 3055 (부곡3동 78)	609-701	051-514-5501
강서구청 사회산업국 사회복지과	부산광역시 강서구 대저1동 2300번지	618-701	051-970-4000
연제구청 사회산업국 사회복지과	부산시 연제구 연제로 55 (연산2동 1555)	611-703	051-665-4000
수영구청 사회산업국 사회복지과	부산시 수영구 수영구청길 13 (남천2동 148-15)	613-702	051-610-4306
사상구청 사회산업국 사회복지과	부산광역시 사상구 구청로 34 (감전2동 138-8)	617-702	051-310-4306
기장군청 사회복지과	부산광역시 기장군 기장읍 신천리 1 번지	619-906	051-722-0001
중구청 사회산업국 복지행정과	대구광역시 중구 중구청길 1 (동인2가 177-4)	700-701	053-661-2461

기 관 명	주 소	우편번호	전화번호
동구청 사회산업국 사회복지과	대구광역시 동구 아양로 373 (신암5동 36-1)	701-701	053-662-2461
서구청 사회산업국 사회복지과	대구광역시 서구 국채보상로 1162 (평리3동 1230-9)	703-701	053-663-2000
남구청 사회사업국 사회복지과	대구광역시 남구 이천로 75 (봉덕동 565-5)	705-702	053-664-2461
북구청 사회산업국 사회복지과	대구광역시 북구 옥산로 85 (침산3동 447-16)	702-705	053-665-2000
수성구청 사회산업국 복지행정과	대구광역시 수성구 달구벌대로 663 (범어동 238-3)	706-701	053-666-2000
달서구청 복지환경국 사회복지과	대구광역시 달서구 학산로 300 (월성동 281)	704-702	053-635-9000
달성군청 사회산업국 복지위생과	대구광역시 남구 월배로 49 (대명11동 1583)	705-709	053-668-2481
인천광역시청 여성복지 보건국 사회복지과	인천광역시 남동구 시청앞길 25 (구월동 1138)	405-750	032-440-2395
중구청 사회산업국 보건복지과	인천시 중구 중구청길 100 (관동 1가 9)	400-701	032-760-7114
동구청 사회경제국 사회복지과	인천광역시 동구 금곡길 175 (송림동 109)	401-701	032-770-6254
남구청 사회문화산업국 사회복지과	인천 남구 독정이길 151 (숭의동 131-1)	402-701	032-887-1011
연수구청 사회문화국 사회복지과	인천광역시 연수구 동춘동 923-5	406-723	032-817-1011
남동구청 사회경제국 사회복지과	인천광역시 남동구 남동구청길 5 (만수동 1008)	405-868	032-466-3811
부평구청 문화복지국 사회복지과	인천광역시 부평구 부평로 266 (부평4동 879)	403-701	032-509-6083
계양구청 사회산업국 사회복지과	인천광역시 계양구 계산새길148 (계산4동 1079-1)	407-701	032-551-5701
서구청 복지환경경제국 사회복지과	인천광역시 서구 서곶길 323 (심곡동 244)	404-701	032-560-4086

기 관 명	주 소	우편번호	전화번호
강화군청 사회복지과	인천광역시 강화군 강화읍 관청리 163	417-802	032-930-3462
옹진군청 사회복지과	인천광역시 중구 신흥동 3가 7-215	400-103	032-880-2114
광주광역시청 사회산업국 사회복지과	광주광역시 서구 내방로 410 (치평동 1200번지)	502-702	062-613-2373
동구청 사회산업국 사회복지과	광주광역시 동구 동구청로 1 (서석동 31)	501-704	062-608-2310
서구청 사회산업국 사회복지과	광주광역시 서구 서구청1길 10 (농성동 299)	502-701	062-365-4114
남구청 사회산업국 사회복지과	광주광역시 남구 제석로 17 (봉선동 511)	503-701	062-651-9020
북구청 사회산업국 사회복지과	광주광역시 북구 우치로 183 (용봉동 239-2)	500-701	062-512-1011
광산구청 사회산업국 사회복지과	광주광역시 광산구 광산구청로 10 (송정동 833-8)	506-702	062-940-3011
대전광역시청 보건복지여성국 노인장애인복지과	대전 서구 향촌길 70 (둔산동 1420)	302-789	042-600-3114
동구청 사회산업국 가정복지과	대전광역시 동구 중앙시장길 100 (원동 85-5)	300-701	042-250-1462
중구청 사회산업국 사회복지과	대전광역시 중구 중앙로 150 (대흥동 499-1)	301-701	042-606-6178
서구청 경제복지국 사회복지과	대전광역시 서구 반월길 56 (둔산2동 1300)	302-702	042-611-6426
유성구청 사회산업국 복지과	대전광역시 유성구 대학로 243 (어은동 109)	305-702	042-611-2186
대덕구청 사회산업국 사회복지과	대전광역시 대덕구 대덕구청 5길 20 (오정동 500)	306-703	042-620-6114
울산광역시청 복지여성국 사회복지과	울산광역시 남구 신정 1동 646-4	680-701	052-229-2356
중구청 경제사회국 사회복지과	울산광역시 중구 단장골길1 (복산동 180-1)	681-701	052-298-3003
남구청 경제사회국 사회복지과	울산 광역시 남구 돗질로 285 (달동 1320-1)	680-706	052-275-7541

기 관 명	주 소	우편번호	전화번호
동구청 경제사회국 사회복지과	울산광역시 동구 봉수로 155 (화정동 222)	682-701	052-230-9461
북구청 경제사회국 사회복지과	울산광역시 북구 연암 1004-1번지	683-370	052-219-7207
울주군청 경제사회국 복지위생과	울산 남구 옥동 156-3	680-708	052-229-7000
경기도청 보건복지국 노인장애인복지과	경기도 수원시 팔달구 매산로3가 1번지	442-781	031-249-2114
수원시청 문화복지국 사회복지과	경기도 수원시 팔달구 동서로 265 (인계동 1111)	442-701	031-288-2306
성남시청 문화복지국 사회복지과	경기 성남시 수정구 청백리길 10 (태평2동 3309)	461-700	031-729-3413
고양시청 사회경제국 사회위생과	경기도 고양시 덕양구 고양시청로 10 (주교동 600)	412-702	031-961-2114
부천시청 복지환경국 여성복지과	경기 부천시 원미구 소향길 109 (중1동 1156)	420-736	032-320-2114
안양시청 복지환경국 사회복지과	경기도 안양시 동안구 부림동 시민로 205호	431-728	031-387-7111
안산시청 복지환경국 사회여성과	경기도 안산시 단원구 화랑로 110 (고잔동 515)	420-020	031-481-2084
용인시청 복지환경국 사회복지과	경기 용인시 김량장동 286	449-704	031-329-2114
의정부시청 환경복지국 사회복지과	경기 의정부시 의정부동 326-2	480-703	031-828-2114
남양주시청 문화복지국 사회과	경기도 남양주시 금곡동 185-10	472-701	031-590-2114
평택시청 사회환경국 가정복지과	경기도 평택시 비전동 846	450-702	031-659-5114
광명시청 복지환경국 가정복지과	경기도 광명시 철산3동 222-1	423-702	02-2680-2114
시흥시청 문화복지국 사회복지과	경기도 시흥시 시청로 20 (장현동 300)	429-701	031-310-2094
군포시청 시민봉사국 사회과	경기도 군포시 금정동 844	435-701	031-390-0085
화성시청 환경복지국 여성복지과	경기도 화성시 남양동 2000	445-702	031-369-2114

기 관 명	주 소	우편번호	전화번호
파주시청 사회산업국 사회복지과	경기도 파주시 아동동 215	413-719	031-940-4111
이천시청 산업복지국 사회복지과	경기도 이천시 중리동 187	467-717	031-644-2114
구리시청 환경복지국 사회복지과	경기 구리시 아차산길 62 (교문동 390-1)	471-702	031-550-2087
김포시청 복지환경국 복지과	경기 김포시 사우동 263-1	415-728	031-980-2082
포천시청 자치행정국 사회복지과	경기도 포천시 신읍동 58-2	487-701	031-530-8086
광주시청 경제산업국 사회복지과	경기도 광주시 송정동 120-8	464-720	031-760-2407
안성시청 총무국 사회복지과	경기도 안성시 봉산동 31-3 (시청길 25)	456-701	031-678-2081
하남시청 자치행정국 사회복지과	경기도 하남시 시청2길 (신장 2동 520)	465-701	031-790-6114
의왕시청 자치행정국 사회복지과	경기 의왕시 고천동 171	437-070	031-345-2114
양주시청 총무국 사회복지과	경기도 양주시 남방동 1-1	482-709	031-820-2114
오산시청 자치행정국 사회복지과	경기도 오산시 오산동 915 (성호대로 165)	447-701	031-370-3114
여주군청 사회복지과	경기 여주군 여주읍 홍문리 4	469-704	031-880-1082
양평군청 사회복지과	경기 양평군 양평읍 양근리 448-8	476-703	031-773-5101
동두천시청 사회복지과	경기도 동두천시 생연동 438	483-708	031-860-3188
과천시청 사회복지과	경기 과천시 중앙동 관문로 72 (중앙동 1-3)	427-714	02-500-5001
가평군청 사회복지과	경기도 가평군 가평읍 읍내리 513	477-701	031-580-2684
연천군청 사회복지과	경기 연천군 연천읍 차탄리 290-1	486-701	031-834-2211
강원도청 보건복지여성 사회복지과	강원도 춘천시 중앙로 1 (봉의동 15)	200-700	033-254-2011

기 관 명	주 소	우편번호	전화번호
춘천시청 경제복지국 사회복지과	강원도 춘천시 시청길 7 (옥천동 111)	200-708	033-250-3465
원주시청 복지환경국 사회복지과	강원 원주시 봉학로 180 (일산동 185-1)	220-703	033-741-2700
강릉시청 문화관광복지 복지여성과	강원 강릉시 시청로 66 (홍제동 1001)	210-703	033-640-4114
동해시청 자치행정국 사회복지과	강원도 동해시 천곡동 806번지	240-701	033-533-3011
태백시청 사회복지과	강원도 태백시 황지동 244-3	235-701	033-550-1360
속초시청 사회복지과	강원 속초시 중앙동 469-6	217-701	033-639-2462
삼척시청 총무사회국 사회복지과	강원도 삼척시 교동 592	245-701	033-572-2011
홍천군청 사회복지과	강원 홍천군 홍천읍 희망리 181	250-809	033-430-2462
횡성군청 환경복지과	강원도 횡성군 횡성읍 읍하1리 58-1	225-808	033-343-2101
영월군청 사회복지과	강원 영월군 영월읍 하송리 242	230-800	033-374-2101
평창군청 환경복지과	강원도 평창군 평창읍하리 210-2	232-807	033-330-2000
정선군청 사회복지과	강원도 정선군 봉양3리 267	233-804	033-560-2465
철원군청 사회복지과	강원도 철원군 갈말읍 신철원리 649	269-801	033-450-5462
화천군청 사회복지과	강원도 화천군 화천읍 아리 239	209-800	033-442-1211
양구군청 환경복지과	강원도 양구군 양구읍 하리 34-5	255-806	033-481-2191
인제군청 사회복지과	강원도 인제군 인제읍 상동3리 349-6	252-807	033-461-2122
고성군청 사회복지과	강원도 고성군 간성읍 하리 12	219-800	033-681-2191
양양군청 환경복지과	강원도 양양군 양양읍 군행리 8	215-804	033-671-8800
충청북도청 복지환경국 사회복지과	충청북도 청주시 상당로 158 (상당구 문화동 89)	360-765	043-220-2114
청주시청 복지환경국 사회과	충청북도 청주시 상당구 상당로 281 (북문로3가 89)	360-700	043-220-6433
충주시청 시민생활지원국 가정복지과	충청북도 충주시 금능동 700	380-700	043-850-5105
제천시청 자치행정국 복지사업과	충청북도 제천시 시청길 15 (천남동 12-2)	390-701	043-640-5114

기 관 명	주 소	우편번호	전화번호
청원군청 사회복지과	충청북도 청주시 상당구 북문로 1가 171-3	360-706	043-251-3114
보은군청 사회경제과	충청북도 보은군 보은읍 이평리 45	376-806	043-540-3114
옥천군청 사회복지과	충북 옥천군 옥천읍 삼양리 174	373-809	043-733-6000
영동군청 사회복지과	충청북도 영동군 영동읍 계산리 210-1	370-702	043-740-3085
증평군청 복지문화과	충청북도 증평군 증평읍 창동리 100	368-908	043-835-3233
진천군청 사회복지과	충청북도 진천군 진천읍 읍내리 463	365-808	043-533-1100
괴산군청 복지환경과	충청북도 괴산군 괴산읍 서부리 125	367-802	043-832-2181
음성군청 사회복지과	충청북도 음성군 음성읍 읍내리 621-1	369-701	043-871-3114
단양군청 주민복지과	충청북도 단양군 단양읍 별곡리 300	395-805	043-420-3600
충청남도청 복지환경국 복지정책과	대전광역시 중구 중앙로 155 (선화동 287)	301-763	042-220-3114
천안시청 사회환경국 사회복지과	충청남도 천안시 영성로 69 (문화동 112-1)	330-701	041-550-2044
공주시청 자치문화국 사회복지과	충청남도 공주시 봉황로 342 (봉황동 319)	314-702	041-840-2560
보령시청 총무국 사회복지과	충청남도 보령시 성주산로 77 (명천동 269-4)	355-070	041-930-3462
아산시청 사회산업국 사회복지과	충남 아산시 시민로 124 (온천동 1626)	336-701	041-540-2114
서산시청 사회산업국 사회복지과	충남 서산시 읍내동 492	356-704	041-660-2462
논산시청 경제사회국 사회복지과	충청남도 논산시 내동 824	320-701	041-730-1440
계룡시청 복지문화과	충청남도 계룡시 금암동 10-1번지	321-900	042-840-2114
금산군청 복지여성과	충남 금산군 금산읍 군청길 25 (상리 25-1)	312-701	041-750-2114
연기군청 사회복지과	충청남도 연기군 조치원읍 신흥리 123	339-807	041-861-2114

기 관 명	주 소	우편번호	전화번호
부여군청 사회복지과	충청남도 부여군 부여읍 동남리 725	323-701	041-830-2300
서천군청 사회복지과	충청남도 서천군 서천읍 군사리356-3	325-701	041-950-4114
청양군청 사회복지과	충청남도 청양군 청양읍 송방리 100	345-701	041-943-2285
홍성군청 사회복지과	충청남도 홍성군 홍성읍 오관리 98	350-704	041-630-1300
예산군청 사회복지과	충청남도 예산군 예산읍 예산리 600	340-806	041-330-2114
태안군청 사회복지과	충청남도 태안군 태안읍 남문리 90	357-902	041-670-2114
당진군청 사회복지과	충청남도 당진군 당진읍 읍내리 515	343-800	041-350-3114
전라북도청 복지여성국 가정복지과	전라북도 전주시 완산구 감영로 20 (중앙동 4가 1)	560-761	063-280-2381
전주시청 복지환경국 사회복지과	전라북도 전주시 덕진구 노송광장 1길 1 (서노송동 568-1)	561-700	063-281-2114
군산시청 복지환경국 복지과	전라북도 군산시 조촌동 888	573-703	063-450-4461
익산시청 복지환경국 가정복지과	전라북도 익산시 남중1가 60	570-753	063-840-3552
정읍시청 보건소 복지증진과	전라북도 정읍시 수성동 440-1	580-701	063-530-7236
남원시청 자치행정국 복지행정과	전북 남원시 시청로 88 (도통동 518)	590-701	063-620-6131
김제시청 자치행정국 사회복지과	전라북도 김제시 서암동 353	576-120	063-540-3127
완주군청 사회복지과	전라북도 전주시 덕진구 백제로 231 (인후동 2가 1561-1)	561-707	063-240-4536
진안군청 주민복지과	전라북도 진안군 진안읍 군하리 97-4	567-806	063-430-2242
무주군청 여성복지과	전라북도 무주군 무주읍 읍내리 229-2	568-804	063-320-2299
장수군청 주민복지과	전라북도 장수군 장수읍 장수리 176-7	597-800	063-350-2236
임실군청 주민복지과	전라북도 임실군 임실읍 이도리 390	566-805	063-640-2461
순창군청 장수복지과	전라북도 순창군 순창읍 순화리 315-4	595-805	063-650-1778

기 관 명	주 소	우편번호	전화번호
고창군청 사회복지과	전라북도 고창군 고창읍 교촌리 275-3	585-801	063-564-2121
부안군청 사회복지과	전북 부안군 부안읍 동중리 222-1	579-700	063-580-4300
전라남도청 복지여성국 사회복지과	광주광역시 동구 서석로 21 (광산동 13)	501-702	062-607-2152
목포시청 경제사회국 사회복지과	전라남도 목포시 용당동 1188-2	530-701	061-270-8509
여수시청 환경복지국 사회복지과	전라남도 여수시 학동 100	555-701	061-690-2114
순천시청 보건소 건강증진과	전라남도 순천시 장천동 53-1	540-701	061-749-3461
나주시청 자치행정국 사회복지과	전라남도 나주시 송월동 1100	520-701	061-330-8756
광양시청 총무국 사회복지과	전라남도 광양시 중동 1313번지	545-701	061-797-2114
담양군청 사회복지과	전라남도 담양군 담양읍 객사리 99	517-800	061-380-3114
곡성군청 사회복지과	전라남도 곡성군 곡성읍 읍내리 713-2번지	516-800	061-363-2011
구례군청 사회복지과	전라남도 구례군 구례읍 봉남리 51	542-803	061-780-2300
고흥군청 사회복지과	전남 고흥군 고흥읍 옥하리 200	548-804	061-830-5398
보성군청 사회복지과	전라남도 보성군 보성읍 보성리 807-2	546-800	061-850-5229
화순군청 사회복지과	전라남도 화순군 화순읍 훈리 35	519-805	061-374-0011
장흥군청 사회복지과	전라남도 장흥군 장흥읍 건산리 715-11	529-800	061-863-7071
강진군청 사회복지과	전라남도 강진군 강진읍 남성리 108-1	527-802	061-430-3114
해남군청 사회복지과	전라남도 해남군 해남읍 성내리 4	536-807	061-530-5114
영암군청 사회복지과	전라남도 영암군 영암읍 동무리 158	526-804	061-473-2191
무안군청 사회복지과	전남 무안군 무안읍 성동리 712	534-804	061-450-5114
함평군청 사회경제과	전라남도 함평군 함평읍 함평리 123-1	525-800	061-320-3401

기 관 명	주 소	우편번호	전화번호
영광군청 사회복지과	전라남도 영광군 영광읍 무령리 198-4	513-807	061-353-3701
장성군청 사회복지과	전라남도 장성군 장성읍 영천리 1061-2	515-806	061-390-1989
완도군청 사회복지과	전라남도 완도군 완도읍 군내리 650-1	537-800	061-550-5114
진도군청 주민자치과	전라남도 진도군 진도읍 성내리 64-1	539-803	061-544-2181
신안군청 사회복지과	전라남도 목포시 북교동 178-1	530-705	061-240-8251
경상북도청 사회복지 여성국 노인복지과	대구광역시 북구 산격동 1445-3	702-702	053-943-0811
포항시청 사회환경국 사회복지과	경상북도 포항시 북구 덕수동 35-19	791-701	054-245-6114
경주시청 자치행정국 사회복지과	경상북도 경주시 양정로 260 (동천동 800)	780-935	054-748-9001
김천시청 사회산업국 사회복지과	경상북도 김천시 신음동 1284	740-701	054-420-6114
안동시청 사회산업국 사회복지과	경상북도 안동시 명륜동 344	760-701	054-856-5701
구미시청 복지환경국 사회복지과	경상북도 구미시 송정동 50	730-717	054-452-5531
영주시청 행정지원국 사회복지과	경상북도 영주시 휴천동 470	750-701	054-634-3100
영천시청 행정지원국 사회복지과	경상북도 영천시 문외동 27번지	770-701	054-330-6073
상주시청 행정지원국 사회복지과	경상북도 상주시 남성동 140-3	742-706	054-530-6054
문경시청 행정지원국 사회복지과	경상북도 문경시 모전동 220	745-702	054-552-3210
경산시청 사회환경국 사회복지과	경상북도 경산시 남매로 159 (중방동 701-17)	712-703	053-810-6893
군위군청 사회복지과	경상북도 군위군 군위읍 동부리 229	716-701	054-383-2181
의성군청 사회복지과	경상북도 의성군 의성읍 후죽리 509-2	769-800	054-830-6071

기 관 명	주 소	우편번호	전화번호
청송군청 사회복지과	경상북도 청송군 청송읍 월막리 330	870-802	054-873-2291
영양군청 사회과	경상북도 영양군 영양읍 서부리 379-1	764-805	054-680-6071
영덕군청 사회복지과	경상북도 영덕군 영덕읍 남석리 310-3	766-801	054-734-2121
청도군청 사회복지과	경상북도 청도군 화양읍 범곡리 133	714-701	054-370-6114
고령군청 사회복지과	경상북도 고령군 고령읍 지산1리 190	717-800	054-950-6308
성주군청 사회복지과	경상북도 성주군 성주읍 경산리 283-1	719-802	054-930-6072
칠곡군청 사회복지과	경상북도 칠곡군 왜관읍 왜관리 177-1	718-800	054-979-6072
예천군청 사회복지과	경상북도 예천군 예천읍 노상리 125-1	757-804	054-650-6076
봉화군청 사회복지과	경상북도 봉화군 봉화읍 내성리 285	755-806	054-673-5800
울진군청 사회복지과	경상북도 울진군 울진읍 읍내리 464	767-800	054-785-6584
울릉군청 사회복지과	경상북도 울릉군 울릉읍 도동리 206-1	799-801	054-791-2191
경상남도청 사회복지과	경남 창원시 대방로 1 (사림동 1)	641-702	055-211-2114
창원시청 환경복지국 사회복지과	경남 창원시 중앙로 87 (용호동 1)	641-703	055-280-2114
마산시청 사회환경국 사회복지과	경남 마산시 중앙동 3가 4-11	631-702	055-240-2114
진주시청 사회환경국 가정복지과	경남 진주시 상대동 284	660-760	055-749-2114
진해시청 총무국 사회복지과	경남 진해시 부흥동 1	645-701	055-548-2114
통영시청 총무국 사회복지과	경남 통영시 무전동 357	650-800	055-646-2111
사천시청 총무국 사회복지과	경남 사천시 벌리동 427-1번지	664-701	055-830-4114

기 관 명	주 소	우편번호	전화번호
김해시청 사회환경국 시민복지과	경남 김해시 부원동 623번지	621-701	055-332-3114
밀양시청 총무국 사회복지과	경상남도 밀양시 교동 1000-1	627-701	055-359-5114
거제시청 사회산업국 사회복지과	경남 거제시 신현읍 고현리 717	656-802	055-639-3000
양산시청 경제사회국 사회복지과	경남 양산시 남부동 505	626-701	055-384-4101
의령군청 주민복지과	경남 의령군 의령읍 중동리 261-1	636-805	055-572-2181
함안군청 사회복지과	경남 함안군 가야읍 말산리 213	637-805	055-580-2114
창녕군청 사회복지과	경남 창녕군 창녕읍 교리1	635-801	055-530-2000
고성군청 사회복지과	경상남도 고성군 고성읍 성내리 198 번지	638-804	055-673-4101
남해군청 사회복지과	경남 남해군 남해읍 서변리 24-1번지	668-801	055-864-2131
하동군청 사회복지과	경남 하동군 하동읍 읍내리 180-3	667-805	055-880-2114
산청군청 환경복지과	경상남도 산청군 산청읍 옥산리 465-3번지	666-805	055-970-6000
함양군청 사회복지과	경남 함양군 함양읍 운림리 31-2	676-806	055-960-6114
거창군청 사회복지과	경남 거창군 거창읍 상림리 64-1	670-807	055-940-3000
합천군청 사회복지과	경남 합천군 합천읍 합천리 337	678-800	055-930-3114
제주도청 보건복지 여성국 사회복지과	제주도 제주시 연동 312-1(문연로 2)	690-700	064-710-2364
제주시청 자치행정국 사회복지과	제주시 제주시 이도2동 1176-1 (시청로 28)	690-701	064-750-7114
서귀포시청 사회복지과	제주 서귀포시 시청로 37 (법환동 731)	697-701	064-739-0011
북제주군청 사회복지여성과	제주도 제주시 문연로 12 (연동 322-1)	690-702	064-741-0361
남제주군청 사회복지여성과	제주도 서귀포시 중앙로 308 (서홍동 440-1)	697-702	064-730-1154

2. 대한노인회 노인취업지원센터

기 관 명	주 소	우편번호	전화번호
대한노인회 취업지원본부	용산구 효창동 산 9-1	140-121	02-715-1871
대한노인회 서울연합회 취업알선센터	서울특별시 용산구 효창동 산255	140-898	02-3273-8899
대한노인회 부산연합회 취업알선센터	부산시 연제구 연산4동 578-3	611-084	051-865-1988
대한노인회 대구연합회 취업알선센터	대구시 달서구 화원읍 구라리 삼우청 솔타운 103-1710	711-756	053-622-0421
대한노인회 인천연합회 취업알선센터	인천광역시 남구 숭의1동 441-48	402-011	032-885-3751
대한노인회 광주연합회 취업알선센터	광주광역시 남구 서동 261-40	503-010	062-654-7374
대한노인회 대전연합회 취업알선센터	대전시 중구 대흥동 311-1	301-010	042-221-4176
대한노인회 울산연합회 취업알선센터	울산 중구 남외동 1033-9번지 3층	681-270	052-296-7165
대한노인회 경기연합회 취업알선센터	경기도 수원시 장안구 영화동 351-1	440-819	031-255-7888
대한노인회 강원연합회 취업알선센터	강원도 춘천시 근화동 700	200-130	033-255-6065
대한노인회 충북연합회 취업알선센터	충북 청주시 흥덕구 사직동 554-6	361-100	043-276-9884
대한노인회 충남연합회 취업알선센터	대전광역시 서구 용문동 594-3	302-845	042-534-0172
대한노인회 전북연합회 취업알선센터	전주시 완산구 서신동 788	560-821	063-277-2086
대한노인회 전남연합회 취업알선센터	광주 남구 서동 261-40	503-010	062-652-5353
대한노인회 경북연합회 취업알선센터	대구시 대명 2동 15-126	705-032	053-472-8214
대한노인회 경남연합회 취업알선센터	경남 창원시 도계동 887-1	641-811	055-277-3321

기 관 명	주 소	우편번호	전화번호
대한노인회 제주연합회 취업알선센터	제주시 삼도2동 44-1	690-032	064-753-5114
대한노인회 종로구 취업알선센터	서울특별시 종로구 효제동 64-1	110-850	02-743-8886
대한노인회 동작구 취업알선센터	서울특별시 동작구 신대방동 396	156-012	02-841-5255
대한노인회 도봉구 취업알선센터	서울특별시 도봉구 창5동 320 보영빌딩 407호	132-045	02-991-3200
대한노인회 강북구 취업알선센터	서울특별시 강북구 수유1동 49-7	142-071	02-988-1409
대한노인회 노원구 취업알선센터	서울특별시 노원구 중계동 5447-7 구민회관 201호	139-222	02-978-6349
대한노인회 은평구 취업알선센터	서울특별시 은평구 응암1동 159-5	122-912	02-388-2653
대한노인회 서대문구 취업알선센터	서울특별시 서대문구 현저동5-5	120-080	02-393-1268
대한노인회 마포구 취업알선센터	서울특별시 마포구 용강동 155-5	121-070	02-715-0308
대한노인회 구로구 취업알선센터	서울특별시 구로구 구로동 102 구민회관 3층	152-050	02-856-4598
대한노인회 영등포구 취업알선센터	서울특별시 영등포구 영등포3가동 19-3	150-033	02-2678-4287
대한노인회 관악구 취업알선센터	서울특별시 관악구 봉천6동 148-145 관악노인회관	151-056	02-882-3162
대한노인회 중구 취업알선센터	서울특별시 중구 신당5동 160-2 중구 종합복지센터5층	100-820	02-2238-7338
대한노인회 용산구 취업알선센터	서울특별시 용산구 효창동 임정길 79 (효창동 255번지)	140-120	02-714-5901
대한노인회 성동구 취업알선센터	서울특별시 성동구 마장동 520-9 (마장 제4경로당 4층)	133-814	02-2296-1282
대한노인회 광진구 취업알선센터	서울특별시 광진구 광장동 286-5	143-210	02-457-9544
대한노인회 동대문구 취업알선센터	서울특별시 동대문구 전농3동 144-1 보훈회관 4층	130-849	02-2245-0027
대한노인회 중랑구 취업알선센터	서울특별시 중랑구 중화2동 321-41	131-122	02-432-6080
대한노인회 성북구 취업알선센터	서울특별시 성북구 안암5가 104-37	136-075	02-923-3666

기 관 명	주 소	우편번호	전화번호
대한노인회 양천구 취업알선센터	서울특별시 양천구 신정2동 296-91 (2층)	158-072	02-2646-0037
대한노인회 강서구 취업알선센터	서울특별시 강서구 내발산2동 671-30	157-828	02-2063-3420
대한노인회 금천구 취업알선센터	서울특별시 금천구 독산4동 917	153-014	02-837-4457
대한노인회 서초구 취업알선센터	서울특별시 서초구 서초동 1558-15 (서초노인회관)	137-070	02-584-5415
대한노인회 강남구 취업알선센터	서울특별시 강남구 청담2동 40-33	135-102	02-544-5011
대한노인회 송파구 취업알선센터	서울특별시 송파구 송파동 97-41	138-172	02-419-8358
대한노인회 강동구 취업알선센터	서울특별시 강동구 천호1동41 구민회관 2층	134-021	02-486-3125
대한노인회 서구 취업알선센터	부산광역시 서구 부용동2가 86	602-082	051-231-1988
대한노인회 동래구 취업알선센터	부산광역시 동래구 명륜2동 700-199	607-012	051-558-2669
대한노인회 연제구 취업알선센터	부산광역시 연제구 연산9동 243-26	611-813	051-752-1986
대한노인회 수영구 취업알선센터	부산광역시 수영구 남천동 552	613-010	051-622-7683
대한노인회 사상구 취업알선센터	부산광역시 사상구 덕포2동 417-9	617-815	051-305-3679
대한노인회 남구 취업알선센터	부산광역시 남구 용호2동 532-25	608-846	051-622-7267
대한노인회 북구 취업알선센터	부산광역시 북구 금곡동986	616-813	051-337-2988
대한노인회 중구 취업알선센터	부산광역시 중구 대청동 1가 15	600-091	051-247-1820
대한노인회 금정구 취업알선센터	부산광역시 금정구 노포동 713-4	609-360	051-508-6389
대한노인회 강서구 취업알선센터	부산광역시 강서구 대저1동 2812	618-803	051-973-8988
대한노인회 진구 취업알선센터	부산광역시 진구 양정1동 355-42	614-853	051-865-3240
대한노인회 해운대구 취업알선센터	부산광역시 해운대구 우1동 831	612-822	051-746-8278

기 관 명	주 소	우편번호	전화번호
대한노인회 기장군 취업알선센터	부산광역시 기장군 기장읍 동부리 390-1	619-905	051-722-7858
대한노인회 동구 취업알선센터	부산광역시 동구 수정1동 1011-886	601-031	051-462-1934
대한노인회 사하구 취업알선센터	부산광영시 사하구 신평2동 630-8	604-834	051-205-5864
대한노인회 중구 취업알선센터	대구광역시 중구 달성동 192-1	706-781	053-555-3622
대한노인회 서구 취업알선센터	대구광역시 서구 내당4동 463-7	704-902	053-292-5335
대한노인회 북구 취업알선센터	대구광역시 북구 산격2동 거평아파트 105-802	702-768	053-358-3459
대한노인회 수성구 취업알선센터	대구광역시 수성구 범어1동 628	706-779	053-752-0377
대한노인회 달서구 취업알선센터	대구광역시 달서구 상인동 1530	702-776	053-637-2234
대한노인회 동구 취업알선센터	대구광역시 달서구 진천동 현대아파트 1차 101-1403	706-807	053-956-8117
대한노인회 남구 취업알선센터	대구광역시 남구 대명6동 1046	706-807	053-621-7103
대한노인회 달성군 취업알선센터	대구광역시 달서구 송현동 1031-2	771-871	053-623-5784
대한노인회 남구 취업알선센터	인천광역시 남구 주안3동 866-67	402-203	032-862-0915
대한노인회 연수구 취업알선센터	인천광역시 연수구 연수3동 580 연수구 노인복지회관 2층	406-113	032-821-6065
대한노인회 남동구 취업알선센터	인천광역시 남동구 구월3동 1114-12	405-233	032-425-6070
대한노인회 부평구 취업알선센터	인천광역시 부평구 부평4동 914	403-860	032-503-2551
대한노인회 강화군 취업알선센터	인천광역시 강화군 강화읍 남산리 223-1	471-805	032-933-1086
대한노인회 계양구 취업알선센터	인천광역시 계양구 작전3동 926-6	407-825	032-546-2923
대한노인회 서구 취업알선센터	인천광역시 서구 석남1동 484 복지회관내 3층	404-824	032-578-6070

기 관 명	주 소	우편번호	전화번호
대한노인회 남구 취업알선센터	광주광역시 남구 월산동 154 614-4	503-828	062-432-0947
대한노인회 북구 취업알선센터	광주광역시 북구 신안동 148	500-829	062-433-6050
대한노인회 서구 취업알선센터	광주광역시 서구 양3동 385-20	502-825	062-431-4529
대한노인회 광산구 취업알선센터	광주광역시 광산구 소촌동산 4-1	506-802	062-942-0199
대한노인회 동구 취업알선센터	대전광역시 동구 정동 39-3	300-820	042-221-4704
대한노인회 대덕구 취업알선센터	대전광역시 대덕구 덕암동 48-16	306-200	042-932-6070
대한노인회 중구 취업알선센터	대전광역시 중구 태평2동 510-164	301-152	042-606-6975
대한노인회 서구 취업알선센터	대전광역시 서구 갈마동 296-17	302-717	042-536-4835
대한노인회 유성구 취업알선센터	대전광역시 유성구 신성동 372	305-805	042-864-4632
대한노인회 중구 취업알선센터	울산광역시 중구 반구1동 785-1	681-806	052-292-4576
대한노인회 남구 취업알선센터	울산광역시 남구 신정3동 302-6	680-823	052-265-5225
대한노인회 남구 취업알선센터	울산 동구 방어동 914-3	682-805	052-236-0851
대한노인회 남구 취업알선센터	울산 북구 호계동 262-2	683-812	052-282-6963
대한노인회 남구 취업알선센터	울산 울주군 언양읍 남부리 166-1	689-802	052-254-1466
대한노인회 광명시 취업알선센터	경기 광명시 하안2동 683	423-060	02-894-7708
대한노인회 수원시 장안구 취업알선센터	경기도 수원시 장안구 영화동 352	440-050	031-242-1377
대한노인회 수원시 권선구 취업알선센터	경기도 수원서 권선구 구운동 501	441-819	031-293-3045

기 관 명	주 소	우편번호	전화번호
대한노인회 수원시 팔달구 취업알선센터	경기도 수원시 팔달구 남수동 124	442-170	031-245-2388
대한노인회 수원시 영통구 취업알선센터	경기도 수원시 영통구 1012-5	443-813	031-206-0010
대한노인회 성남시 수정구 취업알선센터	경기도 성남시 수정구 산성동 2178	461803	031-747-6379
대한노인회 성남시 중원구 취업알선센터	성남시 중원구 하대원동 100-2	412020	031-623-4009
대한노인회 성남시 분당구 취업알선센터	경기도 성남시 분단구 야탑동 385	463070	031-704-2125
대한노인회 고양시 덕양구 취업알선센터	경기도 고양시 덕양구 성사동 369-2	412020	031-967-2143
대한노인회 고양시 일산구 취업알선센터	경기도 고양시 일산구 장항동 906	411380	031-919-6641
대한노인회 부천시 원미구 취업알선센터	경기도 부천시 원미구 원미1동 105-7	420839	031-613-1666
대한노인회 부천시 소사구 취업알선센터	경기도 부천시 소사구 괴안동 70	422090	031-351-1918
대한노인회 부천시 오정구 취업알선센터	경기도 부천시 오정구 여월동 10-46	421220	031-684-1508
대한노인회 안양시 만안구 취업알선센터	경기도 안양시 만안구 안양 5동 707-139	430015	031-449-5944
대한노인회 안양시 동안구 취업알선센터	경기도 안양시 동안구 부흥동 1106	431817	031-388-9076
대한노인회 안산시 상록구 취업알선센터	경기도 안산시 상록구 성포동 589	425803	031-410-3623
대한노인회 안산시 단원구 취업알선센터	경기도 안산시 단원구 선부1동 1077-9	425830	031-403-8787
대한노인회 용인시 취업알선센터	경기도 용인시 김량장동 131-20	449-924	031-336-3039
대한노인회 의정부시 취업알선센터	경기도 의정부시 의정부1동 30-6	480011	031-845-3783
대한노인회 남양주시 취업알선센터	경기도 남양주시 금곡동 산 74-3	472010	031-511-3223
대한노인회 평택시 취업알선센터	경기도 평택시 비전1동 631	450151	031-652-9758

기 관 명	주 소	우편번호	전화번호
대한노인회 시흥시 취업알선센터	경기도 시흥시 대야동 571-3 종합복지회관 A동 2층	429813	031-311-3606
대한노인회 군포시 취업알선센터	경기도 군포시 당동 887 노인복지회관 5층	435010	031-398-4009
대한노인회 화성시 취업알선센터	경기도 화성시 향남면 발안리 188-2	445923	031-353-0205
대한노인회 파주시 취업알선센터	경기도 파주시 금촌2동 772-11	413802	031-941-9595
대한노인회 이천시 취업알선센터	경기도 이천시 창전동 139	467010	031-635-5507
대한노인회 구리시 취업알선센터	경기도 구리시 인창동 673-5 구리여성노인회관2층	471841	031-567-1919
대한노인회 김포시 취업알선센터	경기도 김포시 북변동 195	415030	031-985-6266
대한노인회 포천시 취업알선센터	경기도 포천시 신읍동 135-17	487800	031-533-7660
대한노인회 광주시 취업알선센터	경기도 광주시 탄벌동 38-7 (보훈회관내 3층)	464100	031-761-4409
대한노인회 안성시 취업알선센터	경기도 안성시 봉남동4	456040	031-673-5393
대한노인회 하남시 취업알선센터	경기도 하남시 춘궁동 334-1	450060	031-792-1530
대한노인회 의왕시 취업알선센터	경기도 의왕시 오전동 347-1	437822	031-452-1575
대한노인회 양주시 취업알선센터	경기도 양주시 회정동 산 44-12	482170	031-858-0475
대한노인회 오산시 취업알선센터	경기도 오산시 오산동 852-11	447801	031-377-1470
대한노인회 여주군 취업알선센터	경기도 여주군 여주읍 홍문리 74-91	469806	031-883-6464
대한노인회 양평시 취업알선센터	경기도 양평군 양평읍 양근4리 393-25	476806	031-774-2808
대한노인회 동두천시 취업알선센터	경기도 동두천시 생연동 597-1	483800	031-863-0125
대한노인회 과천시 취업알선센터	경기도 과천시 문원동 15-168	427090	031-502-9889

기 관 명	주 소	우편번호	전화번호
대한노인회 가평군 취업알선센터	경기도 가평군 가평읍 읍내리 625-8	477800	031-582-6063
대한노인회 연천군 취업알선센터	경기도 연천군 연천읍 차탄리 67-28	486803	031-834-3994
대한노인회 춘천시 취업알선센터	강원도 춘천시 중앙로 3가 67-1	200-043	033-252-6067
대한노인회 원주시 취업알선센터	강원도 원주시 일산동 184-2	220-050	033-742-5840
대한노인회 강릉시 취업알선센터	강원도 강릉시 홍제동 96-54	210-010	033-641-6085
대한노인회 동해시 취업알선센터	강원도 동해시 천곡동 1088	240-010	033-532-8849
대한노인회 태백시 취업알선센터	강원도 태백시 황지2동 274	235-012	033-552-4709
대한노인회 속초시 취업알선센터	강원도 속초시 교동 664-242	217-060	033-633-2926
대한노인회 삼척시 취업알선센터	강원도 삼척시 남양2동 327-4	245-010	033-574-4039
대한노인회 홍천군 취업알선센터	강원도 홍천군 홍천읍 희망6리 76	250-800	033-433-0662
대한노인회 횡성군 취업알선센터	강원도 횡성군 횡성읍 읍상리 574-54	225-800	033-343-3553
대한노인회 영월군 취업알선센터	강원도 영월군 영월읍 영흥7리 846-3 번지	230-800	033-374-2015
대한노인회 평창군 취업알선센터	강원도 평창군 평창읍 하5리 147-5	232-800	033-332-7014
대한노인회 정선군 취업알선센터	강원도 정선군 정선읍 봉양3리	233-800	033-563-0207
대한노인회 철원군 취업알선센터	강원도 철원군 갈말읍 신철원리 593-1	269-800	033-452-1989
대한노인회 화천군 취업알선센터	강원도 화천군 화천읍 아1리	209-800	033-442-2627
대한노인회 양구군 취업알선센터	강원도 양구읍 상리394-14 (양구문화복지센터내)	255-800	033-482-6065

기 관 명	주 소	우편번호	전화번호
대한노인회 인제군 취업알선센터	강원도 인제군 인제읍 상동1리 4반	252-800	033-461-2868
대한노인회 고성군 취업알선센터	강원도 고성군 간성읍 하1리 (노인회관내)	219-800	033-681-8154
대한노인회 양양군 취업알선센터	강원도 양양군 양양읍 남문4리	215-800	033-672-7277
대한노인회 청주시 취업알선센터	충청북도 청주시 상당구 서문동 119	360-130	043-255-8300
대한노인회 충주시 취업알선센터	충청북도 충주시 교현2동 688-1	380-062	043-857-8683
대한노인회 제천시 취업알선센터	충청북도 제천시 중앙로 2가 26-1	390-012	043-652-3130
대한노인회 청주시 취업알선센터	충청북도 청주시 상당구 지북동 144-1	376-800	043-291-1039
대한노인회 보은군 취업알선센터	충청북도 보은군 보은읍 삼산1리 119-8	376-801	043-544-1456
대한노인회 옥천군 취업알선센터	충청북도 옥천군 옥천읍 삼양리 161-1	373-809	043-731-2417
대한노인회 영동군 취업알선센터	충청북도 영동군 영동읍 매천리 442-1	370-805	043-742-2402
대한노인회 증평군 취업알선센터	충청북도 증평군 증평읍 증평리 482	367-902	043-838-2129
대한노인회 진천군 취업알선센터	충청북도 진천군 진천읍 읍내리 625	365-800	043-536-9222
대한노인회 괴산군 취업알선센터	충청북도 괴산군 괴산읍 동부리592-8	367-805	043-832-2444
대한노인회 음성군 취업알선센터	충청북도 음성군 음성읍 읍내리 817-49	369-800	043-872-3431
대한노인회 단양군 취업알선센터	충청북도 단양군 단양읍 도전리 632	395-804	043-423-0061
대한노인회 천안시 취업알선센터	충청남도 천안시 신부동 370-6	330-942	041-565-0247
대한노인회 공주시 취업알선센터	충청남도 공주시 신관동 606-9	314-802	041-856-1701

기 관 명	주 소	우편번호	전화번호
대한노인회 보령시 취업알선센터	충청남도 보령시 동대동 983-8	355-936	041-935-2968
대한노인회 아산시 취업알선센터	충청남도 아산시 온천2동 206-24	336-012	041-545-0462
대한노인회 서산시 취업알선센터	충청남도 서산시 동문동 251-5	356-800	041-664-2538
대한노인회 논산시 취업알선센터	충청남도 논산시 반월동 192-25	320-070	041-736-6229
대한노인회 계룡시 취업알선센터	충청남도 계룡시 두마면 두계리 19-6	320-914	042-841-8924
대한노인회 금산군 취업알선센터	충청남도 금산군 금성면 양전리 68	312-800	041-750-4516
대한노인회 연기군 취업알선센터	충청남도 연기군 조치원읍 16-2 연기경로여성복지회관	339-801	041-868-9688
대한노인회 부여군 취업알선센터	충청남도 부여군 부여읍 구교리 113-1	323-804	041-837-4123
대한노인회 서천군 취업알선센터	충청남도 서천군 서천읍 사곡리 310-7	325-806	041-953-2074
대한노인회 청양군 취업알선센터	충청남도 청양군 청양읍 읍내리 48-2	345-804	041-943-6328
대한노인회 홍성군 취업알선센터	충청남도 홍성군 홍성읍 옥암리 956	350-808	041-634-0103
대한노인회 예산군 취업알선센터	충청남도 예산군 예산읍 예산리 63-10	340-804	041-335-6587
대한노인회 태안군 취업알선센터	충청남도 태안군 태안읍 남문리 484-1	357-901	041-673-2959
대한노인회 당진군 취업알선센터	충청남도 당진군 당진읍 읍내리 232-40	343-800	041-356-0569
대한노인회 전주시 취업알선센터	전라북도 전주시 덕진구 금암동1가 1546-1	561-181	063-272-6502
대한노인회 군산시 취업알선센터	전라북도 군산시 오룡동 840	573-110	063-463-0931
대한노인회 익산시 취업알선센터	전라북도 익산시 남중동 1가 86-257	570-101	063-852-1618
대한노인회 정읍시 취업알선센터	전라북도 정읍시 금붕동 산 42-3	580-190	063-532-9113

기 관 명	주 소	우편번호	전화번호
대한노인회 남원시 취업알선센터	전라북도 남원시 동충동 394-4	590-010	063-625-2086
대한노인회 김제시 취업알선센터	전라북도 김제시 하동 404-17	576-140	063-547-6207
대한노인회 완주군 취업알선센터	전라북도 완주군 봉동읍 은하리 103-54	565-905	063-263-6556
대한노인회 진안군 취업알선센터	전라북도 진안군 진안읍 군하리 399-1	565-800	063-433-3393
대한노인회 무주군 취업알선센터	전라북도 무주군 무주읍 읍내리 304-1	568-800	063-322-0515
대한노인회 장수군 취업알선센터	전라북도 장수군 장수읍 장수리 467-19	597-800	063-351-2265
대한노인회임실군 취업알선센터	전라북도 임실군 임실읍 이도리 241	566-800	063-642-2586
대한노인회 순창군 취업알선센터	전라북도 순창군 순창읍 순화리 501-1	595-800	063-653-1600
대한노인회 고창군 취업알선센터	전라북도 고창군 고창읍 읍내리 192-52	585-800	063-564-4509
대한노인회 부안군 취업알선센터	전라북도 부안군 부안읍 서외리 324-21	579-800	063-584-3278
대한노인회 목포시 취업알선센터	전라남도 목포 대성2동 201	530-803	061-279-6851
대한노인회 여수시 취업알선센터	전라남도 여수 국동 688-1	550-180	061-643-4702
대한노인회 순천시 취업알선센터	전라남도 순천 장천동 81	540-960	061-744-3791
대한노인회 나주시 취업알선센터	전라남도 나주 산정동 36-1	520-060	061-334-8845
대한노인회 광양시 취업알선센터	전라남도 광양시 광양읍 인서리 234-5	545-807	061-763-1542
대한노인회 담양군 취업알선센터	전라남도 담양군 담양읍 천변리 196-5	517-805	061-381-4132
대한노인회 곡성군 취업알선센터	전라남도 곡성군 곡성읍 읍내리 261-9	526-805	061-363-2158
대한노인회 구례군 취업알선센터	전라남도 구례군 구례읍 봉동리 298-43	542-824	061-782-3394

기 관 명	주 소	우편번호	전화번호
대한노인회 고흥군 취업알선센터	전라남도 고흥군 고흥읍 남계리 684-7	540-803	061-835-2477
대한노인회 보성군 취업알선센터	전라남도 보성군 보성읍 보성리 693-3	546-800	061-852-3998
대한노인회 화순군 취업알선센터	전라남도 화순군 화순읍 훈리리 63	519-805	061-373-7800
대한노인회 장흥군 취업알선센터	전라남도 장흥군 장흥읍 건산리 400	529-800	061-863-5560
대한노인회 강진군 취업알선센터	전라남도 강진군 강진읍 교촌리 318-1	527-801	061-434-5964
대한노인회 해남군 취업알선센터	전라남도 해남군 해남읍 구교리 333-4	536-803	061-532-0003
대한노인회 영암군 취업알선센터	전라남도 영암군 영암읍 춘양리 517	526-804	061-473-4193
대한노인회 무안군 취업알선센터	전라남도 무안군 무안읍 교촌리 127-4	534-802	061-452-6253
대한노인회 함평군 취업알선센터	전라남도 함평군 함평읍 내교리 154-1	525-803	061-322-2933
대한노인회 영광군 취업알선센터	전라남도 영광군 영광읍 무령리 186	513-807	061-351-5507
대한노인회 장성군 취업알선센터	전라남도 장성군 장성읍 기산리 388	515-801	061-392-1052
대한노인회 완도군 취업알선센터	전라남도 완도군 완도읍 당산리 776	537-800	061-552-2668
대한노인회 진도군 취업알선센터	전라남도 진도군 진도읍 성내리 67-5	539-803	061-544-2405
대한노인회 포항시 취업알선센터	경상북도 포항시 남구 대도동 632-7	790-824	054-274-1466
대한노인회 경주시 취업알선센터	경상북도 경주시 동천동 795-1	780-935	054-772-8706
대한노인회 김천시 취업알선센터	경상북도 김천시 평화동 245-103	740-982	054-434-5276
대한노인회 안동시 취업알선센터	경상북도 안동시 태화동 648-122	760-905	054-858-0221
대한노인회 구미시 취업알선센터	경상북도 구미시 원남동 460-1	730-060	054-452-4570

기 관 명	주 소	우편번호	전화번호
대한노인회 영주시 취업알선센터	경상북도 영주시 휴천3동 36	750-050	054-631-3383
대한노인회 영천시 취업알선센터	경상북도 영천시 문내동 152-1 (보건소동편별관)	770-020	054-334-4779
대한노인회 상주시 취업알선센터	경상북도 상주시 남성동 14-5	742-903	054-535-7619
대한노인회 문경시 취업알선센터	경상북도 문경시 점촌동 54-2	745-886	054-555-6639
대한노인회 경산시 취업알선센터	경상북도 경산시 중방동 658	712-804	053-815-6969
대한노인회 군위군 취업알선센터	경상북도 군위군 군위읍 동부1리 649	716-804	054-382-0087
대한노인회 의성군 취업알선센터	경상북도 의성군 의성읍 상리1리 708-6	769-803	054-834-2603
대한노인회 청송군 취업알선센터	경상북도 청송군 청송읍 금곡1리 1056-31	763-802	054-873-2206
대한노인회 영양군 취업알선센터	경상북도 영양군 영양읍 서부리 2-15	764-805	054-682-2040
대한노인회 영덕군 취업알선센터	경상북도 영덕군 영덕읍 남석리 229	766-800	054-732-9044
대한노인회 고령군 취업알선센터	경상북도 고령군 고령읍 연조리 599-2	717-804	054-954-3736
대한노인회 성주군 취업알선센터	경상북도 성주군 성주읍 경산리 55	719-801	054-933-9331
대한노인회 예천군 취업알선센터	경상북도예천군 예천읍 서본리 240	757-805	054-654-1419
대한노인회 봉화군 취업알선센터	경상북도 봉화군 봉화읍 포저1리	755-805	054-673-5093
대한노인회 울진군 취업알선센터	경상북도 울진군 울진읍 읍내리 542-6	767-800	054-783-3644
대한노인회 창원시 취업알선센터	경상남도 창원시 내동 456-2	641-050	055-282-3480
대한노인회 마산시 취업알선센터	경상남도 마산시 석전 1동 274-8	630-805	055-296-1133

기 관 명	주 소	우편번호	전화번호
대한노인회 진주시 취업알선센터	경상남도 진주시 상평동 268-3	660-904	055-761-5847
대한노인회 진해시 취업알선센터	경상남도 진해시 경화동 3가 47	645-270	055-544-5997
대한노인회 사천시 취업알선센터	경상남도 사천시 정동면 화암리 755	664-932	055-852-2356
대한노인회 김해시 취업알선센터	경상남도 김해시 봉황동 17-13	621-040	055-336-6578
대한노인회 밀양시 취업알선센터	경상남도 밀양시 삼문동 159-1	627-804	055-354-6895
대한노인회 거제시 취업알선센터	경상남도 거제시 신현읍 고현리 769-2	656-802	055-632-7534
대한노인회 양산시 취업알선센터	경상남도 양산시 북부동 331-2	626-800	055-385-2242
대한노인회 의령군 취업알선센터	경상남도의령군 의령읍 중동 430-1	636-805	055-573-2998
대한노인회 함안군 취업알선센터	경상남도 함안군 가야읍 말산리 100	637-805	055-582-6674
대한노인회 창녕군 취업알선센터	경상남도 창녕군 창녕읍 교하리234-3	635-805	055-533-3596
대한노인회 하동군 취업알선센터	경상남도 하동군 하동읍 읍내리 414-2	667-804	055-883-1416
대한노인회 산청군 취업알선센터	경상남도 산청군 산청읍 산청리 261	666-804	055-973-7081
대한노인회 함양군 취업알선센터	경상남도 함양군 함양읍 백연리 450	676-803	055-963-4171
대한노인회 거창군 취업알선센터	경상남도 거창군 거창읍 대동리 202-19	670-803	055-943-7511
대한노인회 합천군 취업알선센터	경상남도 합천군 합천읍 정대동 703	678-804	055-932-3565
대한노인회 제주시 취업알선센터	제주시 이도2동 1128-2	690-827	064-723-1115
대한노인회 서귀포시 취업알선센터	서귀포시 동홍동 646-1	697-802	064-733-1821
대한노인회 북제주군 취업알선센터	제주시 연동 322-1(북군청내)	690-170	064-748-6441
대한노인회 남제주군 취업알선센터	남제주군 남원읍 남원리 1229-1	699-801	064-764-575

3. 노인종합복지관 협회

기 관 명	주 소	우편번호	전화번호
한국노인종합복지관협회	서울특별시 송파구 삼전동 172-2	138-841	02-2203-9400
성가정노인종합복지관	서울특별시 강동구 고덕1동 317-25	134-878	02-481-2217~9
강북구노인종합복지관	서울특별시 강북구 수유5동 122번지	142-870	02-992-6783~4
강서구노인종합복지관	서울특별시 강서구 등촌3동 661-4	157-033	02-3664-0322~4
광진구노인종합복지관	서울특별시 광진구 군자동 364-15	143-840	02-466-6242
구로구노인종합복지관	서울특별시 구로구 구로5동 25-1	152-050	02-838-4600
노원노인종합복지관	서울특별시 노원구 하계1동 170-1 중계주공9단지내	139-872	02-948-8540~5
노원1종합사회복지관	서울특별시 노원구 월계4동 321	139-054	02-949-0700
북부종합사회복지관	서울특별시 노원구 상계1동 1257	139-838	02-934-7711
공릉종합사회복지관	서울특별시 노원구 공릉3동 708	139-805	02-948-0520
도봉구노인종합복지관	서울특별시 도봉구 쌍문2동 19-12	132-858	02-993-9900
동대문구노인복지관	서울특별시 동대문구 청량리동 11-1	130-866	02-963-0565
동작구노인종합복지관	서울특별시 동작구 대방동 335-10	156-808	02-823-0064
마포구노인종합복지관	서울특별시 마포구 창전동 140	121-881	02-333-1040
서대문구종합사회복지관	서울특별시 서대문구남가좌1동 115-63	120-802	02-375-5040
서초구노인종합복지관	서울특별시 서초구 양재동 7-44	137-130	02-578-1515
성동구노인종합복지관	서울특별시 성동구 마장동 798-1	133-816	02-2298-5117

기 관 명	주 소	우편번호	전화번호
성북구노인종합복지관	서울특별시 성북구 종암동 66-25	136-861	02-929-7950~2
송파구노인종합복지관	서울특별시 송파구 삼전동 172-2	138-841	02-2203-9400
양천구노인종합복지관	서울특별시 양천구 신정7동 325-3	158-077	02-2649-8813~4
영등포구노인종합복지관	서울특별시 영등포구 문래동3가 76-2	150-836	02-2068-5326~8
용산구노인종합복지관	서울특별시 용산구 한남동 108	140-889	02-794-6100
은평구노인종합복지관	서울특별시 은평구 진관외동 산203-1	122-945	02-385-1351
서울시노인복지센터	서울특별시 종로구 경운동 90-3	110-310	02-739-9501
강동노인종합복지관	서울특별시 강동구 명일2동 48-10	134-815	02-442-1046
마포재가노인복지센터	서울특별시 마포구 공덕동 26-12	121-020	02-712-3633
홍은종합사회복지관	서울특별시 서대문구 홍은동 48-20	131-202	02-395-3959
중랑구노인종합복지관	서울특별시 중랑구 면목2동 178-8	131-820	02-493-9966
낙동종합사회복지관	부산광역시 강서구 명지동 627-28	618-200	051-271-0560
기장군노인복지회관	부산광역시 기장군 기장읍 대라리 186-8	619-903	051-724-3443
용호종합복지회관	부산광역시 남구 용호3동 36-7	608-831	051-628-6737
남구종합복지회관	부산광역시 남구 우암동 129-339	608-060	051-647-3655
동구노인종합복지관	부산광역시 동구 수정동 1011-886	601-030	051-467-7887
동래종합사회복지관	부산광역시 동래구 명장2동 508-72	607-807	051-531-2460
실버벨노인종합복지관	부산광역시 북구 구포3동 1255-2	616-809	051-337-5959

기 관 명	주 소	우편번호	전화번호
백양종합복지관	부산광역시 사상구 모라3동 75 주공3 단지내	617-817	051-305-4286
다대사회복지관	부산광역시 사하구 다대2동 113-12	604-822	051-264-5420
부산시노인종합복지관	부산광역시 연제구 연산4동 578-3	611-820	051-853-1872～4
영도구노인복지회관	부산광역시 영도군 대교동2가 159-10	606-012	051-417-6344
양정재가노인복지센터	부산광역시 진구 양정2동 260-5	601-030	051-866-0454
부산진구종합복지관	부산광역시 진구 개금2동 산57-9	614-812	051-893-0035
어진샘노인종합복지관	부산광역시 해운대구 재송1동 100-14	612-828	051-784-8005～8
금정구종합복지관	부산광역시 금정구 금사동 545-22	609-808	051-532-0115
영진종합사회복지관	부산광역시 해운대구 반여1동 1247	612-811	051-529-0005
대구대덕노인복지관	대구광역시 남구 대명9동 439	705-803	053-621-9522～4
동구노인복지회관	대구광역시 동구 불로동 948	701-807	053-983-9100
대구광역시 노인종합복지관	대구광역시 수성구 황금1동 478-4	706-850	053-766-6011
남구노인복지회관	광주광역시 남구 월산5동 614-4	500-808	062-366-3677
동구노인복지회관	광주광역시 동구 동명동 154-44	501-813	062-232-4955
북구노인종합복지회관	광주광역시 북구 두암동 456-9	503-828	062-266-7727
광주공원 노인복지회관	광주광역시 남구 구동 16-48	503-020	062-671-3370
서구노인복지회관	광주광역시 서구 화정1동 23-231	502-825	062-362-3315
대덕구노인종합복지관	대전광역시 대덕구 연축동 1882	306-090	042-627-0767

기 관 명	주 소	우편번호	전화번호
동구노인복지회관	대전광역시 동구 가양2동 13-1	300-800	042-626-2736
서구노인복지회관	대전광역시 서구 탄방동 1084	302-861	042-488-6297
유성구노인복지회관	대전광역시 유성구 신성동 372	305-805	042-862-4634
울산시남구노인복지회관	울산광역시 남구 야음2동 577-6	680-837	052-265-5221
울산북구노인복지회관	울산광역시 북구 호계동 262-2	683-812	052-296-3900
울산광역시노인복지회관	울산광역시 중구 남외동 1033-9	681-800	052-292-4840
덕양노인종합복지관	경기도 고양시 덕양구 성사동 369-2	412-020	031-969-7781~3
일산노인종합복지관	경기도 고양시 일산구 장항2동 906	411-837	031-919-8677
과천시노인종합복지관	경기도 과천시 문원동 15-168	427-090	02-502-8500
광명시철산복지관	경기도 광명시 철산2동 158	423-032	031-2687-1543
구리시사회복지회관	경기도 구리시 인창동 527-37	471-834	031-556-8100
군포시노인복지회관	경기도 군포시 당동 887	435-010	031-394-0468
남양주시노인복지회관	경기도 남양주시 진건읍 송능리 109-1	472-835	031-573-6598
부천원미구노인복지관	경기도 부천시 원미구 심곡2동 135-3	420-822	032-667-0261~3
소사구노인종합복지회관	경기도 부천시 소사구 괴안동 72	422-080	032-347-9535
오정구노인종합복지회관	경기도 부천시 오정구 여월동 10-46	421-812	032-683-9290
수정노인복지회관	경기도 성남시 수정구 복정동 666	461-200	031-752-3366
청솔노인복지회관	경기도 수원시 장안구 정자동 32-5	440-300	031-257-6811
서호노인복지회관	경기도 수원시 권선구 구운동 501	441-819	031-291-0911
안산시상록구 노인복지회관	경기도 안산시 상록구 성포동 589	426-040	031-414-2271~2

기 관 명	주　　소	우편번호	전화번호
안양시노인복지센터	경기도 안양시 동안구 호계2동 314-3	431-082	031-455-0551
의왕시노인복지회관	경기도 의왕시 내손2동 710-2	437-810	031-422-9428
의정부시 노인종합복지회관	경기도 의정부시 의정부2동 580-3	480-850	031-826-0742～3
이천노인아동복지회관	경기도 이천시 중리동 산20-1	467-030	031-636-0190
평택시남부노인복지회관	경기도 평택시 비전동 631번지	450-805	031-653-3677
동해시노인복지관	강원도 동해시 천곡동 84-16	240-807	033-535-7557
원주시노인종합복지관	강원도 원주시 단구동 1486-14	220-944	033-766-0601
춘천시노인종합복지회관	강원도 춘천시 동면 만천리 893-3	200-852	033-255-8866
영동군노인복지회관	충북 영동군 영동읍 매천리 442-1	370-805	043-742-7784
옥천군노인복지회관	충북 옥천군 옥천읍 삼양리 161-1	373-809	043-731-6510
음성군노인복지회관	충북 음성군 금왕읍 금석리 340-1	369-903	043-883-2470
제천시명락노인복지회관	충북 제천시 명동 190-2	390-050	043-647-9966
제천시노인종합복지관	충북 제천시 중앙로2가 26-1	390-012	043-652-3457～8
증평군종합사회복지관	충북 증평군 증평읍 송산리 495-1	368-906	043-838-1906
삼보사회복지관	충북 증평군 증평읍 신동리 545	368-907	043-836-6040
청주시노인종합복지관	충북 청주시 상당구 수동 138-8	360-112	043-255-2144～5
충주시노인복지회관	충북 충주시 교현2동 688-1	380-952	043-847-8683
아산시노인종합복지관	충남 아산시 온천2동 266-35	336-012	041-544-1401
천안시노인종합복지관	충남 천안시 쌍용1동 1038	330-091	041-571-0618
금산군 노인복지회관	충남 금산군 금성면 양전리 68	312-912	041-750-4418
아우내은빛복지관	충남 천안시 병천면 병천리 120-3	330-861	041-556-6606～7

기 관 명	주 소	우편번호	전화번호
홍성군노인복지회관	충남 홍성군 홍성읍 옥암리 956	350-808	041-634-0103
정읍노인종합복지관	전북 정읍시 금붕동 산42-3	580-190	063-537-5900
군산시노인종합복지관	전북 군산시 중앙로2가 140-8	573-042	063-442-4227～8
남원시사회복지관	전북 남원시 노암동 275	590-090	063-632-5252
전주안골노인복지회관	전북 전주시 덕진구 인후동 1가 764-5	561-831	063-243-4377
금암노인복지회관	전북 전주시 덕진구 금암1동 1546-1	561-803	063-253-5728
서원노인복지회관	전북 전주시 완산구 중화산동 2가 555-1	560-838	063-227-7483
부송종합사회복지관	익산시 부송동 1069	570-973	063-831-0250
목포시노인복지관	전남 목포시 대성동 201	530-803	061-278-8516
목포하당노인복지관	전남 목포시 상동 942	530-826	061-285-0582
여수시노인복지회관	전남 여수시 학동 65-1	555-808	061-685-2381
동여수노인복지관	전남 여수시 국동 688-1	550-806	061-643-1966
해남노인종합복지관	전남 해남군 해남읍 구교리 344	536-803	061-537-1333
김해시노인복지회관	경남 김해시 구산동 756	621-901	055-332-6332
마산시종합사회복지회관	경남 마산시 대내동 1-8	631-190	055-223-9980
경남종합사회복지관	경남 마산시 회원구 구암2동 31번지	630-512	055-298-8600
밀양시 노인복지회관	경남 밀양시 삼문동 159-1	627-804	055-354-0813
고성군 노인복지회관	경남 고성군 고성읍 대독리 5-17	638-801	055-674-2993

4. 시니어클럽

기 관 명	주 소	우편번호	전화번호
한국시니어클럽협회	종로구 인의동 36번지 대명빌딩 402호	110-410	02-747-5508
강남시니어클럽	강남구 논현동 243-7	135-010	02-547-8866
관악시니어클럽	관악구 봉천동 726-3	151-050	02-874-9295
종로시니어클럽	종로구 연건동 32번지	110-460	02-762-3374~5
도봉시니어클럽	서울 도봉구 방학1동 701-15호	132-021	02-3492-3009
부산서구시니어클럽	부산 서구 서대신동 3가 산3-2	602-093	051-244-6700
부산금정시니어클럽	부산 금정구 남산동 335-16	609-340	051-516-3045
대구중구시니어클럽	대구 중구 삼덕2가 149-63	700-412	053-422-1901
대구남구시니어클럽	대구 남구 이천동 381-9	705-010	053-471-8090
대구달서시니어클럽	대구 달서구 파산동 361번지 4층	704-230	053-593-8310
계양시니어클럽	인천광역시 계양구 효성2동 499-3번지	407-042	032-553-6330
광주남구시니어클럽	광주 남구 월산동 389	503-230	062-351-5070
광주북구시니어클럽	광주 북구 동림동 1148-1 플러스마트 3층	500-805	062-512-3521
대전시니어클럽	대전 서구 탄방동 1085 1층	302-223	042-471-5545
울산중구시니어클럽	울산 중구 태화동 937-6	681-320	052-249-8585
부천시니어클럽	부천시 원미구 원미1동 105-7	420-111	032-668-4107~9
시흥시니어클럽	시흥시 정왕동 1600-6	429-450	031-319-5579
동해시니어클럽	동해시 이로동 426-5	240-340	033-534-7501
춘천시니어클럽	춘천시 동면 만천리 893-3	200-852	033-256-0007
충주시니어클럽	충주시 연수동 1228	380-100	043-855-7400
청주시니어클럽	청주시 흥덕구 복대1동 37-1	361-810	043-237-0228
부여시니어클럽	충남 부여군 부여읍 구아리 288-1	323-805	041-837-9095

기 관 명	주 소	우편번호	전화번호
익산시니어클럽	익산시 부송동 1069번지 3층	570-360	063-834-0253
전주시니어클럽	전북 전주시 덕진구 우아동3가 749-56 2층	561-223	063-245-6013
곡성시니어클럽	곡성군 옥과면 옥과리 236-1	516-911	061-3612-3668
여수시니어클럽	전남 여수시 학동 65번지	555-808	061-692-4555
경산시니어클럽	경산시 백천동 산 43-1	712-100	053-812-7188
구미시니어클럽	구미시 도량1동 608-19	730-021	054-458-7269
경주시니어클럽	경주시 노서동 120-9	780-931	054-775-1950
진해시니어클럽	진해시 풍호동 30번지 진해시 종합사회복지관 310호	645-320	055-540-0120
제주시니어클럽	제주시 노형동 1063-2	690-803	064-745-3999

부록 3

기관별 노인일자리사업 내용

1. 지방자치단체

지 역		기 관	사업유형	사업명
서울	강동구	강동구청	공익형	강동어르신환경지킴이
	강북구	강북구청	공익형	우이천지킴이
				동사무소환경도우미
	광진구	광진구청	공익형	공원관리도우미
	구로구	구로시청	공익형	거리환경깔끔이
	동대문	동대문구청	공익형	구립경로당취사도우미
				공원관리도우미
				거리환경지킴이
				종합복지관급식도우미
			복지형	노인지킴이
	동작구	동작구청	공익형	로야실버봉사단
	마포구	마포구청	공익형	노인거리환경지킴이
				청소년수호천사
			복지형	독거노인지킴이
	서대문	서대문구청	공익형	도시자연공원관리
				거북이할아버지봉사대
	서초구	서초구청	공익형	실버환경지킴이
	성동구	성동구청	공익형	성동거리환경지킴이
	성북구	성북구청	공익형	공공도우미
	송파구	송파구청	공익형	경로당편익

지 역		기 관	사업유형	사업명
서울	**양천구**	양천구청	공익형	어르신거리환경지킴이
				어르신교육시설환경지킴이
	용산구	용산구청	공익형	거리환경지킴이
				어린이공원지킴이
				보수기동반
	은평구	은평구청	공익형	할아버지봉사대
	종로구	종로구청	공익형	어르신봉사대
	중구	중구청	공익형	어르신순찰대
			복지형	어린이집할머니도우미
			공익형	꽃가꾸기할아버지
	중랑구	중랑구청	공익형	망우리공원 및 중랑천둔치가꾸기
				거리환경지킴이
			파견형	인력파견
부산	**금정구**	금정구청	공익형	교통질서지킴이
				도시환경지킴이
				자연환경지킴이
	남구	남구청	공익형	클린남구지킴이
	북구	북구청	공익형	불법광물제거 및 환경정비
	사상구	사상구청	공익형	거리 및 자연환경개선
	수영구	수영구청	공익형	교통 및 환경정비
	연제구	연제구청	공익형	실버깔끄미
	영도구	영도구청	공익형	지역환경개선
	중구	중구청	공익형	노인일자리

지 역		기 관	사업유형	사업명
대구	남구	남구청	공익형	거리환경지킴이
	달서구	달서구청	공익형	거리환경지킴이
	달성군	달성군청	공익형	거리환경지킴이
	동구	동구청	공익형	환경파수꾼
	북구	북구청	공익형	거리환경지킴이
	서구	서구청	공익형	어르신환경지킴이
	수성구	수성구청	공익형	거리환경지킴이
	중구	중구청	공익형	환경지킴이
인천	강화군	강화군청	공익형	우리동네환경지킴이
	계양구	계양구청	공익형	우리동네환경지킴이
	남구	남구청	공익형	우리동네환경지킴이
	남동구	남동구청	공익형	우리동네환경지킴이
	동구	동구청	공익형	우리동네환경지킴이
	부평구	부평구청	공익형	우리동네환경지킴이
	서구	서구청	공익형	우리동네환경지킴이
	연수구	연수구청	공익형	우리동네환경지킴이
	옹진구	옹진구청	공익형	우리동네환경지킴이
	인천시	인천시청	교육형	노인지도자파견
			파견형	정원관리사파견
	중구	중구청	공익형	우리동네환경지킴이
광주	광산	광산구청	공익형	환경지킴이
	남구	남구청	공익형	환경지킴이
	동구	동구청	공익형	환경지킴이
	북구	북구청	공익형	환경지킴이
	서구	서구청	공익형	환경지킴이

지 역		기 관	사업유형	사업명
대전	**대덕구**	대덕구청	공익형	거리환경지킴이 외
	동구	동구청	공익형	환경지킴이
	서구	서구청	공익형	자연환경지킴이
	유성구	유성구청	공익형	
	중구	중구청	공익형	도시환경개선
			복지형	가정도우미
울산	**북구**	북구청	공익형	어르신환경도우미
	울주군	울주군청	공익형	자연환경정비
	동구	동구청	공익형	어르신공원관리
	중구	중구청	공익형	우리동네환경지킴이
경기	**가평군**	가평구청	공익형	자연환경정비
	광명시	광명시청	공익형	거리환경개선
	광주시	광주시청	공익형	거리 · 하천지킴이
	구리시	구리시청	공익형	I ♡ GURI 거리환경지킴이
	김포시	김포시청	공익형	환경지킴이
	남양주시	남양주시청	공익형	거리환경 및 교통질서지킴이
	동두천시	동두천시청	공익형	이담지킴이
				공원지킴이
			시장형	노는땅가꾸기
			파견형	주유원 · 급식보도원파견
	성남시	성남시청	공익형	e-푸른성남봉사대
	수원시	수원시청	공익형	어르신뒷골목환경지킴이
	시흥시	시흥시청	공익형	공원지킴이
	안양시	안양시청 (만안, 동안)	공익형	다목적복지회관청소(만안)
				산불감시 및 산지정화(만안)
				다목적복지회관청소(동안)
				거리환경정비(동안)

지 역		기 관	사업유형	사업명
경기	양주시	양주시청	공익형	자연·거리환경개선
	양평군	양평군청	공익형	공원관리 및 폐자원수집
	여주군	여주군청	공익형	'공원속의여주건설' 환경지킴이
	연천군	연천구청	공익형	환경지킴이
	오산시	오산시청	공익형	불법행위감시단
				환경파수
				공공시설관리
	용인시	용인시청	공익형	장애인불법주정차단속
				환경지킴이
				공공기관도우미
			교육형	공익강사
			복지형	재가노인도우미
	이천시	이천시청	공익형	환경지킴이
				묘지현황조사
	파주시	파주시청	공익형	거리환경개선
	평택시	평택시청	공익형	환경지킴이
	포천시	포천시청	공익형	거리환경도우미
	하남시	하남시청	공익형	환경지킴이
	화성시	화성시청	공익형	고철 및 폐지수집
				버스정류장 등 공공시설물관리
강원	고성군	고성군청	공익형	자연환경정비
	삼척시	삼척시청	공익형	자원환경지킴이
	속초시	속초시청	공익형	재활용품선별작업, 환경지킴이
	양구군	양구군청	공익형	청정지역지킴이
	양양군	양양군청	공익형	청정지역지킴이
			복지형	교육강사 및 독거노인보호
			시장형	유기농 및 간병
	영월군	영월군청	공익형	환경지킴이
	인제군	인제군청	공익형	하늘내린일자리

지 역		기 관	사업유형	사업명
강원	정선군	정선군청	공익형	아름다운도로만들기
			복지형	거동불편재가노인생활도우미
	철원군	철원군청	공익형	거리환경지킴이
			시장형	짚풀공예
	태백시	태백시청	공익형	거리환경지킴이
			교육형	은빛청춘경로당활성화
			복지형	은빛가정도우미
			시장형	태백산은빛농장
	평창군	평창군청	공익형	거리환경개선
	화천군	화천군청	공익형	자연환경지킴이
			복지형	독거노인, 장애인보호지원
	횡성군	횡성군청	공익형	불법광고물 및 환경정비
			복지형	독거노인, 장애인보호지원
충북	괴산군	괴산군청	공익형	자연환경지침이
				묘지실태조사
			시장형	짚공예품 제작, 판매
	단양군	단양군청	공익형	청정한 관광 단양 지킴이
				1:1 노-노 케어
			시장형	해우소 지킴이
	보은군	보은군청	공익형	교통지킴이
				거리환경지킴이
	영동군	영동군청	공익형	관광영동, 과일영동홍보도우미
	제천시	제천시청	공익형	묘지실태조사
	진천군	진천군청	공익형	생거진천지킴이
			시장형	전통공예품제작, 판매
	청원군	청원구청	공익형	어르신봉사대
				유채꽃밭지킴이
				공원묘지공원화
			시장형	수의
				유채꽃축제 전통공예관 운영
				전통공예품제작, 판매

지 역		기 관	사업유형	사업명
충남	**계룡시**	계룡시청	공익형	자연환경지킴이
	금산군	금산구청	공익형	인삼엑스포거리환경지킴이
				가로화단가꾸기
				자연공원가꾸기
				약초꽃길가꾸기
				잔디포조성
	논산시	논산시청	공익형	논산시공익
			복지형	독거노인도우미
	당진군	당진군청	공익형	환경정비
	보령시	보령시청	교육형	자연환경정비
				공익강사파견
				숲생태 및 문화재해설사
				복지도우미
	부여군	부여군청	공익형	거리환경도우미
			복지형	복지도우미
	서산시	서산시청	공익형	거리환경정비
	예산군	예산군청	공익형	예돌이(실버)운영
	청양군	청양군청	공익형	실버운영
	태안군	태안군청	공익형	거리 및 자연환경정비
	홍성군	홍성군청	복지형	무선페이징관리 및 독거노인돌보기
전북	**고창군**	고창군청	공익형	교통질서지킴이
				문화재지킴이
				환경지킴이
			교육형	방과후한자교육
	군산시	군산시청	공익형	자연환경지킴이
				교통질서지킴이

지 역		기 관	사업유형	사업명
전북	김제시	김제시청	공익형	자연환경지킴이
전북	김제시	김제시청	공익형	예절한자교육
전북	김제시	김제시청	복지형	가사간병서비스
전북	남원시	남원시청	공익형	환경지킴이
전북	남원시	남원시청	복지형	불우노인돌보미
전북	무주군	무주군청	공익형	환경지킴이
전북	부안군	부안군청	공익형	환경지킴이
전북	순창군	순창군청	공익형	환경지킴이
전북	완주군	완주군청	공익형	자연환경지킴이
전북	완주군	완주군청	복지형	조건보노인시설도우미
전북	임실군	임실군청	공익형	환경지킴이
전북	장수군	장수군청	공익형	환경지킴이
전북	장수군	장수군청	공익형	공중화장실청소
전북	전주시	전주시청	공익형	환경지킴이
전북	진안군	진안군청	공익형	관광환경정비사업
전북	진안군	진안군청	교육형	전통문화전수교육
전북	진안군	진안군청	복지형	불우노인돌보미
전남	강진군	강진군청	공익형	도로환경개선
전남	강진군	강진군청	복지형	노인도우미
전남	고흥군	고흥군청	공익형	거리환경지킴이
전남	고흥군	고흥군청	복지형	실버도우미
전남	고흥군	고흥군청	시장형	간병인
전남	곡성군	곡성군청	공익형	자연환경정비
전남	곡성군	곡성군청	복지형	노-노 케어
전남	광양시	광양시청	공익형	광양사랑지킴이
전남	구례군	구례군청	공익형	거리환경개선
전남	구례군	구례군청	공익형	자연환경정비
전남	구례군	구례군청	복지형	거동불편노인보살피기

지 역		기 관	사업유형	사업명
전남	나주시	나주시청	공익형	장수뽐내기
			복지형	독거노인도우미
	담양군	담양군청	공익형	자연환경지킴이
				재활용품분리수거
			복지형	노인안부살피기
	무안군	무안군청	공익형	교통지킴이
			시장형	짚공예제작
	보성군	보성군청	공익형	자연 · 거리환경지킴이
				교통질서안전지킴이
				문화유산지킴이
				주암호지킴이
			복지형	취약계층어르신지킴이
	순천시	순천시청	공익형	환경정비 및 꽃길가꾸기
				골목호랑이할아버지단
	신안군	신안군청	공익형	재활용품수집
			복지형	노-노 케어
	영광군	영광군청	공익형	환경 및 교통지킴이
			복지형	거동불편노인보살피기
	영암군	영암군청	공익형	클린영암실버
			교육형	교육강사파견
	완도군	완도군청	공익형	거리환경개선
			복지형	간병, 가사도우미
	장성군	장성군청	공익형	자연환경도우미
	장흥군	장흥군청	공익형	자연환경지킴이
				산채나물
			복지형	거동불편노인보살피기
	진도군	진도군청	공익형	거리환경지킴이
			복지형	거동불편노인보살피기

지 역		기 관	사업유형	사업명
전남	함평군	함평군청	공익형	실버교통봉사
				소공원관리
			복지형	노인도우미
			시장형	나르다수의제작
				실버나비편의점운영
				유기콩나물재배
	해남군	해남군청	공익형	재활용수거 및 선별판매
경북	고령군	고령군청	공익형	자연환경정비
			교육형	문화재해설사
			복지형	독거노인보호
			파견형	자연환경지킴이
	구미시	구미시청	공익형	자연환경지킴이
	군위군	군위시청	공익형	자연환경지킴이
			교육형	노인강사
			복지형	독거노인보호
			파견형	주례, 간병파견
	김천시	김천시청	공익형	거리환경정비
			파견형	인력파견형일자리
	문경시	문경시청	공익형	환경지킴이 등
			교육형	관광홍보도우미
			복지형	독거노인보호
	봉화군	봉환군청	공익형	거리환경개선
	상주시	상주시청	공익형	자연환경정비
	성주군	성주시청	공익형	거리환경지킴이
			교육형	전통문화교육
			복지형	독거노인보호

지 역		기 관	사업유형	사업명
경북	영주시	영주시청	공익형	환경지킴이
			파견형	주유원파견
	영천시	영천시청	공익형	자연환경지킴이
			복지형	독거노인도우미
			파견형	문화재 및 공원관리원
	예천군	예천군청	공익형	환경지킴이
	울릉군	울릉군청	공익형	거리환경지킴이
				행정기관보조
				거리환경개선
	울진군	울진군청	공익형	거리환경개선
			시장형	전통토속품제작
	의성군	의성군청	공익형	자연환경정비
	청도군	청도군청	공익형	자연환경정비
			교육형	문호재해설사
			복지형	독거노인보호
			파견형	노인인력센터
	청송군	청송군청	공익형	자연환경정비
			교육형	1.3세대강사 등
			복지형	독거노인보로
			파견형	주유원 등 파견
	칠곡군	칠곡군청	공익형	거리환경지킴이
	포항시	포항시청	공익형	환경지킴이
경남	거제시	거제시청	공익형	지역환경개선
				재활용품선별
				공공시설물관리
				기념공원지킴이
	거창군	거창군청	복지형	행복추구지원단

지 역		기 관	사업유형	사업명
경남	고성군	고성군청	공익형	노인환경지킴이
				노인교통안전도우미
	김해시	김해시청	공익형	CLEAN김해실버말끄미
	남해군	남해군청	공익형	보물섬지킴이(구.Clean남해주도)
			교육형	한글 깨치기
				나도전문가(노인체조교실)
			복지형	요쿠르트배달 (구.말벗으로 친구만들기)
	마산시	마산시청	공익형	거리환경지킴이
			복지형	홀로사는노인요쿠르트배달(추가)
	밀양시	밀양시청	공익형	실버환경정비
	사천시	사천시청	공익형	할아버지교통질서계도 및 시가지정비
				환경정비
			복지형	요쿠르트배달
			파견형	방역
	산청군	산청군청	공익형	자연환경정비
			복지형	요쿠르트배달(변경) (구.독거노인보호)
			시장형	콩나물재배
	양산시	양산시청	공익형	실버말끄미
				어르신안전지킴이(요쿠르트배달)
			교육형	어르신강사파견
	의령군	의령군청	공익형	실버환경지킴이
			복지형	홀로사는노인요쿠르트배달(변경)
	진주시	진주시청	공익형	자연환경정비
	진해시	진해시청	공익형	꽃재배 및 꽃길관리
				과학공원환경정비
				시가지주변환경정비
				공공기관도우미

지 역		기 관	사업유형	사업명
경남	창녕군	창녕군청	공익형	OPAL(Old People Active Life)
				참고을만들기
			복지형	배달하는사랑
	창원시	창원시청	공익형	환경정비
				꽃길조성
				버스회차장관리
			교육형	독거노인복지
	통영시	통영시청	공익형	자연환경개선
				거리환경개선
				교통질서 및 시가지정비
			복지형	요쿠르트배달
	하동군	하동군청	공익형	자연환경지킴이
			교육형	문화재해설사
				한글강사
			복지형	요쿠르트배달
	함안군	함안군청	공익형	깨끗한 함안 가꾸기
	함양군	함양군청	공익형	환경지킴이
			복지형	홀로사는어르신 안전지킴이
	합천군	합천군청	공익형	내고장환경지킴이
				합천관광지킴이
제주	남제주군	남제주군청	공익형	자연환경정비
			교육형	충효한문강사
			복지형	사회복지도우미
			시장형	전통공예작품제작
	북제주군	북제주군청	공익형	거리환경지킴이
	서귀포시	서귀포시청	공익형	환경지킴이
	제주시	제주시청	공익형	환경지킴이

2. 대한노인회

지 역		기 관	사업유형	사업명
서울	강남구	대한노인회강남구지회	공익형	어린이공원 환경정비
				양재천 환경정비
	강북구	(사)대한노인회 강북지회	교육형	경로당 강사파견
	관악구	대한노인회관악구지회	공익형	관악산지킴이
	동작구	(사)대한노인회 동작구지회	시장형	동작시니어 지하철 택배단
		대한노인회서울시연합회	공익형	서울지하철 지킴이
	용산구	(사)대한노인회용산구지회	복지형	독거노인 도우미파견
			파견형	인력파견
경기	안성시	노인회안성시지회	공익형	거리환경지킴이
			교육형	안성맞춤문화재해설가
	양주시	양주노인취업지원센터	교육형	유아 및 어린이인성교육강사파견
	화성시	노인회화성시지회	복지형	독거노인, 고령 및 중증노인 등 보호
강원	양구군	남면노인회분회	복지형	거동불편노인간병가사도우미
	정선군	정선군노인지회	시장형	벌꿀생산
	홍천군	노인취업지원센터	공익형	환경지킴이
			복지형	재가복지가정도우미
충북	청주시	청주시노인회지회	파견형	KTX
충남	공주시	(사)대한노인회공주시지부	공익형	자연환경 및 공동묘지 정비
			복지형	독거노인돌보기
			시장형	영농공동작업장

지 역		기 관	사업유형	사업명
충남	금산군	대한노인회	교육형	복지시설강사
			시장형	공동작업장(콩, 참깨 등)
	논산시	대한노인회논산지회 광석면분회	시장형	효도지팡이제작
	보령시	(사)대한노인회보령시지회	파견형	주차장관리원
			시장형	수의옷제작
				마늘까기
	부여군	부여군지회부설 부여노인대학	시장형	산나물채취
	서천군	대한노인회서천군지회	공익형	거리환경지킴이
	아산시	대한노인회 아산지회	공익형	행정기관 도우미
				유적지, 휴양림 등 관리도우미
				지역사회클린환경지킴이
	예산군	대한노인회	시장형	유기농산물생산판매
				건강원
				수의제작판매
	청양군	대한노인회청양군지회	교육형	노인대학강사운영
			시장형	유기농산물 재배(고구마, 들깨)
				유기농산물재배판매
				유기농산물생산판매
	홍성군	대한노인회홍성군지회	공익형	학교앞 교통도우미
			교육형	충효예교육강사파견
		홍성군지회구성노인회	시장형	삼베직조
		홍성군지회금당노인회	시장형	꽃상여제작
		홍성군지회중가노인회	시장형	한과제조 및 판매
		홍성군지회창정노인회	시장형	삼베직조
		홍성군지회화신노인회	시장형	작업의자제작

지 역		기 관	사업유형	사업명
전북	남원시	대한노인회남원시지부	공익형	환경지킴이
	전주시	대한노인회	공익형	불법광고물정비
	정읍시	대한노인회정읍시지회	공익형	거리환경개선
			교육형	노노게이트볼지도
전남	광양시	(사)대한노인회광양시지회	공익형	백운실버청소년선도
	순천시	대한노인회순천시지회	교육형	노인장수대학강사파견
경북	경산시	대한노인회경산지회	공익형	실버민원도우미
	봉화군	대한노인회봉화군지회	교육형	복지시설강사
			복지형	복지시설보호
			파견형	주차관리원파견
	포항시	대한노인회포항시지회	파견형	인력파견형
경남	마산시	마산시노인회지회	복지형	노노 도우미(요쿠르트 배달)
	의령군	대한노인회의령군지회	교육형	어르신 강사파견
	진주시	노인회진주시지회	교육형	진주문화유산해설사
				실버강사파견
			파견형	간병인 파견
	창녕군	창녕군노인회지회	공익형	깔끄미 말끄미
	함안군	함안군노인회	교육형	어르신강사파견
			파견형	기업농촌인력파견단
	함양군	함양군노인회	시장형	노인회짚신공예
	합천군	합천군노인회	시장형	합천메주제조

3. 노인복지관

지 역		기 관	사업유형	사업명
서울	강남구	강남노인종합복지관	교육형	강남 노인강사파견
	강동구	강동노인종합복지관	시장형	『사랑나눔』 재활용실버장터
		성가정노인종합복지관	교육형	강동강사파견
	강북구	강북노인종합복지관	교육형	노인전문강사파견
			복지형	사랑도우미 파견
			시장형	금빛 향기 수랏간 카페
	강서구	강서노인종합복지회관	공익형	강서실버수호천사단
			교육형	나이테 선생님
			시장형	그린싸이클 택배
	관악구	관악노인종합복지관	교육형	강사파견
	광진구	광진노인종합복지회관	교육형	교육강사파견
			복지형	엄마손 간병도우미
				사랑나눔 간병도우미
			시장형	한마음 알뜰마켓
	구로구	구로노인종합복지관	교육형	1,3세대 통합프로그램
				노인강사파견을 통한 경로당 활성화
			복지형	늘푸른 WILL-Being(E.W.B.T)
			시장형	실버편의점 운영
	금천구	금천노인종합복지관	복지형	장애인지킴이
				경로당 고령노인 지킴이
	노원구	노원노인종합복지관	교육형	강사파견
			복지형	사랑의 복지도우미
			파견형	노인주유원 파견
				경비원파견
			시장형	노원시니어지하철 택배

지 역		기 관	사업유형	사업명
서울	**도봉구**	도봉노인종합복지관	공익형	거리환경지킴이
	동대문구	동대문노인종합복지관	교육형	찾아가는 1.3 패해피스쿨
			복지형	해피존 수호대 파견
	동작구	동작노인종합복지관	교육형	실버사랑지도단
	마포구	마포노인종합복지관	교육형	전문강사뱅크
			시장형	아름다운실버카페 "샤이닝"
	서초구	서초노인종합복지관	교육형	OPEL선생님(OLD People with Life)
	성동구	성동노인종합복지관	교육형	희망을 여는 노인전문강사 파견
	성북구	성북노인종합복지회관	교육형	숲생태해설(산이랑)
				동화구현(엄지손가락)
			복지형	가정도우미파견(효사랑가정도우미)
	송파구	송파노인종합복지회관	교육형	송파 노인강사파견
				문화유적해설사
			복지형	재가노인지원
			시장형	지하철 택배
	양천구	양천노인종합복지관	복지형	함께하는 웰리 헬퍼, 케어도우미
			시장형	사랑밭희망꽃
				햇살가득한 웰리카페
				사랑나눔수선수리센터
	영등포구	영등포노인종합복지관	교육형	영등포 어르신강사파견
			복지형	실버홈시티
				간병 도우미
				결식노인식사조리

지 역		기 관	사업유형	사업명
서울	용산구	용산노인종합복지관	교육형	투투선생님(Too young To retire) 파견
			복지형	독거노인 도우미 파견
			파견형	인력파견
			시장형	밑반찬 및 간식판매
	은평구	은평노인종합복지관	교육형	은평 강사파견
			복지형	어르신지킴이 (Gate Keeper Program)
	종로구	서울노인복지센터	교육형	탑골훈장 강사파견
	중랑구	중랑노인종합복지관	교육형	어르신 강사파견
				숲생태 해설
			복지형	독거노인 및 고령노인 도우미 파견
부산	기장군	기장군노인복지관	교육형	교육강사파견
			복지형	재가대상자 도우미 파견
			파견형	노인인력파견
			시장형	공동작업장
	동구	동구노인복지관	공익형	교통문화수호대
				환경지킴이
			교육형	실버방과후 학습지도
			복지형	실버가정 도우미
				이미용방문단
			시장형	실버카페
	북구	실버벨 노인복지관	교육형	1,3세대 강사
			파견형	주유원 등

지 역		기 관	사업유형	사업명
부산	연제구	부산시노인종합복지관	교육형	영실버 강사단
			복지형	하나로 도우미
			파견형	참일손
			시장형	두레재활용
	영도구	영도구노인복지관	교육형	교육강사파견
			복지형	시니어 세탁방
	진구	양정재가노인복지센터	공익형	교통질서 지킴이
				거리질서 지킴이
				지하철 지킴이
			교육형	1,3세대 강사 파견
			복지형	어르신 도우미
			파견형	주차 · 시설관리
			시장형	좋은 환경 만들기
	해운대구	어진샘노인복지관	공익형	자연환경지킴이
				APEC관광홍보 도우미
			교육형	교육강사파견
			복지형	경로당 노-노케어
			파견형	경비원파견
				은빛 도우미 파견
	남구	대덕노인복지회관	교육형	함께하는 배움터
			파견형	늘푸른 강사파견
				은빛 주례사

지 역		기 관	사업유형	사업명
부산	동구	동구노인복지회관	교육형	어르신강사
			복지형	실버나눔이
			파견형	노인경비원파견
				노인주유원
	수성구	대구노인종합복지회관	교육형	예절지도 강사파견
				한문지도 강사파견
			복지형	건강도우미 강사파견
				독거노인 도우미 파견
			파견형	주요원, 경비원 파견
인천	남구	노인복지회관	교육형	유아학교 강사파견
	남동구	노인복지회관	교육형	노인강사 파견
	동구	노인복지회관	파견형	실버시터파견
	서구	노인복지회관	교육형	노인지도사
			파견형	주유원 파견사업
	연수구	노인복지회관	교육형	천수강사파견
광주	광산	노인복지회관	교육형	어르신희망찾기
			시장형	사랑담은 공동체
	남구	공원복지회관	교육형	1,3세대 강사 파견
		노인복지회관	교육형	교육강사
	동구	노인복지회관	교육형	교육강사
	북구	노인복지회관	교육형	1.3세대 강사파견
				실버인터넷 강사
	서구	노인복지회관	교육형	신나는 세상 만들기
			복지형	사랑나눔 손길봉사단

지 역		기 관	사업유형	사업명
대전	대덕구	대덕구노인종합복지관	교육형	교육강사파견
	동구	노인종합복지회관	교육형	실버인재파견
	서구	노인종합복지회관	복지형	아름다운 동행
	유성구	노인복지회관	교육형	공익강사
			복지형	재가복지도우미
울산	남구	노인복지회관	공익형	여천천 환경정비
				학습장 관리
				거리환경수호대
			교육형	1.3세대 공익강사
	북구	노인복지회관	교육형	어르신강사뱅크
			복지형	이웃지킴이
	울산시	노인복지회관	교육형	교육강사파견
			파견형	실버인력파견
경기	고양시	덕양노인복지회관	공익형	거리환경개선
				지하철지킴이
			교육형	교육강사파견
			시장형	어르신 택배
		일산노인복지관	공익형	거리환경개선
				행정기관보조
				건물청소보조
			교육형	교육강사파견
			복지형	무선페이징을 통한 독거노인 돌보기

지 역		기 관	사업유형	사업명
경기	과천시	과천노인복지회관	공익형	실버기자단
				교통질서 지킴이
			교육형	실버강사파견
			복지형	엔젤(복지도우미)
	군포시	군포노인복지회관	공익형	도서관열람지도
				공공시설물 및 공원관리
			교육형	실버교육강사파견
			복지형	함께하는 세상만들기
			파견형	민간업체 및 공공기관 취업알선
			시장형	신바람손뜨개
	남양주시	남양주노인복지회관	교육형	교육강사파견
			파견형	주유원 등 파견
	부천시	소사구노인복지회관	교육형	드림티쳐
			복지형	드림헬퍼
		오정구 노인복지회관	복지형	사랑나눔은빛 건강지킴이
				은빛 텔레마케터
		원미구 노인복지회관	공익형	안전지킴이
			교육형	교육강사
				동화구연
				역사교육
				컴퓨터교육
				은빛건강
			복지형	은빛나눔

지 역		기 관	사업유형	사업명
경기	성남시	수정노인복지회관	교육형	e-푸른공익강사단
			복지형	마망실버시터
			파견형	인력파견
			시장형	마망베이커리
	수원시	서호노인복지회관	교육형	1,3세대 강사파견
			복지형	실버도우미
			파견형	주례파견
		청솔노인복지회관	교육형	손, 자녀 EQ강화
			복지형	초록이빨래방운영
	안산시	상록구노인복지회관	공익형	녹색환경도우미
			교육형	강사파견
			복지형	은빛또래도우미
			파견형	실버협력
	안양시	안양시노인복지센터	공익형	복지도우미 파견
			교육형	공익강사파견
			복지형	간병도우미
	여주군	여주노인복지회관	교육형	독거노인 고령 및 중증노인 등 보호
			복지형	1-3세대 강사파견
	의왕시	의왕노인복지회관	공익형	거리환경지킴이
				공원지킴이
				청소년지킴이
				행정기관 도우미
				재활용지킴이

지 역		기 관	사업유형	사업명
경기	**의왕시**	의왕노인복지회관	교육형	1,3세대 강사파견
			복지형	독거노인 돌보기 복지
			파견형	급식, 간병인, 도우미 파견
	의정부시	의정부노인복지회관	공익형	묘적조사
				중랑천환경관리
				행정도우미 파견
				재활용품수집
				꿈나무 지킴이
				어르신강사파견
				독거노인돌보기
		이천시노인복지회관	교육형	교육강사파견
			파견형	취업알선
	평택시	평택남부노인복지회관	교육형	숲생태 안내자
			복지형	복지도우미
			파견형	주유원 파견
강원	**동해시**	동해노인복지회관	교육형	노익짱실버강사파견
			복지형	노익짱실버독거노인돌보미
	원주시	원주노인종합복지관	교육형	교육강사파견
			복지형	사회복지도우미
		원주사회복지협의회	공익형	지역사회지킴이
	춘천시	춘천노인복지회관	공익형	거리환경지킴이
			교육형	은빛이야기 연구단
				전문강사파견
			복지형	복지도우미

지 역		기 관	사업유형	사업명
충북	영동군	영동군노인복지회관	공익형	감고을 어르신 지킴이
			복지형	감고을 실버 도우미
	옥천군	옥천노인장애인복지관	공익형	환경청결단
				환경정비단
			복지형	사랑지킴이 봉사단
				나눔봉사단
	음성군	음성군노인복지회관	교육형	교육강사파견
				이주여성교육
			복지형	중풍, 치매노인 도우미
			시장형	우리농산물 지킴이
	제천시	명락노인복지회관	공익형	거리환경지킴이
			교육형	전통문화예절강사파견
			복지형	방문도우미
		제천시노인복지회관	교육형	공익강사파견
			복지형	은빛복지도우미
	진천군	진천노인복지회관	복지형	독거노인보호
	청주시	도노인동합복지회관	교육형	참교육강사파견
			복지형	실버청소
				사랑나눔 노-노케어
		청주노인종합복지관	공익형	공동주택환경지킴이
			교육형	노인전문강사파견
				과학안내 및 전시지도
			복지형	장애아동학습보조
	충주시	충주시노인복지회관	공익형	거리환경개선
			복지형	실버홈돌보미

지 역		기 관	사업유형	사업명
충남	아산시	아산시노인복지회관	교육형	문화재해설
				어르신강사파견
				상담
			복지형	우리마을 가꾸기
				독거노인 지원
			파견형	주유원, 주례, 주차관리
	연기군	대한노인회연기군지회	공익형	자연환경지킴이
	천안시	아우내 은빛복지관	공익형	거리환경개선
				자연환경지킴이
			교육형	교육강사파견
			복지형	복지도우미
			시장형	재활용마대제작
		천안노인종합복지관	공익형	그린시티조성
			교육형	문화유적해설사
				교육강사파견
			파견형	간병인 및 베이비시터 파견
				주례사파견
				70플러스 용역파견
				고령자취업알선
			시장형	휴경농지작목재배
전북	군산시	군산노인종합복지관	교육형	1,3세대 강사 파견
				생태해설가 파견
			복지형	독거도우미 파견
	전주시	금암노인복지회관	공익형	공원관리
			교육형	교육강사 파견

지 역		기 관	사업유형	사업명
전북	전주시	서원노인복지회관	공익형	공원관리
			교육형	교육강사 파견
			시장형	유기농사업
		안골노인복지회관	공익형	공원관리
			교육형	학술교육강사 파견
				건강관리강사 파견
				전통문화강사 파견
	정읍시	정읍시노인종합복지관	시장형	운동화 세탁방
				은빛일터
전남	목포시	목포시 노인복지회관	공익형	늘푸른 미항 가꾸기
			교육형	1.3세대 어르신 강사
		하당노인복지회관	공익형	늘푸른 미항 가꾸기
			복지형	따순구미
	여수시	동여수노인복지회관	교육형	문화재해설
				교육강사
			공익형	자연환경정비
			복지형	거동불편노인보살피기
			시장형	공동작업장
		여수노인복지회관	공익형	자연환경정비
			교육형	숲생태 및 문화재해설
				교육강사
			복지형	거동불편노인보살피기
			시장형	공동작업장
	해남군	해남노인종합복지회관	공익형	문화재해설자
			교육형	강사파견
			복지형	거동불편노인보살피기

지 역		기 관	사업유형	사업명
경북	경산시	경산노인종합복지관	공익형	환경지킴이
			교육형	어르신강사파견
	김천시	김천시노인복지회관	교육형	1,3세대 강사
			복지형	복지형일자리
	예천군	예천노인복지회관	교육형	교육강사파견
			파견형	가사도우미
	의성군	노인복지회관	교육형	어르신강사파견
			복지형	독거노인보호
			파견형	가사도우미 파견
	포항시	포항시노인복지회관	공익형	환경지킴이
			교육형	공익강사
경남	고성군	고성군노인복지회관	교육형	노인참여 문화재 해설사 (관광안내도우미)
			복지형	홀로사는 노인요쿠르트 배달 (구 독거노인돌보기)
	김해시	김해시노인복지회관	교육형	강사파견
			복지형	저소득층 소외계층 도우미 (老~노 케어)
			시장형	실버손세차
	밀양시	밀양시노인복지회관	교육형	문화재해설사
				교육강사파견
	함안군	노인복지회관	복지형	취약계층 도움단

4. 종합사회복지관

지 역		기 관	사업유형	사업명
서울	노원구	공릉종합사회복지관	공익형	환경지킴이
		노원1종합사회복지관	공익형	중랑천지킴이
		북부종합사회복지관	공익형	산지킴이
	동작구	상도종합사회복지관	복지형	상도웰빙지기
	서대문구	홍은종합사회복지관	시장형	은빛 배달부
부산	강서구	낙동사회복지관	공익형	지역환경지킴이
				행정기관도우미
			교육형	교육강사
	금정구	금정구종합복지관	복지형	거동불편노인생활지원
	남구	남구종합사회복지관	교육형	숲생태해설
				학습강사단
			복지형	가사도우미
			시장형	음식조리배달
		용호복지관	교육형	은빛강사단
			시장형	환경비누제작단
				용호기름방
				용호세차
	동래구	동래종합사회복지관	공익형	환경지킴이
				행정기관도우미
			교육형	문화재안내 및 해설
				교육강사
			시장형	실버도우미파견
	북구	화정복지관	공익형	교통환경지킴이
			복지형	가정도우미
	사상구	백양종합사회복지관	교육형	강사파견
			복지형	독거노인보호

지 역		기 관	사업유형	사업명
부산	사하구	다대사회복지관	공익형	환경보존지원단
				청소년성장지원단
			교육형	1,3세대 강사파견단
			복지형	노인 ADL 지원단
	수영구	종합사회복지관	교육형	공익강사파견
	진구	진구종합사회복지관	공익형	교통질서 지킴이
			교육형	어르신 강사파견
			복지형	재가어르신 영양지킴이
	해운대구	영진복지관	교육형	공익강사파견
경기	광명시	철산종합사회복지관	교육형	어르신교육도우미
			시장형	사랑의 베이커리
	구리시	구리사회복지관	교육형	교육강사파견(구연동화)
			복지형	독거노인보호
			파견형	가사도우미 파견
			시장형	스팀세차
	용인시	용인종합사회복지관	교육형	책할머니, 책할아버지
			복지형	재가가정도우미
충북	증평군	삼보사회복지관	교육형	함께 만들어요! 1,3세대 우리들만의 세상
		증평종합사회복지관	공익형	은빛증평지킴이
전북	남원시	남원사회복지관	교육형	전통문화시연
			시장형	유기농사업
				녹색가게사업
	익산시	부송종합사회복지관	공익형	환경지킴이
전남	여수시	여수시종합사회복지관	복지형	거동불편노인보살피기

지 역		기 관	사업유형	사업명
경북	상주시	냉림복지관	복지형	한마음사랑
			파견형	인력파견형일자리
			시장형	자원재활용
	영주시	가흥종합사회복지관	교육형	문화재해설사
			복지형	장애인보호
	칠곡군	칠곡종합사회복지관	교육형	교육강사파견
			복지형	독거노인보호
			파견형	인력파견
	포항시	창포종합사회복지관	복지형	복지형일자리
		학산종합사회복지관	복지형	복지관도우미
경남	마산시	경남종합사회복지관	시장형	아침의 약속과 일 도시락 배달
		마산종합사회복지관	시장형	옛맛밑반찬어르신 알뜰매장

4. 시니어클럽

강남시니어클럽

사업유형	사업명	사업내용
공익형	실버-익스프레스	택배(퀵서비스)사업으로 근로능력과 의욕이 있는 어르신들이 모여 고품질의 서비스와 저렴한 가격으로 근거리 지역 내에서 물품을 운송, 전달하며 연락, 교육훈련 경영, 사후관리 등을 함께하는 공동체 사업 tel: 02)3443-7229
	은빛가게	지역사회 어르신들과 자원봉사자가 함께 운영해 나가는 은빛가게(1,2호점)는 지역의 재활용품 수집을 통해 수선 ·재장착 판매를 함으로써 생활용품의 낭비와 환경오염을 방지 할 뿐만 아니라, 판매기금을 조성하여 지역사회 노인 들이 자활공동체로 지속 발전할 수 있도록 지원함 * 1호점(함께가는 고물상): 02)3444-8992(팔구구입) * 2호점(은빛마을): 02)548-8992(팔구구입)
	시니어 사업단	청소 및 주차관리, 조경, 사무보조등의 용역업무를 수주하여 회원 스스로 공동사업단을 기획 운영하고 있으며. 또한 지역사회 단체기업등에 취업알선으로 시니어 인력을 지원함
교육 복지형	숲생태 해설가클럽	지역사회의 자연과 환경에 대한 연구 활동을 통해 숲생태 해설전문강사를 양성하여 지역사회 내 노인에게 새로운 일자리를 제공함으로써 사회문화에 기여하고, 지역의 학생들을 대상으로 숲의 중요성과 자연체험 교육을 통해 학생들의 인성향상에 기여
	문화재 해설가	강남지역을 방문하는 관람객, 학생들에게 지역의 역사와 문화유산을 알리고, 더불어 문화유산을 지키고 가꾸는 일에 노년전문인력을 양성 및 활용하므로써 노인일자리 사업으로 확장하고자 함
	Edu-컨설팅	지역사회 어르신들을 대상으로 1, 3세대의 교육강사를 조직화하여 어르신이 지역내 교육강사로 활동함으로써 세대간의 진정한 교류를 통한 인성교육의 현장에서 참된 세대통합을 이루고자 하는 사업
	은빛농장	도심에서 생활하는 시니어 회원 및 그 가족들에게 푸른 산(구룡산)과 맑은 물을 벗삼아 농사를 직접 체험하며 판매 및 소득창출로의 비젼을 가지고 유기농 공동농장을 운영하고 있음

사업유형	사업명	사업내용
자립 지원형	거리환경 지킴이	
	자연환경 지킴이	
	시니어 봉사대	
기타 사업	홍보 출판사업	노년전문잡지인 Golden 老 및 신문을 발간하여 시니어의 사회활동을 알리고 노년문화 정보 및 정책에 관한 노년전문책자 출간을 계획
	조사연구 사업	삶의 지혜와 경륜을 가진 지역사회 어르신들이 모여 생산적인 사회, 경제활동에 함께 참여하기 위해 시니어들의 욕구 및 사회적 특성을 고려한 노후설계 및 지원방안을 연구

출처: 강남시니어클럽 홈페이지 (http://www.gncsc.or.kr)

도봉시니어클럽

사업유형	사업명	사업내용
자립 지원형	전통병과사업 - 손맛어르신	우리의 전통음식 중 하나인 떡과 한과사업을 전문기능인의 교육 아래 이수하게 하여 노인들의 섬세한 손맛과 아울러 전통방식으로 재현한 병과를 생산하여 우리의 전통음식문화를 계승, 발전시킴과 동시에 풍부한 어르신 인력의 일자리 창출의 고부가가치 사업
	자원재활용사업 - 개미어르신	체계적인 인력관리 및 교육을 통하여 재활용자원(폐지, 고철, 비철, 공병)을 지역 내에서 수거,분리하여 판매하여 경제적, 심리적 자활 도모
	세탁장운영사업 - 화이트빨래방	물세탁이 가능한 세탁물(수건, 시트, 가운 등)을 어르신들 자체 조직을 활용하여 수거, 세탁, 포장, 배달을 통한 수익 창출
	종합결혼정보	결혼 상담, 주선 및 전통병과 제조를 통한 전문적인 일자리 창출
	공동작업장 운영	쇼핑백 및 박스 제작 등 단순작업에 적합한 어르신에게 일자리 제공
	노인복지관내 매점 운영	
교육 복지형	자연과 문화 그리고 지역사랑 사업-훈장어르신	숲생태 해설 / 사회봉사 관리 / 문화유산 해설

출처: 도봉시니어클럽 홈페이지 (http://www.dobong9.or.kr)

종로시니어클럽

사업명	사업내용
유니콘 지하철 실버택배 사업	65세 지하철 무임승차가 가능한 어르신들을 대상으로 배달이 가능한 물건을 목적지에 전달하여 그에 대한 소득을 얻는 시장 참여형 사업.
케어복지사업	50~60대 여성노인들의 일자리가 매우 부족함을 인식, 전문기술을 습득한 후 전문 간병인 및 전문 베이비시터로서 유료시장에 진입, 소득을 창출하기 위한 사업
숲생태지도자사업	전문직종 은퇴자에게 새로운 일자리 제공, 노인들의 새로운 사회적 일자리를 만들고 그들의 남은 인생을 의미 있고 보람되게 함.

출처: 종로시니어클럽 홈페이지 (http://www.jsc.or.kr)

관악시니어클럽

사업명	사업내용
보라매택배 (지하철택배전문)	65세 이상 어르신들의 밝고 활기찬 노후를 위하여 관악시니어클럽 에서는 지하철택배를 운영하고 있음.
창조기획 (현수막사업)	깔끔하고 세련된 도안, 저렴한 가격대비로 만족을 드림.
내리사랑 (간병인사업단)	기초생활수급자 및 저소득층의 독거노인, 치매. 중풍 어르신 가정 및 일선병원에 간병어르신을 파견하여. 따뜻하고 정성어린 어르신들의 손길을 전하는 있음.
쌀미소 (쌀과자사업)	쌀미(米) 한 봉지(1,000원)은 어르신의 생활안정에 쓰여지고 있음.
숲생태해설사업, 문화재해설사업	퇴직한 고학력 60세 이상 어르신들이 숲속생태체험 및 문화재해설 학습을 통해 학생들에게 자연과 숲에 대한 사랑을 가르치시는 사업
나눔푸드 (도시락사업단)	구수한 청국장 같은 맛으로 정성과 사랑을 가득 담아 소외된 어르신들에게 따뜻한 도시락을 전달하고 있음.
따사라미 (포장전문사업단)	60세 이상의 어르신들 중 일반 취업이 어려우신 분들이 함께 모여서 문구류 등의 제품을 포장하여 업체에 납품하는 일을 함.

출처: 관악시니어클럽 홈페이지 (http://www.noinjigi.org)

부천시니어클럽

사업유형	사업명	사업내용
공익형	어르신 거리환경 개선사업 'VIVA6070'	어르신 거리환경개선사업은 노인 고용창출을 위해 부천시와 부천시니어클럽이 협력하여 2003년부터 특별기획사업으로 시행한 독창적인 노인일자리 마련 사업. 사업의 효과적인 운영을 위하여 정기적인 실무 교육 프로그램 및 팀별 중심의 운영체계를 개발하여 운영한 결과, 전국 노인일자리 마련을 위한 정책사업의 근간이 되기도 한 사업으로 2005년 5월 현재 115명의 어르신들이 활동 중에 있음.
교육 복지형	숲생태 해설활동가 사업 '푸르메'	숲을 매개체로 하여 지역사회내의 학교와 연계하여 다양한 숲 해설 활동을 함으로써 어르신들의 사회적 위치 확립을 할 수 있도록 하며, 소득과도 연결시켜 드리는 사업.
	문화해설활동가 사업 '카툰티쳐'	아동과 청소년들을 대상으로 한국만화박물관 및 전시물에 대한 흥미 있는 해설과 안내를 통해 지역사회에 대한 긍정적인 이미지 제고와 아울러 고학력이며 준.고령자 및 조기 은퇴자들에게 새로운 일자리를 마련해주는 사업.
	가정도우미 운영사업 '러브헬퍼'	정신적, 신체적인 이유로 인해 혼자서 일상생활을 영위하기 어려운 노인의 가정을 방문하여 어르신들의 일상생활에 필요한 각종 서비스를 제공함으로써, 건강하고 안정된 노후생활을 영위하도록 돕는 가정도우미 파견사업으로 2005년 5월 현재 부천시 소재 12개 사회복지관에 총 45명의 도우미를 파견, 운영하고 있음.
	독거노인 관리사업 '해피가드'	부천지역에 거주하는 건강상태가 좋지 않은 독거노인 중 무선페이징 사용 수혜대상자 843명의 가정에 어르신들이 직접 방문하여 기기의 점검 및 사용자의 건강상태 확인, 그리고 정서안정 및 생활지원 서비스 등을 제공하는 사업
자립 지원형	베이비시터 운영사업 '까르르잼잼'	고령 여성들이 오랜기간 동안 축적하고 쌓아온 육아에 대한 경험 자산을 활용하여, 부모를 대신해 아이들을 보육하여 소득을 창출하는 전문 베이비시터(Baby Sitter)운영 사업.
	실버택배 운영사업 '복사골 실버택배'	어르신들이 개인이나 회사로부터 물품 운송을 의뢰 받아 신속, 정확 하게 배달하는 택배사업을 운영함으로써, 경제적 이윤 및 사회참여를 실현할 수 있도록 지원하는 사업.
	제조 및 판매사업 '한아비 쌀맛나'	고령자 대상 소자본 창업형태의 사업으로 단시간 기술교육으로 기술을 습득한 어르신들이 '쌀과자'를 생산하여 지역사회 내의 관공서, 병원, 대학교, 사회복지기관 등에 직접 판매 또는 납품 등을 통하여 소득을 창출하는 제조 판매 사업.

사업유형	사업명	사업내용
자립 지원형	공동작업장 운영사업 '은빛일터'	일반취업이 불가능하거나 연세가 많은 후기 고령자, 저소득 어르신, 수급대상 어르신들이 공동작업장 소득사업에 참여하게 하여 소정의 소득을 올릴 수 있도록 하는 공동작업장 운영사업.
	아동극단사업 '손주사랑'	동화구연, 마술, 인형극 등 전문교육을 받은 어르신들이 지역사회 내의 어린이집, 유치원, 기타 교육기관 등의 아동들을 대상으로 공연 활동을 통하여 소득을 창출하는 사업.
	전문주례활동가 운영사업 '금슬주례단'	전문적인 지식과 경험이 풍부한 어르신들이 지역사회 내에서 주례 활동을 하며 수익을 창출하는 전문주례 활동가 사업.
	통번역사업 '드림번역단'	외국어 능력을 가진 어르신들이 외국어 번역이나 통역 그리고 영작 등의 전문적인 활동에 참여하게 하여 전문지식을 활용함과 동시에 경제활동의 욕구를 충족하고 소득을 얻을 수 있도록 하는 통,번역 서비스 사업.
	취업지원사업 '실버링크'	고령자의 능력과 적성에 맞는 맞춤형 취업교육을 실시하고, 인력풀을 구성한 후 취업연결을 통하여, 일자리에 대한 욕구를 충족시키고 실질적인 소득보장을 도모하는 맞춤형 통합 취업지원 사업.

출처: 부천시니어클럽 홈페이지 (http://www.bcsenior.or.kr)

시흥시니어클럽

사업유형	사업명	사업내용
공익형	시화호 환경감시단	한국수자원공사와 위탁 계약을 체결해 시화호의 환경오염을 줄임과 동시에 이를 생태도시 시흥만들기 운동과 연계하여 전개함으로서 시흥지역의 환경보전시민운동을 활성화시키는데 기여하고 어르신들의 공익적 일자리를 제공하고자 하는 사업
교육 복지형	어르신 재능단	시흥시 전역의 보육시설, 사회복지기관, 유아교육기관에 보조보육교사 및 동화구연 활동을 통해 침체되어있는 1?3세대의 교류를 활성화시키고, 어르신들에게는 삶의 의미를 되찾아 자신감을 회복, 아동들에게는 효사상을 고취시키고자 하는 사업
	터줏대감	전문직종 퇴직자들을 중심으로 숲 및 갯벌등 자연생태와 문화재에 대한 교육을 실시한 후 이를 지역의 아동들에게 해설 및 안내하는 활동을 전개함으로서 시흥시의 환경과 문화재에 대한 인식을 새롭게 하고자 하는 사업
	간병도우미	간병에 관심 있는 어르신을 대상으로 교육 및 실습을 실시하여 간병서비스가 필요한 독거노인이나 재가가정, 노인정 및 복지관에 파견하는 사업
자립 지원형	행복가게	소자본 창업형태의 사업으로 창업에 필요한 교육 및 실습을 실시한 후 지역주민들에게 테이크 아웃점을 오픈하여 안정된 소득을 창출하는 사업
	자전거탄 풍경	시화호, 관곡지, 옥구공원등의 자전거 전용도로를 이용하는 관람객들에게 자전거를 대여해 주거나 수리해줌으로써 관광객들의 건전한 유희 문화제공 및 어르신들의 일자리창출을 하는 사업
	인력뱅크	취업에 필요한 맞춤형 교육을 실시하고 교육청, 공단협의회, 아파트, 부녀회 등에 홍보활동을 실시하여 구인처를 개발, 어르신들에게 재취업의 기회를 제공하여 실질적인 소득보장을 도모하고자 하는 사업
	공동작업장 '행복시작'	고령의 나이와 특별한 기술을 가지고 있지 않아 취업이 불가능한 어르신들을 위해 문구류, 주사기 포장, 볼트 조립등 신체적, 기술적으로 부담 없는 단순 일거리를 제공함으로써 정기적인 소득의 기회를 제공하고 공동체 참여로 소외된 노인의 자조자립 능력을 증대시키고자 하는 사업
	깔끄미	시흥시 관내에서 다세대건물, 상가계단 청소 및 주변 환경미화를 실시하는 청소사업으로 시흥시 청결상태 개선에 이바지하고 어르신들의 안정적인 일자리 마련과 소득창출 제공
	실버농장	지역어르신들의 경륜과 노하우를 바탕으로 순환농법을 이용한 텃밭가꾸기, 유정란, 유기농양계 사육을 통해 어르신들의 경제활동을 지원하고자 하는 사업

출처: 시흥시니어클럽 홈페이지 (http://www.shcsc.or.kr)

인천계양시니어클럽

사업유형	사업명	사업내용
자립 지원형	희망택배	65세 이상의 건강하고 활발한 활동력을 가진 어르신들이 지하철 무임승차의 잇점을 활용하여 저렴하고 빠른 택배사업을 통한 일자리 창출 및 소득 창출의 자립지원형 사업 (사업단 전화번호: (032)553-6330)
	마음모아	어르신의 경험과 성실함으로 주변 중소기업의 부업꺼리를 수작업으로 처리하고 소득을 창출하여 사랑방과 같은 공동체 문화를 회복하고 다양한 물품에 대한 재포장작업을 통하여 제품의 부가가치를 높여서 소득을 증대하는 자립지원형 사업
	어머니 마음	어머니의 사랑을 담은 차류, 간식류등을 판매하고 지역민들이 도심 속의 쉼터와 같이 이용할 수 있는 카페테리아형 사업단 (사업단 전화번호: (032)556-6330)
교육 복지형	늘 푸른 (숲생태 해설)	55세 이상 전문직종 은퇴자를 대상으로 하여 소정의 교육을 이수 후 계양산을 중심으로 한 숲 생태를 알리고 지역교육기관의 현장학습 활동의 자원봉사 형태의 참여를 통해 현장 학습 활동가로서의 자리를 확보하여 향후 소득을 창출하는 교육형 사업
	늘 바른 (문화유산 해설)	55세 이상 전문직종 은퇴자를 대상으로 하여 소정의 교육을 이수 후 지역의 문화를 발굴 연구하게 함으로 지역에 대한 이해를 높이고 그 지식과 경험을 바탕으로 각급 학교 등 교육기관을 대상으로 유/무형의 문화유산을 알리고 3세대의 예절교육을 포함한 전통문화유산을 1세대와 공유하게 함으로써 세대 간의 갈등해소를 통한 사회통합에 기여하게 하는 교육형 사업

출처: 인천계양시니어클럽 홈페이지 (http://www.homelesshot.or.kr)

동해시니어클럽

사업명	사업내용
압화 사업	손을 많이 사용하는 압화를 통해 노인들의 치매를 예방하면서 어르신들에게는 일자리를 마련해 주고자 함.
수산물 임가공 사업	일자리를 통한 건강한 삶의 유지와 최소한의 소득을 확보하여 경제적 자립의 기반을 확보 하고자 함.
안보교육	효과적인 1-3세대 통합 프로그램
학교길 지킴이 사업	세대간 통합의 일환으로 두 세대간의 격차를 줄이는 계기가 되고 어르신들은 손녀손자들을 돌봄으로 정서적 안정을 갖게 되고 어린이들은 무엇보다 소중한 안전을 제공받게 됨.
교통안전 교육사업	교통안전에 대한 정보제공으로 사회 안녕과 세대간의 이해를 넓히기 위한 사업.
인력은행사업	근로의욕과 근로능력이 있는 건강한 노인 인적 자원 확보와 노인 인력의 수요처를 발굴하여 자질에 따라 적재적소에 배치함으로써 고용의 기회를 제공함.
실버쿡 사업	전직 요리사나 음식관련업에 종사하시던 어르신을 모집하여 저소득 가정의 청소년, 결손가정의 청소년들에게 조리교육을 실시.
실버매직 사업	퇴직자 및 고령자가 마술 기술을 습득하여 어린이들에게 공연하므로 사회적 통합과 경로사상고취 및 노년기 만족감 증진을 가져옴.
수산물 건조 사업	생물 수산(오징어, 미역, 다시마 등)을 구입하여 어르신 회원분이 가공 건조하여 판매.

출처: 동해시니어클럽 홈페이지 (http://www.dhseniorclub.or.kr)

춘천시니어클럽

사업명	사업내용
콩나물공장 사업단	청정 지하수로 맑고 깨끗한 쥐눈이콩나물을 시니어들이 직접 생산. 아스파라긴산이 많이 함유된 콩나물 공급으로 지역주민의 건강 증진도모.
소양강콩농장 사업단	무농약 국산콩을 생산 소양강 콩나물 공장에 공급 ,농경지 6000평이상 농장확보.(가내 쥐눈이콩 재배시 100%수매가능)
황금연못 알뜰매장 사업단	생활용품 알뜰매장을 통해 아나바다의 운동 전개(상설매장, 자판기 관리, 벼룩시장)
쥐눈이콩나물 국밥집 사업단	지역주민이 안심하고 먹을 수 있는 국산(쥐눈이콩나물)으로 고향의 맛을 그대로 재현(쥐눈이콩나물 국밥,콩국수,콩탕,부침)
복지시설인력파견사업단	손길이 부족한 사회복지시설 및 보육시설에 파견되어 도우미 활동 (업무보조, 생활시설도우미, 어린이집지원활동, 등하교 건널목 교통정리 등)
시니어 예술단	다채로운 행사에서 보다 수준 높은 공연을 창조함 (관현악, 레크댄스, 합창, 전통소리, 한국무용)
숲생태해설가 사업단	숲생태 해설을 통하여 아동. 청소년에게 자연.환경.생명체의 소중함과 보존가치를 몸소 체험 할 수 있는 현장(숲)체험교육의 새로운 환경 교육프로그램 제시.

출처: 춘천시니어클럽 연락처 (033-256-0007 [033-255-6549])

대전시니어클럽

사업명	사업내용
두부제조사업단 '콩모아' (유통판매 사업)	국산콩100%로 만든 즉석 생두부를 가정까지 어르신이 직접 배달하여 어르신에게 보다 나은생활과 보다 행복한 세상과 보다 건강한 세상을 함께 하기위해 노력하는 사업
인력파견사업단인력파견사업	지역내의 공원지킴이나 안내원파견, 건물관리나 청소 용역, 인근지역 농촌 인력파견공장, 사업장등에 인력파견 및 일자리제공, 인력지원기관내의 노동부 지원의 무의탁 노인과 재가노인대상으로 빨래를 해드리는 사업 등 있음.
유기농 사업단 '모둠'	유기농채소, 고추, 호박, 오이등 자연 진화적인 농작물을 통해 건강한 사회에 이바지하고 어르신들은 일거리를 통해 보람찬 노후를 설계 할 수 있는 발판을 만들어 드리는 사업.
밑반찬/도시락제조 '소담'	정겨운 우리의 손맛 100%와 무공해 국산 원료만을 엄선하여 인공첨가물을 거부하는 순수자연주의의 맛으로 가족의 건강을 먼저 생각하는 어머니의 마음을 담은 사업
베이비시터사업	신생아부터 12세 이하까지의 아이의 놀이와 학습보조자로서 놀이방이나 학원이 아닌 아이의 집이나 시터의 집에서 정해진 시간만큼 엄마의 역할을 대신하여 아이들을 따뜻한 사랑으로 돌봐주는 사업
간병인사업	유효인력 여성노인에게 간병인 전문 교육을 통한 간병인 활동을 전개함으로써 개인의 소득창출, 자립기반으로 정서적, 경제적 도움 및 일의 보람과 안정을 도모
구두관리사업	65세이상 어르신들에게 구두관리사업을 통해 활기찬 100세 일하는 100세를 목표로 노후를 보람되고 신명나게 보낼 수 있도록 일자리를 만들어내는 것을 말함.
생산물품: 두부, 도시락, 유기농 청정채소	

출처: 대전시니어클럽 홈페이지 (http://www.woorinoin.or.kr)

부여시니어클럽

사업명	사업내용
숲 생태 해설가 사업단	기본 소양을 갖춘 노인들을 중심으로 숲에 대한 전문교육 과정을 이수한 후 아동 및 청소년을 대상으로 숲 생태 해설의 전문 인력으로 활동함.
베이비시터 사업단	기본소양을 갖춘 노인들을 중심으로 베이비에 대한 전문교육 과정을 이수한 후 가정에 파견하여 전문 인력으로 활동함
향토나물 건조 사업단	잉여된 농산물과 향토나물의 건조 기술을 가진 회원들을 통해 건조한 농산물을 소비자 직거래 등을 통해 판매하고 어르신들에게는 사회 참여 기회부여와 소득활동을 할 수 있게 함.
짚.풀 생활문화 사업단	자원 활용이 유리하고 전통문화를 찾고자하는 시대적 흐름과 어르신들이 새롭게 기능을 습득하지 않아도 만들 수 있어 시장경제와 경쟁하지 않아도 되는 사업이고 부여군의 관광 특산품으로 자리매김이 가능한 충분한 시장성을 가질 수 있는 사업.
공동작업 사업단	중소기업에서 제작하는 하청물량을 일부 또는 전량을 사업단에서 하청을 받아 회원들이 발주처의 요구에 대응하는 작업량으로 노인들의 소득활동과 사회참여 유지
곤충모형 제작 사업단	산에서 나뭇가지를 이용하여 나무곤충을 만들어 발주처 또는 구입을 요구하는 업체에 납품을 하여 노인들의 사회참여와 소득활동 유지
조경관리 사업단	부여군청의 용역대상인 부여군의 구드래 공원 잔디밭을 회원들로 하여금 정기적으로 관리하여 사회참여와 소득활동 유지

출처: 부여시니어클럽 홈페이지 (http://광명복지원.com)

충주시니어클럽

사업유형	사업명	사업내용
시장형	꿈의 농장	퇴직 어르신들로 구성된 사업단으로 청정 무농약 쌈채소를 재배 하여, 회원들 및 이마트와 계약 판매를 하는 사업. 2002년에 국립농산 품질관리원으로부터 무농약 인증마크를 획득함.
	꿈의 세차장	"친절.청결.안전"을 사훈으로 세차장을 임대하여 손 세차 사업을 하고 있음.
	실버너스 간병단	어르신들에게 간병인 기술교육을 통하여 잠재력을 개발하고 가계 소득증대에 보탬이 되게 함은 물론 지역사회에 전문 간병 인력 으로 활동하는 사업.
	공동 작업장 (종이가방, 상자스티커)	어르신들의 경제적인 지지와 여가선용을 위하여 공동작업장에서 종이가방 제작 및 상자스티커 작업을 하고 있음.
	고물상	어르신들이 재활용 물품을 수거하여 소득을 창출함으로 활기찬 노후를 도모
	웰빙자연학습장	폐교를 임대하여 자연학습장을 조성한 후 방문하는 학교 학생 및 시민들에게 생태 및 전통문화 체험의 기회를 제공하며, 입장료로 수익을 창출하고 어르신들에게 배당금으로 지원함.
	웰빙푸드	웰빙자연학습장 이용자들에게 웰빙 식사를 제공하여 건강한 식생활을 도모하며, 소득창출을 통해 어르신들에게 경제적 지지를 도모함.
교육 복지형	뽀송뽀송 빨래방	독거노인, 기초생활수급자 등 세탁이 어려운 가정에 무료 세탁 서비스를 실시하고 있으며, 수요처를 확보하여 시장형으로 전환 할 계획임.
	복지간병인	간병교육을 이수한 어르신들이 간병을 필요로 하는 무의탁 환자, 저소득 환자의 가정에서 간병 및 정서서비스를 지원하고 있음.
	숲 생태 해설 사업	퇴직 교육자와 공무원들이 소정의 교육과정을 마친 후 학생들과 함께 주변의 자연환경 속에서 숲 생태에 대한 해설과 대화 및 토론을 통해 노인들의 건강한 사회참여를 높이고 세대간의 격차를 해소하는 사업.
	문화해설 사업	전문직에 종사하던 퇴직자들을 중심으로 구성되어 지역사회를 찾는 관광객들과 학생들에게 우리 지역사회의 문화유산을 소개 하는 사업.
인력 파견형	용역 서비스	직무교육 후 충주시내 예식장, 건물 등 주차관리 및 건물관리인 으로 일하고 있음.

사업유형	사업명	사업내용
기타사업	영락회 활동	55세 이상 노인들의 자조 모임으로 각종 교육, 체육, 사회봉사 등의 적극적인 사회참여 활동을 목적으로 2002년 10월에 결성되어 활동하고 있음.
	정보화 교실	55세 이상의 노인들을 위하여 워드,인터넷 활용,이메일 주고받기, 파워포인트 활용하여 동화책 만들기 등 기초부터 중급 수준에 이르기까지 컴퓨터 교육을 실시함.

출처: 충주시니어클럽 홈페이지 (http://www.ccwc.or.kr)

청주시니어클럽

사업명	사업내용
실버인재센터	일하기를 희망하는 노인인력 발굴 및 상담, 교육 실시, 노인에게 적합한 일자리 발굴 및 개발
실버자립사업	농산물 재배사업단: 경작지를 마련하고 농산물을 재배하여 수확하고 판매. 공동작업장: 지역사회업체와 연계하여 단순하고 간단한 작업을 수행 (현재 수현산업 및 자석뱅크(주)와 연계 작업수행중)
손바닥정원 가꾸기 사업단	지역사회 초 . 중등학교와 연계하여 야생초 손바닥 정원을 만들어 젊은 세대의 교육의 장으로 활용하고 재배된 야생초를 판매
사업명손으로 만든 세상 (리본소품 및 의류리폼 판매사업단)	가정안에서 여성 노인들이 할 수 있었던 손끝 재주를 활용하여 생활을 아기자기하게 만들어 주는 갖가지 리본 장식으로 생활에 필요한 소품 및 악세사리 등을 창작, 제작, 판매
스팀세차	현대인의 바쁜 시간을 내어 세차하는 번거로움을 덜어주고 현환경에 대해 보다 친화 적인 방법으로 접근, 어르신들의 소득보장과 건강한 노후를 보낼 수 있도록 하는 사업
실버지도자 사업(명예사회복지사 활동단)	지역사회의 사회복지 각 분야에서 조직적인 사회활동 실시
알콩달콩 이야기 대장	구연동화 지도자 양성 교육을 받은 회원들이 중심이 되어 지역사회 어린이집과 보육시설을 중심으로 활동 수행
예절지도자 양성과정	예절지도자 양성 교육 실시 후 지역사회의 각 학교 및 교육기관과 연계 활동.

출처: 청주시니어클럽 연락처 (043-236-0111 [043-236-0104])

부산서구시니어클럽

사업명	사업내용
가꿈이 클럽 (영농사업)	노년층에게 농사를 통한 정서적 안정을 도모함과 동시에 아동, 청소년들에게 자연학습장으로 활용하며, 유기농 밭작물 재배 및 판매등을 실시하는 소득창출형 사업.
도솔산 떡방 (방앗간사업)	노동력이 상대적으로 높은 어르신 대상으로 떡 제작, 판매 및 곡식분쇄 등의 방앗간 사업을 실시하는 소득창출형 사업
여유한잔사업 (자판기사업)	우리차, 음료수, 커피, 휴지 자판기관리를 통하여 소득창출과 더불어 공동체 사업으로 발전과 더불어 변환을 모색하는 소득 창출형 사업.
해피플러스 사업 (용역사업)	취업을 희망하는 어르신에게 기본적인 소양교육을 실시한 다음 일반 업체로 파견하며 고령층의 취업의 기회를 제공하여 경제적 안정을 도모하는 사업.
맛사랑 사업 (밑반찬 판매 사업)	부산서구시니어클럽에서 직접 재배한 유기농산물로 밑반찬을 만들어 저렴한 가격으로 각 가정의 식탁에 제공하며 가족의 건강을 생각하시는 어머님들에게 각종 밑반찬을 주문 판매하는 사업.
그린하트 사업 (야생화 사업 및 숲 해설 안내사업단)	지역사회 아동, 청소년들에게 숲을 알려주는 교육적인 봉사로 어르신들의 삶의 의미를 느낄수 있도록 하며 도심속의 아동, 청소년들에게 숲의 중요성을 알고 접할 수 있는 기회를 제공하는 사업.

출처: 부산서구시니어클럽 홈페이지 (http://www.naewoncsc.org)

부산금정시니어클럽

사업명	사업내용
메트로사업	매주 월~금 오전 07:00 - 09:00에 출근시민들에게 무료신문을 배포 하는 사업. 시간당 5,000원의 임금을 받으며 결석이 없을시에는 수당 지급.
유기농사업	노년층에게 일자리를 제공함으로써 사회구성원으로 참여할 수 있는 기회제공은 물론 건강을 지키고 정서안정을 꾀하며, 공동작업을 통한 협동조합의 기초를 마련. 고추, 배추, 열무, 상추, 깻잎 등 다양한 유기농 농산물 생산판매예정
해피케어	해피케어 사업단은 출산(육아)부터 가사까지 풍부한 경험을 갖춘 노인여성에게 전문교육을 통해 일자리를 제공함으로서 자기 개발 및 노후의 보람된 삶을 제공하는데 그 목적을 두고 있음.
풍년 떡방앗간	지역주민에게 고정적인 일자리와 우리 민족의 우수한 전통문화를 계승하고자 하는 마음으로 전통 먹거리 중 떡류를 지역 주민들에게 보급 하고 전승하고자 풍년떡방앗간 사업을 시행중
숲생태 해설사업	60세 이상의 전문직 은퇴 고령자를 중심으로 숲생태해설에 관한 교육을 실시하여 전문적인 숲생태해설사로 양성하여 지역사회 내의 청소년을 대상으로 생태체험학습 및 자연환경에 대한 해설과 이해를 돕는 숲생태해설사로 활동.
문화유산 해설사업	60세 이상의 은퇴 고령자를 중심으로 문화유산해설에 관한 교육을 실시하여 전문적인 문화유산해설사로 양성하여 범어사 성보박물관, 복천박물관 등 지역사회 내의 관광자원에 배치하여 문화유산해설사업을 실시.
천리마택배	지하철 택배라는 특수성에 맞는 긴급을 요하는 각종서류(법원, 세무서, 사무실), 거래처에 보내야할 배송품(세금계산서, 자료, 카다로그, CD), 메신저 서비스(꽃바구니, 작은화분, 생일선물), 분실된 핸드폰 등 소화물을 신속하게 배달하는 지하철 택배사업
백의민족 세탁사업	세탁사업은 범어사복지법인 소유 건물 1층에 사업장을 마련하고 세탁기계를 설치하여 세탁의 업을 영위하며 세탁물을 수거, 세탁, 배달하는 배달전문점을 지향함. 초기의 의류세탁에서 수건, 기저귀, 침대, 쇼파 등으로 세탁영역을 확대시킬 계획이며 상대적으로 전문기술이 덜 필요한 물세탁부터 시작하여 세탁기술의 습득과 숙련화를 독려하여 드라이크리닝, 수선, 다림질 등의 전문서비스를 단계적으로 실시하여 안정화 된 거래처를 확보하고 있음.
풍년떡방앗간	백설기외 각종 떡, 떡케잌, 퓨전떡 등 생산

출처: 부산금정시니어클럽 홈페이지 (http://www.bmsenior.or.kr)

대구중구시니어클럽

사업유형	사업명	사업내용
공익형	시니어 간병단	50대 여성들의 삶의 지혜와 경륜을 바탕으로 구성되어진 시니어 간병단은 환자와 보호자에게 "마음으로 다가가는 서비스". "전문화된 서비스"를 제공해 드리는 간병인 공동체 입니다.
	아이사랑 베이비시터	아이사랑 사업단은 베이비시터 양성교육을 수료하고, "영유아전문시터"로 활동하기 위해 시니어여성들이 중심이 되어 만든 보육인 공동체입니다.
	문화유산 해설사 사업단	퇴직 공무원.교사들이 주축이 되어 학생들과 지역민에게 우리지역 문화유산의 우수한 가치를 알리고 애향심을 높이기 위해 조직되었습니다.
	숲 생태해설가 사업단	숲을 사랑하고 관심을 가진 지역의 전문직종에 종사했던 어르신들이 전문교육 수료 후 생활주변의 나무와 풀, 꽃 등의 이름조차 모른채 살아가는 지역 내 초중생, 중.고교생들에게 자연의 소중함을 알려주는 숲 생태해설가로활동하는 공동체 조직입니다.
	시니어일터 (2곳)	취업이 불가능한 노인을 위해 단순일거리를 제공함으로써 소득은 물론 여가시간 활용의 기회 제공.(現. 지우개 포장 및 가공, 육류가공)
교육 복지형	시니어봉사단	사회에 봉사하고 기여할 수 있는 능력과 의욕이 있는 노인들에게 체계적인 자원봉사자 교육을 실시하여 새로운 사회적 역할을 추구할 수 있도록 전문적인 분야별 활동 기회를 제공. (現. 통역봉사, 환경봉사, 교육봉사, 시각장애인 도서낭독 서비스 등)
	문화예술단	예능활동에 대한 관심과 능력이 있는 노인들이 지역사회에서 공연 활동을 통해 지역민에게 봉사함으로써 노후생활에 대한 의욕과 보람을 느낄 수 있도록 유도.
	어르신도서관	지역민으로부터 기증 받은 5000여권의 소장자료를 비롯해 6종류의 신문 등을 배치하여 어르신들에게 문화 및 여가활용의 공간을 제공함.
	컴퓨터 교실	컴퓨터 기초에서 인터넷 활용까지 60세 이상 노인들에게 매월 3주간 컴퓨터 교육을 무료로 실시함.(5회/주, 2시간/일)

출처: 대구중구시니어클럽 홈페이지 (http://www.dgseniorclub.or.kr)

대구남구시니어클럽

사업유형	사업명	사업내용
자립 지원형	햇빛촌떡방	여성 노인들의 풍부한 경륜과 특성을 활용한 떡 제조 및 판매사업, 생산적인 노인공동체사업단 운영으로 중장기적인 노인소득 사업전개
	햇빛노인협동 작업장	고령노인들을 중심으로 쇼핑백, 포장 등의 작업과 공동작업거리 발굴로 공동작업 및 소득증가 도모
	청춘실버택배	활발하고 건강한 노인들이 편리한 대중교통(지하철, 버스 등)을 이용 하여 고객의 소중한 물건을 안전하고 정확하게 배달하는 서비스로서, 활기찬 노인상 구현과 소득, 일자리 창출
	행복한 나눔가게	지역주민들로부터 쓰지 않는 물건을 기증받아 노인들이 직접 분류, 수선, 손질하여 판매함으로 노인일자리 창출 및 지역사회 내 나눔과 순환의 지역적 가치를 창출하는 재활용가게
	햇빛수공예 사업	경로당 공간을 활용하여 노인에게 한지공예기술을 교육, 떡방의 포장 제품, 나눔가게, 공예품 판로를 통해 판매하여 노인일자리와 수익창출.
	취업연계, 지원사업	취업에 욕구가 있는 지역사회 노인들을 구인처와 연결하는 노인취업 지원센터의 기능을 수행, 기관이 수용하지 못하는 지역노인들에게 일자리 제공
교육 복지형	대구사랑 숲생태해설가	숲생태에 대한 이론, 현장교육을 통해 숲생태해설가 양성, 대구지역적 특색을 살린 숲생태해설코스 개발과 해설로 노인이 아동, 청소년들과 세대간의 교류 기회제공
	대구사랑 문화해설사	문화해설에 대한 이론, 현장교육을 통해 문화해설사 양성, 대구지역 역사문화에 대해 지역민들이 쉽게 찾는 생활권내의 공원 (앞산, 두류, 국채보상공원)일대에서 지역민들에게 해설함으로써 지역애 고취와 사회적 참여일자리 마련
지역복지 사업	경로당 특성화 사업	유휴공간이 있는 지역 경로당을 생산적 주체적인 노인공간으로 변화시키고 경로당이 지역주민들과 유대를 맺을 수 있도록 중간 매개체 역할을 지원하는 사업
	노인상담, 교육	자리 참여, 정보제공, 가족사, 개인문제 등 사업 참여 노인들의 욕구에 맞는 상담활동 전개, 사업 참여자에 대한 전인적 지원기능 및 신규 참여노인 상담 및 교육.
	기관홍보사업	지역사회, 주민, 노인들에게 홈페이지, 언론홍보, 홍보물제작, 기관방문 등 다각적인 방법으로 고령화사회-노인일자리사업-기관 홍보사업 실시

사업유형	사업명	사업내용
지역복지 사업	지역연계사업	지역주민 및 단체, 동호회와 기관이 함께 공동행사를 주최하여 지역내 교류를 이끌어 내고, 타지역 수행기관과의 연계와 사업방문등 교류를 통해 지역연계사업 실시.
	후원자 및 자원봉사자 개발, 관리	지역자원 발굴을 통해, 후원과 자원봉사 유도, 후원 및 자원봉사활동의 개별적이고 지속적 관리가 되도록 지원하는 사업

출처: 대구남구시니어클럽 홈페이지 (http://www.dgsilverwork.org)

대구달서시니어클럽

사업유형	사업명	사업내용
자립 지원형	시니어인력뱅크	노인 자신의 전문지식과 경력에 맞는 일자리를 개발하여 수요처와의 채용 협의 후 예절 및 서비스 교육, 직무교육 및 훈련 등의 맞춤 교육을 실시하여 수요처 유형별(주유원, 기업재취업, 노인 강사) 인력뱅크를 구성하여 수요처에 맞는 전문 인력 파견
	백세 참기름	국엄선된 재료와 제조 . 공정을 통하여 양질의 참기름을 생산하여 판매하는 사업
	참보람 일터	노동력이 가능한 어르신들이 공동작업장에서 간단한 노동(단순 포장, 가공)을 통한 소득창출
	은솔택배	대중교통(지하철, 버스) 및 전문배달차량을 이용하여 물품을 운송하는 전문 택배서비스로, 보다 안전하고 저렴함과 더불어 운송 사고, 높은 운송료, 불친절 등 기존 택배업체의 문제점을 해소하여 안정적인 시장 확보
교육 복지형	초록사랑알리미 (환경해설사업단)	환경보호및 문제의 중요성에 대하여 초등학교, 어린이집, 유치원 등에서 실내교육 및 현장체험교육 실시
	참푸른해설사 (숲생태해설사업단)	산.공원.수목원 등에서 초등학교, 어린이집, 유치원 학생을 대상으로 자연의 소중함을 직접 체험할 수 있는 현장 교육 실시
	독거노인돌보기	응급 구조망 확보를 위한 무선페이징 기기의 점검 및 관리와 독거노인들의 건강 및 안부 확인

출처: 대구달서시니어클럽 홈페이지 (http://www.dgcsc.or.kr)

경산시니어클럽

사업명	사업내용
참사랑간병사업	50세이상의 건강하고 근로 가능한 여성어르신에게 이론과 실습의 간병교육을 통해 간병인이라는 새로운 전문 직업을 제공하고 자원봉사를 통해 지역사회 참여를 돕는 사업임.
즉석두부제조 판매사업	60세이상 창업에 관심이 높고, 하고자하는 의욕이 넘치시는 어르신들로 구성된 즉석 두부 제조, 판매 전문 사업.
문화유산해설가사업	고학력 어르신들의 경력과 연륜을 이용하여 지역의 문화유산을 아동 및 청소년들에게 알림으로써 내 고장 문화유산을 알리고, 새로운 전문 강사 양성하는 사업.
숲생태해설가사업	숲에 관련된 전문교육을 받은 고학력 전문직종 은퇴자를 중심으로 학교 및 단체에 파송하여 지역의 숲생태해설가로 활동하는 전문 강사 양성 사업.
실버민원안내 도우미파견사업	지역 내 노인인력을 활용한 민원 서비스 향상을 위해 시청 민원실에 도우미로 파견 민원실 안내 업무를 수행함.
실버복지도우미 파견사업	사회복지분야에서 노인 역할이 미흡하여 지역 내 노인인력을 활용한 복지서비스 향상을 위해 사회복지시설에 도우미로 파견 시설에서 주방보조,생활실보조,환경미화,독거노인 말벗 등의 업무를 수행함.

출처: 경산시니어클럽 홈페이지 (http://jeonseuk.org)

구미시니어클럽

사업유형	사업명	사업내용
시장참여형 사업	핫크린협동조합 (컵세척기사업)	시니어들이 축적된 경륜을 살려 컵을 자동 살균 및 세척해주는 컵자동세척기 를 생산, 판매하는 벤처기업
	해바라기 간병사업	건강한 여성시니어들이 전문교육과정 수료후 환자중심의 전인적인 치유를 목 적으로 간병서비스를 제공하는 사업
	해바라기 산후조리사업	전문성을 갖춘 산후조리사가 가정을 방문하여 친정어머니의 손길처럼 편안하게 산후조리와 가족들의 생활관리까지 제공하는 사업
	은빛 나눔가게 (재활용품 판매사업)	재활용품의 수집과 기증한 생활용품을 분리,수선,세탁, 판매하여 환경보호와 어르신 일자리 창출 및 기금을 마련하여 생활안정을 지원하는 사업
	주유원 파견사업	건강하고 일을 하고자 하는 어르신들에게 주유원교육을 통해 인근지역 주유소에 파견하여 경제적으로 안정된 노후생활을 지원하는 사업
기타지원 사업	사랑고리 사업	시장에서 돈으로 사야 할 서비스와 물품을 '고리'로 교환할 수 있는 새로운 공동체 경제체제로 봉사와 일자리를 창출하는 공동체 경제사업
	5670상담실	시니어들이 건강하고 활기찬 노년을 보낼 수 있도록 건강, 자산관리, 창업, 취 업등의 기본소양 교육을 통하여 적성에 맞는 일자리를 찾아가게 하는 교육 프로그램
노인일자리 사업	재활용품 수집사업	건강한 어르신들이 사업단을 구성하여 파지, 공병, 고철, 헌옷 등의 재활용품을 수집, 판매하여 소득을 창출하여 일하는 보람과 환경보호에 이바지하는 시장형 사업단
	영농사업	농촌지역의 건강한 어르신들이 유휴토지를 임대하여 저농약, 유기농 등의 '친 환경농산물'을 재배, 판매하여 소득을 창출하는 시장형 사업단
	숲생태해설사업	전문직 은퇴 어르신들을 숲생태해설 전문양성교육을 통하여 숲생태 지도자로서 유.초.중학생을 대상으로 숲과 자연에 대한 소중함을 인식하게 하는 교육형 사업단

출처: 구미시니어클럽 홈페이지 (http://www.gumicsc.or.kr)

경주시니어클럽

사업유형	사업명	사업내용
공익형	별빛신라 역사기행	신라문화 유산을 야간에 안내하고 경주를 찾는 내.외방객들이 신라문화를 보다 폭 넓게 체험할 수 있도록 지원하는 관광상품을 기획하여 보다 많은 관광객들이 신라문화를 체험하고 신라 역사를 재조명하는 기회를 제공하는데 있음
	가족테마투어 사업	경주를 찾는 가족단위 또는 소그룹(10명이하)단위로 답사안내의뢰에 맞는 관광 일정을 편성하고 수준에 맞게 서비스를 제공하여 경주의 문화유산에 대한 이해도를 높이도록 함.
	수학여행해설 사업	경주를 찾는 전국 초.중.고등학교 학생들에게 단순관광이 아닌 올바른 신라문화를 이해시키고 역사의식을 고취시키기 위해 수학여행 단체에게 문화유적지를 답사하면서 해설하여 새로운 수학여행의 붐을 일으키는 사업.
	우리차보급단	우리문화를 바로 알고 정립하여 지역주민들에게 알리고 봉사 하는 목적으로 우리차의 맛과 멋을 전하는데 중점을 두고 있다. 특히 경주와 인근지역에서 이루어지고 있는 다양한 행사에 초대되어 우리차 무료시음회와 행사보조를 통하여 소득창출을 하고 있음.
교육 복지형	문화유산해설 사업단	경주를 찾는 내. 외방객들에게 신라역사와 문화를 해설하고 문화체험을 하도록 지도하는 사업으로써 분황사, 안압지, 대릉원 등 경주지역과 인근 문화유적지에 배치되어 찾아오시는 분들께 무료로 안내를 하고 문화체험을 할 수 있도록 지원하고 있음.
	숲생태해설가	사람들에게 숲에 관한 흥미와 호기심을 유발시키고 지식과 정보를 제공하여 우리 주변의 자연환경과 직접 접촉하고 다양한 활동을 하게 함으로써 자연에 대한 감성을 기르고 올바른 자연관을 가지도록 도와주는 역할로 경주지역 및 타지역 학생소풍 . 수학여행 . 연수회등을 중심으로 운영
	청소년문화학교	경주지역의(초.중.고) 학생들을 대상으로 각 학교의 특별활동시간을 이용하여 우리가 살고 있는 경주의 중요성과 아름다움, 그리고 신라역사와 문화를 체험하게 함으로써 우리고장을 아끼고 사랑하는 마음을 가지도록 함.
	건달바풍물패	우리의 소리인 사물을 이용하여 우리의 소리를 찾고 경주지역의 문화행사, 경로잔치, 사찰을 중심으로 활동하고 있으며, 추후 어린이집, 초등학생등의 학생들에게 우리소리를 가르칠 계획임.

출처: 경주시니어클럽 홈페이지 (http://www.gosenior.or.kr)

울산중구시니어클럽

사업명	사업내용
태화강 꽃밭조성 사업단	울산의 태화강 고수부지 3,500평 규모의 메밀꽃밭을 조성하여 지역주민에게 볼거리를 제공하고 어르신들께는 지역발전에 이바지 할 수 있다는 자부심을 드릴 수 있는 사업.
제례음식전문점 '얼'	60여년 어르신의 정성과 손맛으로 제례음식, 다식을 제조판매하며, 통도사 서운암 장류 직판 사업을 병행하고 있음. 또한 제례문화에 대한 자료제공과 설명을 통해 미풍양속에 대한 정확한 정보를 제공하며, 깨끗한 무공해 음식을 제공토록 노력하여 국민건강에도 이바지 하고자 함.
즉석제조 김치판매점 '희망김치'	즉석으로 제조하여 판매하는 김치 전문점으로 국산 재료를 사용하며 현재 8가지의 김치를 만들어 판매하고 있음. 유통과정과 인건비를 대폭 줄일수 있어 양질의 김치를 저가에 공급.
어르신 취업 센타 사업단	체계화된 친절교육과 직무교육을 통하여 우수한 인력을 파견함으로써 어르신인력에 대한 지역사회 이미지 변화를 유도하여 어르신인력에 대한 긍정적 평가를 받을 수 있도록 함.
비누사업단	
한아름 사업단	
수의사업단	

출처: 울산중구시니어클럽 홈페이지 (http:www.with4u.or.kr)

경남진해시니어클럽

사업명	사업내용
카페테리아 사업	2003년 1월부터 진해시종합사회복지관 내 카페테리아를 위탁 운영. 기존의 빙과, 음료, 컵라면 외에 분식류를 다양한 메뉴로 만들어 복지관 자체운영때 보다 훨씬 높은 수익을 올리고 있음.
스팀세차사업	2003년 3월부터 진해시종합사회복지관 인근 풍호공원에서 실시하고 있음. 스팀세차는 잔흠집이 없이 높은 품질의 세차를 할 수 있고 물을 거의 사용하지 않음으로 장소의 구애를 받지 않으며, 어르신들의 꼼꼼한 성격을 잘 발휘할 수 있는 장점이 있음.
독거노인식사 배달사업	거동이 불편한 독거노인 30명을 대상으로 아침, 저녁 도시락을 제공하고 가정봉사원들이 식사보조, 가사도움 등을 통하여 실질적인 복지서비스를 제공하는 사업.
천연수제비누 사업단	-쑥을 이용한 물비누 제조 -우리농 곡물을 이용한 천연핸드메이드 기능성비누제조 -금잔화(카렌듈라) 재배-〉 아토피피부 비누제조 -지역 중, 고교 및 평생교육원 문화센터 천연비누만들기 강좌 -지역 독거노인 세탁비누 무상공급
결혼이벤트 사업단	진해시종합사회복지관 .결혼이벤트 전문업체와 협력하여 운영하는 사업으로, 폐백도우미. 진행 .신부도우미 . 음향 . 주차 및 안내 등의 예식 전반적인 업무는 시니어클럽 참여자가 수행을 하고 전문기술과 관련된 부분은 협력업체에게 위탁하여, 전문성과 어르신 특유의 온화함이 잘 어우러진 사업단.
전통놀이강사 파견사업단	지역 내 어린이집, 초등학교, 장애인학교, 기타 교육이 필요한 기관에서 3세대를 대상으로 60세 이상의 일정과정의 교육을 이수한 노인 강사를 전통놀이 강사로 파견하여 유아들에게 민족 고유의 놀이와 협동심등을 심어주어 세대통합을 이루고 노인의 사회참여기회를 제공해 소득을 증진시키고, 삶의 질을 향상시키기 위해 활동하는 사업단
벚꽃쇼핑백 사업단	경로당활성화사업의 일환으로, 소일거리가 필요한 경로당 어르신들을 대상으로 하여 쇼핑백을 제조(5공정)를 하는 사업.
독거노인안전콜사업단	지역사회 재가복지 분야와 연계한 사업으로, 지역사회 내 독거 노인들을 대상으로 하여 1인당 주 3회 안부전화를 비롯하여 안전확인 및 개별 복지수요파악과 처리를 담당하고 있음.

출처: 경남진해시니어클럽 홈페이지 (http://www.jhcsc.or.kr/)

곡성시니어클럽

사업유형	사업명	사업내용
공익형	유기농 쌈채 사업	농업에 익숙한 어르신들에게 근로기회를 제공하여 건강한 삶과 보람을 안겨 드리기 위한 소득창출형 사업
	생활도예사업	어르신들의 무료함을 달랠 수 있는 수익형 사업으로 보람된 생활과 경제적 안정에 도움이 됨. 도예센터를 설립하여 각종 생활용기를 비롯, 화분등을 생산하고 있음
	야생화 사업	회원들의 정서적 욕구를 충족시키고 근로기회를 제공하여 경제적 수입과 보람된 삶을 안겨드리기 위한 사업. 수익성이 높은 품종 선택, 전문화시키기 위해 회원 위주로 활동하며 회원들이 새우란, 자란을 꽃피우기 위해 정성껏 관리함
	심청골 약한우 사업	농촌지역 어르신들에게 한우 사육 일자리를 제공하여 소득에 기여하기 위한 사업

출처: 곡성시니어클럽 연락처 (061-362-6998~9)

여수시니어클럽

사업명	사업내용
떡방사업 '천생연분'	사업을 통하여 어르신들의 평생에 걸친 잔여기능 손맛을 적절하게 활용하여 긍정적인이미지 창출과 판매를 통하여 소득을 창출할 수 있고 더 나아가 더불어 사는 공동체 의식 함양을 높이는데 이바지함
사찰보리밥 사업	여수의 대표 사찰인 흥국사 내에 위치하여 관광객들과 신도들에게 각광을 받고 있는 사찰 보리밥은 어르신들의 손맛과 정성 테마가 있는 문화재해설 사업단과 연계하여 활동
밑반찬 사업'장독대'	비교적 적은 노동과 세심한 관심의 필요로 인한 사업으로 여성노인이 손쉽게 접근할 수 있고 지역의 특성에 맞는 젓갈류 밑반찬으로 초기사업을 진행하고 즉석국이나 찌개류를 개발하여 보급함으로써 일자리를 창출하고 이를 통해 건강한 삶 활기차고 즐거운 노후생활을 영위할 수 있도록 함
바다. 숲 해설 사업	아름다운 해양도시인 여수의 이점을 살려, 학생들과 외부 관광객들에게 지역의 바다와 숲의 생태를 설명하고, 자연과 더불어 살아 갈 수 있는 세대간 통합의 장을 마련하고, 가르치는 모습을 통해 존경받고 활력 있는 어르신들의 모습을 보여줌. 여수 오동도, 돌산 수산종합관 등에서 어르신 해설가로 활동
카페테리아 사업 '더 로드;	여수시립도서관, 청소년수련관 입구에 카페를 오픈하여 많은 사람들이 이용할 수 있는 쉼터로서의 역할을 담당하며, 시니어들의 소득창출과 자아실현을 하고 있음
인력 pool 지원 사업	어르신들에게 영화라는 대중매체를 통하여 연예인이라는 특정 대상과의 만남을 함으로써 문화체험과 동시에 소득을 창출할 수 있도록 하고 삶에 대한 긍적적 이미지를 가져 참여자의 만족도가 높은 사업단
숲가꾸기사업단 '푸르미'	산림조합은 산림자원 조성을 위하여 조림, 육림, 산림보호 등 자율적인 산림 경영 사업을 추진하고 있는 바, 지역 노인들을 대상으로 인력 pool 사업을 실시하여 노년층에게 소득창출의 기회를 제공하고, 자연의 소중함을 인식시키며, 숲가꾸기 홍보 사절단으로서 능동적 역할을 수행
표고버섯 재배사업단	환경친화적이면서 식품적 가치 및 약리효과가 높은 건강보조 식품으로 소비량이 계속 증가될 것으로 전망되어 사업을 시작. 흥국사에 2,000본의 표고재배단지를 조성하여 양질의 표고를 육성중
사회적일자리 수행기관	사회적일자리 수행기관 선정을 노동부에서 지정받아 사회적으로는 필요한 일자리에 어르신들의 역량이 부족한 부분을 지원해주는 10명의 활동가들이 떡방, 밑반찬사업단에서 활동

출처: 여수시니어클럽 홈페이지 (www.yssilver.or.kr)

전주시니어클럽

사업유형	사업명	사업내용
자립 지원형	공동작업장	일반 취업이 어렵거나 거동이 불편하신 어르신들이 볼펜 조립, 상자 만들기, 종이 옷 만들기 등을 통하여 여가 생활을 즐기면서 소득을 올릴 수 있도록 하는 공동작업장
	영농사업단	농업관련 종사자 어르신들을 대상으로 여러가지 채소들과 2000평정도의 대지에 콩 재배를 시행하여 우리집 반찬 등과 연계 하여 판매망을 구축할 예정이다. 또한 재배된 콩 등을 주원료로 하는 2차 가공상품을 만들어 매장을 이용한 판매를 할 계획
	우리집 반찬	어르신들의 손맛과 옛 맛을 통하여 맛있는 밥, 국, 밑반찬 등을 만들어 배달하는 사업단으로 수입창출 및 일자리를 만들어 건강하고 활기찬 노후를 준비 할 수 있도록 지원
	보물섬사업단	폐잡병을 수거해 선별하여 수요처를 개발하고 판매하는 사업으로 어르신께 소득창출의 기회를 제공하면서 재활용품을 활용하는 환경의식 고취 효과 발생, 버려지고 있는 100ml잡병을 약국, 병원 등에서 수거하여 종류별로 분리하여 세병회사 및 업체에 납품하여 수익을 창출하는 사업단.
	은빛가게	노인들의 근검, 절약정신을 바탕으로 재활용품 수집을 통해 수선, 판매를 함으로써 생활용품의 낭비와 환경오염을 방지할 뿐만 아니라, 일자리 창출과 판매기금을 조성하여 지역사회 노인들이 자활공동체로 지속 발전할 수 있도록 지원
교육 복지형	문화해설사업단	어르신들의 경력과 연륜을 이용하여 지역 내 문화에 대한 지역민들의 관심을 유도하여 지역 문화에 대한 새로운 의식을 고취하여 지역문화 발전에 이바지함. 전통문화 도시로서의 이미지 고취에 이바지 하는 사업
	푸른숲	고학력 전문직종 은퇴자를 중심으로 숲생태에 대한 이론, 현장 교육을 통해 숲생태해설가를 양성하여 아동 및 청소년들에게 숲과 생태 등에 대한 교육을 통해 1,3세대간의 교류 기회를 제공

출처: 전주시니어클럽 홈페이지 (www.yssilver.or.kr)

익산시니어클럽

사업명	사업내용
비둘기 일터 사업	신체 건강한 65세 이상의 남녀 어르신을 대상으로 공동작업장 형식의 부업알선 사업으로 특별한 기술이 필요치 않고 단순작업으로 쉽게 접근할 수 있는 양말개기, 속옷포장, 상자접기, 전선 작업 등 소일거리를 통한 소득의 기회를 제공
아침에 딩동 모닝베이커리 배달사업	신체건강한 60세 이상의 남녀 어르신들이 아침식사를 거르는 직장인, 맞벌이 부부를 대상으로 샌드위치, 샐러드 및 음료 등을 가공하여 원하는 시간, 장소에 직접 배달하고 학생들을 대상으로 매점이나 휴게실에 납품하는 소규모 창업지원 사업
누름꽃 세상 제작판매 사업	소정의 교육과 기술습득을 통해 압화(건조꽃)를 활용한 각종 악세서리류를 제작하여 납품 및 판매를 통해 소득의 기회를 제공하는 창업지원 사업으로 기념품 및 판촉물 대용으로서 활용 가능한 제품을 생산하여 관계기관 및 어린이집 등에 납품
참맛국수 '소담' 판매 사업	신체 건강한 65세 이상 어르신을 대상으로 소규모 사업장을 개업하여 어르신들의 손맛과 경험을 활용하여 식사대용 각종 국수, 보리밥 등을 제조하여 판매하는 소규모 창업지원 사업
하얀세상 세탁방 사업	신체 건강한 60세 이상 어르신을 대상으로 소정의 교육 후 익산시내 숙박업소 및 헬스클럽 등의 세탁물을 수거하여 세탁 및 배달을 통한 소득을 창출하는 전문 세탁사업
사랑나눔 도우미 파견 사업	신체 건강한 55세 이상의 여자 어르신을 대상으로 소정의 전문 교육과정을 수료 후 간병, 산후, 가사도우미 및 베이비시터의 활동을 지원하며 각 의료기관 및 가정에 취업을 연계하는 전문 용역사업

출처: 익산시니어클럽 홈페이지 (http://www.swb.or.kr)

광주남구시니어클럽

사업유형	사업명	사업내용
자립지원형 (시장형)	천하일미사업	어린이집 중간식, 결식아동 도시락 제작으로 여성고령자 일자리창출
	천연수제비누 사업	천연재료비누제작으로 남구청 효사랑브랜드 이미지화를 전략 으로 노인일자리 창출
	콩나물 재배사업	지역사회 경로당을 이용하여 보건복지부 노인일자리 사업을 지속적이고 안정적인 노인일자리로 자리매김
	운김건강차 제조사업	순수우리농작물과 한약재로 만든 천연건강차로 웰빙분위기 조성
	실버하모니악단	악기에 소질이 있는 은퇴자중심으로 노인시설 순회공연을 통한 소외노인 정서적 지지프로그램
인력파견형	베이비 시터사업	직장생활을 하는 맞벌이 부부 가정, 유아양육에 어려움을 갖고 있는 가정에 베이비시터 파견
	백합간병인 사업단	재가간병, 임산부, 임종환자등 간병을 필요로 하는 곳에 간병인 파견
교육복지형 (교육형)	숲.문화 해설사업	전문직 은퇴 어르신들이 전문 숲·문화해설 교육과정을 수료한 후 청소년들을 대상으로 체험학습을 실시하고 숲과 문화재에 대한 올바른 인식과 보호의식을 함양
	예절한자강사 파견사업	교직은퇴자를 중심으로 예절, 한자, 인성교육, 미술관 도슨트 파견, 법무부소년분류심사원 파견 등 통합프로그램 진행
복지형	수지요법사 파견단	의료서비스의 사각지대에 놓인 지역사회주민들을 대상으로 수지침, 뜸, 부황 등의 활동으로 삶의 질 향상
	노인결혼상담소	홀로된 어르신들을 위한 배우자 찾기 사업

출처: 광주남구시니어클럽 홈페이지 (http://www.kjsenior.com)

광주북구 노인인력지원기관

사업명	사업내용
밑반찬제조 사업단	친정엄마의 솜씨를 특유한 김치의 맛과 향으로 바쁜 현대인들의 입맛을 겨냥하여 활용한 각종 밑반찬을 마트내 반찬코너에서 즉시 제조 판매함
도시락반찬배달 사업단	지역내 거주 상가나 병원내에 점심. 저녁 도시락반찬을 배달하는 사업으로 집에서 제조하는 고유의 맛과, 위생, 영양으로 거래처를 확보함
간병인 사업단	간병인 전문기술교육을 통한 인력을 양성하여 여성 위주의 근로 활동을 통해 의료기관과 연계하여 여성들의 잠재능력 개발 및 새로운 일자리 모델을 제시함.
환경지킴이	지역주민 어르신을 대상으로 환경보호 캠페인과 거리 쓰레기 청소 및 정화운동을 함. 청소년 자원봉사활동 및 환경 의식화 교육을 통해 지역사회 일원의 어르신 역할을 재고함
참고운소리단	어르신들의 건전한 문화와 바람직한 여가활동으로 알찬 노후 생활을 위해 목적과 주제가 있는 문화예술단으로 동질감을 회복 시킴
농산야채밭 사업단	지역적 특성을 활용하여 농업관련 직종이신 어르신들 대상으로 각종. 야채. 채소. 곡물을 재배하여 반찬, 김치사업단과 연계하여 판매망을 확보함
숲생태해설 사업단	시니어들에게 육체적인 능력보다는 경륜과 전문성이 필요한 일거리 제공 및 이후 생태전문해설단체로 설립예정. 교육 및 활동 참여
자미문화유산 해설사	고학력시니어들을 대상으로 그들의 전문적인 경륜과 양성된 자원을 활용하여 '문화유산해설사'사업을 소득창출형 사업 model로 정착, 답사프로그램의 중심의 기업체로 만듦을 목표로 함

출처: 광주북구 노인인력지원기관 홈페이지 (http://www.silver114.or.kr)

제주시니어클럽

사업유형	사업명	사업내용
공익형	짚신제작 및 판매	기능소지 어르신 중심의 팀을 구성하여 공동작업을 통해 수요처납품 및 개별판매 등 소득 창출사업으로 우리의 전통문화를 살리고자 함
	생활용품 제작 및 판매	여성노인 중심의 팀을 구성하여 공동작업장을 거처 수요처납품 및 개별판매 등 소득 창출사업
	테왁 제작	일손 창출의 일환으로 제주 해녀의 상징인 테왁망사리를 전통적인 수공예기법으로 축소 제작하여 수요처 납품 및 개별판매 등 소득 창출의 사업
	시니어 손맛집	순대국밥을 주메뉴로 하는 식당을 개업, 어르신들의 손맛과 질 좋은 먹거리로 손님을 내 가족처럼 모신다는 창업정신으로 운영하는 분식 식당
	전통, 간장, 된장 제조 판매	700고지 되는 위치와 제주도의 좋은 물과 유기농재료로 만든 식생활에 가장 필요로 한장류 된장, 고추장, 간장을 만드는 사업
	화훼제작	노인 일손 창출의 일환으로 기능소지 어르신 중심의 팀을 구성, 짚신, 방석을 전통적인 수공예기법으로 제작하고 판매함으로써 소득창출을 함
	전통음식 체험식당	어르신들의 손맛을 통해 전통음식의 맛을 음미해 보고 전통음식을 만드는 과정을 직접 체험해 봄으로써 사라져 가는 전통음식을 알리는 사업
	공동작업장 (①농사, ②화훼소재만들기)	꽃을 담는 바구니 및 장식품과 농사를 통해 정서적 안정을 도모하고 밭작물 재배 및 판매 등을 실시하여 소득을 창출하는 사업
교육복지형	간병사업단	간병, 베이비시터, 홈헬퍼, 산모도우미의 맞춤형 교육을 받은 후 재가 및 병원에 어르신들을 파견하는 사업
	간병도우미	가정에서 보호를 요하는 노인, 장애인 가정을 방문하여 간단한 수발과 식사보조, 청소 그리고 말벗을 통해 어르신들의 손길을 필요로 하는 분들에게 친구처럼 다가설 수 있는 기회를 제공
	공익강사	어르신들이 갖고 있는 능력을 (한자, 예절, 영어, 일어등)지역사회내의 각기관에서 유아 및 아동들을 대상으로 하는 교육활동 사업

사업유형	사업명	사업내용
교육복지형	농가도우미	사계절 농사를 시작하는 시기와 농작물을 재배하는 시기까지 어르신들이 파견되어 농촌일손 부족을 해소하는 사업
	주례 및 교육강사	전문적인 지식을 갖춘 어르신들이 주례 및 교육 강의 활동 사업
자립지원형	청소년 지킴이	청소년 등하교길 안전하게 갈 수 있도록 학교 주변을 다니면서 청소년을 보호하는 사업

출처: 제주시니어클럽 홈페이지 (http://www.jjwonkwang.or.kr)

5. 기 타

지 역		기 관	사업유형	사업명
서울	강남구	노인복지법인(영산)	복지형	저소득 독거노인 파견도우미
	금천구	금천보육시설연합회	복지형	실버보육도우미
	마포구	마포재가노인복지센터	시장형	치매노인 홈케어
	서대문	(사)숲생태지도자협회 서대문구지회	교육형	숲생태지도자
		연희 노인여가복지시설	시장형	틈새계층을 위한 자활센터
	용산구	용산보육시설연합회	복지형	실버보육 도우미 파견
부산	북구	청록복지재단	공익형	버스승객대기실정비
			복지형	가정도우미
			파견형	경비 및 주유원
인천	연수구	노인인력관리센터	시장형	쇼핑백제작사업
대전	동구	동구문화정보관	교육형	할머니동화구연
	중구	한국전례원	교육형	가정의례지도
강원	강릉시	강릉가정봉사원파견센터	복지형	가정도우미파견
		소망사회복지회	공익형	공원관리
	춘천시	춘천가정봉사원파견센터	공익형	아름다운 어르신
충남	금산군	심광가정봉사파견센터	복지형	독거노인 중증노인보호
	당진군	당진군사회복지협의회	시장형	농산물 재배
				농산물 판매
				즉석임가공제조
				수공예품 판매
	서천군	서천군사회복지협의회	교육형	에코가이드
			시장형	잠자리
				은빛농장
	아산시	구세군모산나눔의 집	시장형	전통장류, 밑반찬, 영양부추재배
	청양군	청양읍 정좌1리 마을회	시장형	짚풀공예 생산판매

지 역		기 관	사업유형	사업명
전북	**순창군**	유등면 외이노인회	시장형	전통공예품 생산사업
전남	**순천시**	순천시새마을지회	복지형	노-노운영
	신안군	신안가정봉사원파견센터	복지형	노-노케어
	여수시	여수시	공익형	거리환경, 자연환경정비등
	장성군	장성효도가정봉사원 파견센터	복지형	독거노인지킴이
	화순군	보육시설연합회 화순군연합회	교육형	전통예절강습단
		소망재가복지원	복지형	노-노 지킴이
		전국아파트 입주자대표회의 화순연합회	공익형	도로보행지도 및 환경정화
				프랭카드재활용
경북	**구미시**	구미YMCA	시장형	가사도우미
	안동시	안동시자원봉사센터	공익형	낙동강생태지킴이
			교육형	문화재해설사
		안동YMCA	공익형	환경정비
			교육형	시니어교육파견
			파견형	자연환경정비
	영덕군	영덕군청	공익형	자연환경정비
			교육형	한자예절
			복지형	독거노인보호
			파견형	인력파견형일자리
	영양군	영양군청	공익형	자연환경정비
			교육형	전통예절교육
			복지형	독거노인보호
			파견형	학습장관리원파견

지 역		기 관	사업유형	사업명
경남	거제시	거제시자활후견기관	복지형	행복나누기
			파견형	실버간병인파견
	거창군	가정봉사파견센터	시장형	꼼지락인력뱅크
		가정봉사파견센터 (변경 거창군)	시장형	노인회짚신공예
	창녕군	원불교가정봉사원파견센터	복지형	이웃동무
	창원시	사회복지법인 동진	시장형	재래된장
	하동군	하동자활후견기관	시장형	실버일구미

• 저자 •

원영희 (元永喜)

• 약 력 •

고려대학교 문과대학 사회학과 졸업
이화여자대학교 대학원 문학 석사 (가족복지 전공)
Univ. of Florida 대학원 Ph.D. (노인복지 전공)
한국노년학회 감사, 총무이사
한국사회복지정책학회 이사
여가문화학회 편집위원
California State University, LA, Visiting Professor
한국성서대학교 사회복지학과 교수

• 주요 논저 •

「노인범죄 추이 및 관련요인에 관한 연구」
「노인차별 피해경험이 노인의 심리적 안녕감에 미치는 영향」
『한국 노인의 삶-진단과 전망』
『노인과 자원봉사활동』
『한국의 이혼실태와 이혼가족 지원정책 연구』
외 다수

김 욱 (金 旭)

• 약 력 •

경기대학교 법정대학 사회복지학과 졸업
미국 Fordham University 사회복지대학원, M.S.W. (사회복지행정 전공)
미국 Fordham University 사회복지대학원, Ph.D. (노인복지 및 정신의료 전공)
한국사회복지정책학회 감사, 총무이사
서울특별시 자원봉사센터 감사
경기도사회복지공동모금회 배분분과실행위원회 부위원장
New York Project Director, Senior Community Service Employment Program(SCSEP)
경기대학교 사회복지학과 교수

• 주요 논저 •

「노인차별의 실태 및 관련요인에 관한 탐색적 조사연구」
「억압의 한 형태로서의 노인차별주의(ageism): 사회복지적 대응과 함의」
『사회복지사 이야기: 사회복지 현장실무자 31인의 일과 사랑』
『사회복지 가치와 윤리』
『사회복지 프로그램 개발과 평가』
외 다수

노인일자리사업의 이해

• 초판 인쇄 2006년 1월 30일
• 초판 발행 2006년 1월 30일

• 지 은 이 원영희 · 김 욱
• 펴 낸 이 채종준
• 펴 낸 곳 한국학술정보(주)
경기도 파주시 교하읍 문발리 526-2
파주출판문화정보산업단지
전화 031) 908-3181(대표) · 팩스 031) 908-3189
홈페이지 http://www.kstudy.com
e-mail(e-Book사업부) ebook@kstudy.com
• 등 록 제일산-115호(2000. 6. 19)
• 가 격 28,000원

ISBN 89-534-4449-7 93330 (Paper Book)
89-534-4450-0 98330 (e-Book)